政治家の胸中

肉声でたどる政治史の現場

老川祥一

藤原書店

ニューヨークからワシントンへ回り、ホワイトハウスでニクソン米大統領と会談する佐藤栄作首相。（1970 年 10 月）

（口絵写真は、別途明記したものを除き、すべて前首相官邸写真室長・久保田富弘氏撮影）

国連25周年行事出席で訪れたニューヨーク市内のホテルで記者会見。自民党総裁選後の内閣改造問題について質問に答える佐藤首相。右端は当時読売新聞ワシントン支局長だった渡邉恒雄記者（現・読売新聞グループ本社会長・主筆）。その左は首相同行の中村慶一郎読売新聞記者（のち政治評論家）。（1970年10月）

日本武道館で。扇子をバタバタさせるのが田中角栄首相のクセだった。（1973 年）

イギリスのエリザベス女王来日歓迎式に臨む三木首相夫妻。東京・赤坂の迎賓館で。（左から）福田赳夫、小坂善太郎、（一人おいて）大平正芳、（二人おいて）井出一太郎の各氏ら。（1975 年 5 月）

三木武夫首相と会談する椎名悦三郎自民党副総裁。（1975 年 9 月 26 日／読売新聞社提供）

首相官邸中庭で。カメラマンの取材用カメラを借りて首からぶら下げる福田赳夫首相。ちゃめっけの多い人柄だった。（1977 年 12 月）

オタワ（カナダ）の宿舎の庭で加藤紘一官房副長官と談笑する大平正芳首相。アメリカ、メキシコを歴訪した疲れか、笑顔に力がない。しかもこのあと急遽、ユーゴスラビアのチトー大統領死去で弔問のためベオグラードに飛ぶ。そして帰国後が内閣不信任案可決から衆参同日選挙へと政局激変に見舞われる。心身ともに極限状態だったか。（1980 年 4 月）

「和の政治」を掲げて登場、初のお国入りで岩手県三陸沿岸の生家でくつろぐ鈴木善幸首相。（1981 年）

内閣制度100年記念で昭和天皇を首相官邸（現在は公邸）の首相執務室に迎える中曽根康弘首相。（1985年12月）

キャンプデービッドの大統領別荘で。中曽根首相がおみやげに持参した携帯用テレビに見入るレーガン大統領とナンシー夫人。（1986年4月）

中曽根首相が、ニューリーダーと呼ばれていた次期総裁候補３人を東京・多摩の日の出山荘に招いた。右から安倍晋太郎、中曽根首相、竹下登、宮沢喜一の各氏。竹下氏を自分の右隣に座らせたのは、すでに竹下氏を後継にと考えてのことだったのか。（1987年１月）

首相に就任、官房長官の小渕恵三氏と首相官邸中庭で語り合う竹下登氏。（1987 年
12 月）

参議院選挙出陣式の宇野宗佑自民党総裁・首相と橋本龍太郎幹事長。自民党本部前で。この参院選の敗北が、その後の政治変動の幕開けに。（1989 年 8 月）

平成の天皇即位の儀。正殿松の間で寿詞（よごと）を述べる海部俊樹首相（後姿）。左に皇太子殿下、秋篠宮殿下。（1990 年 11 月 12 日）

ホワイトハウスでクリントン米大統領と談笑する宮沢喜一首相。（1993 年 7 月）

東京サミットの議長役として開会前に想を練る宮沢首相。赤坂迎賓館で。（1993 年 7 月）

7党1会派の連立政権誕生。国会で首相指名を受けたあと首相官邸に入る細川護熙氏。(1993年8月6日)

日米首脳会談から帰国途中の政府専用機内で談笑する細川首相。右隣は鳩山由紀夫官房副長官(のち首相)、右端に羽田孜外相(のち首相)。(1994年2月)

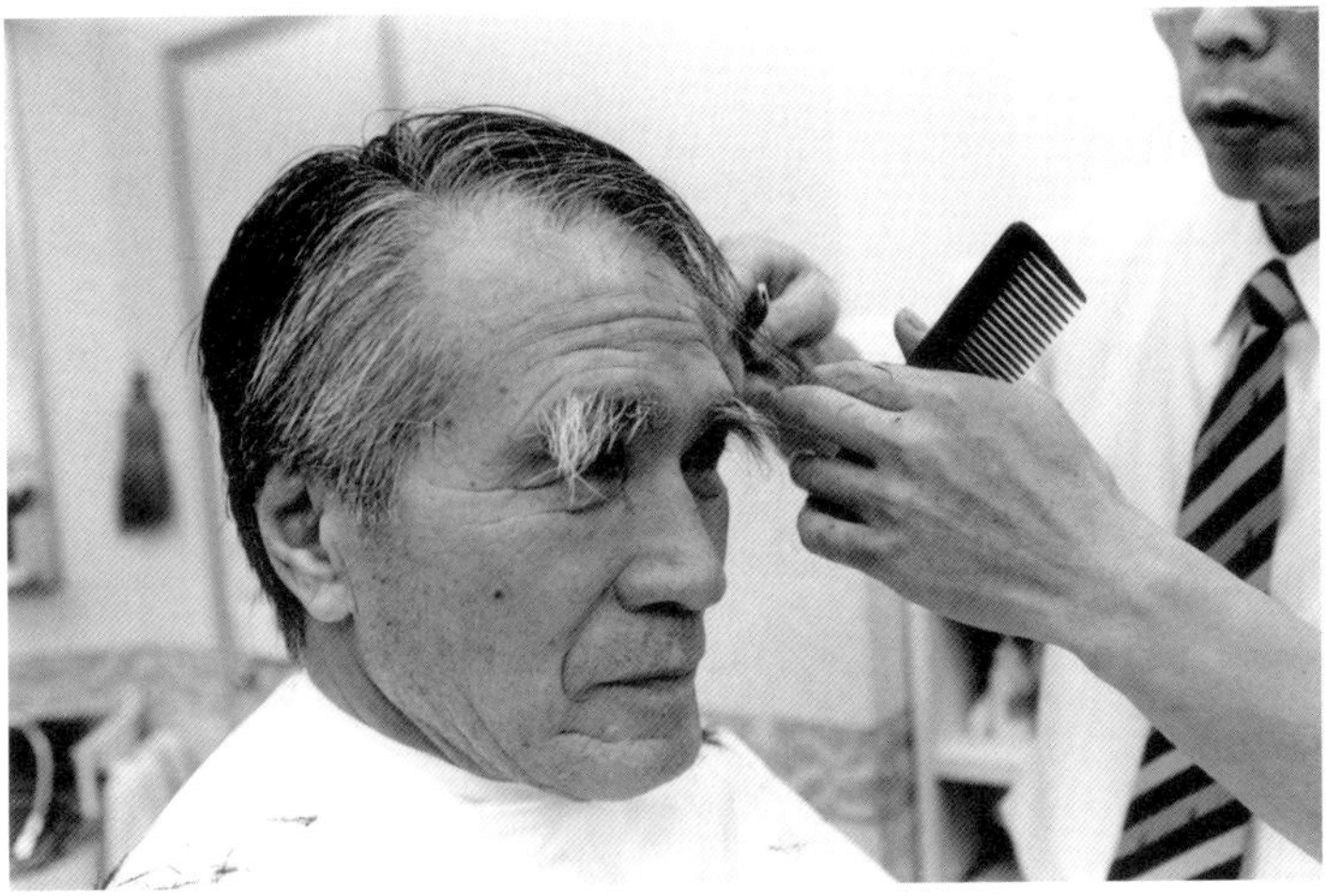

村山首相は長いマユ毛が特徴。理髪の際もマユ毛はそのまま残した。故郷大分の理髪店で。（1994 年 12 月）

ペルー日本大使館人質事件の救出活動を首相官邸の対策本部室でモニターする橋本龍太郎首相（右隣は梶山静六官房長官）。（1997 年 4 月）

ドイツ・ケルンでエリツィン・ロシア大統領と会談する小渕恵三首相。(1998 年 7 月)

首相官邸中庭で開かれた新年祝賀会で乾杯する小渕首相 (左)。中央は野中広務官房長官。右は森喜朗氏 (のち首相)。(1999 年元旦)

郵政民営化法案が参議院で否決されたのを受けて小泉純一郎首相は衆議院を解散、国民に信を問う総選挙に打って出た。造反議員に刺客候補をぶつける劇場型選挙は有権者の人気を博し、自民党は296議席の大勝利をおさめた。たくさんの有権者を前に横浜市戸塚の街頭演説。（2005年8月30日／読売新聞社提供）

はじめに

政治家のことばといえば、ウソ、建前、謀略といったマイナスイメージがすぐに連想されるだろう。たしかに残念ながら多くの場合、その通りだといっても間違いではない。本書でも、私自身が腰を抜かすくらい見事なウソにだまされた経験をはじめ、修羅場における政治家たちのすさまじい駆け引きを、いくつも紹介することになる。

しかしだからといって、それは政治家たちが悪い人間だからだと、必ずしも決め付けるわけにはいかない。ウソや裏切りは、私たちの日常生活でもよくあることだ。政治の世界は人間社会の縮図でもあるわけだし、それも単に縮図であるだけでなく、さまざまな利害対立の調整や秩序の維持といった国家の運営、さらに世界を舞台にした国家間の闘争における国の舵取りという特殊な役割を担っているのだから、それを達成するための権力行使をめぐって、ネガティブな面が目立つ傾向が強いということだろう。

それにまた、政治家のことばといっても、ウソやごまかしばかりではない。ふとした瞬間に洩らしたひとことの中に、政治家の器量や、彼らの胸中深く秘めた決意、あるいは不安、迷いがのぞいて、はっとさせられることがある。冗談ひとつにも、まことに言いえて妙と、思わずひざを打ちたくなる味わいや、鋭い状況認識が感じられ、また時代の大きな変転を無意識のうちに反映していることも、少なくないのだ。

対立する意見を何とかまとめるために、どのようにも解釈できる「玉虫色の表現」もしばしば登場する。二〇一二年夏の、解散時期を明示せよ、いやそれはできないという野党・自民党の谷垣禎一総裁と野田佳彦首相の押し問答が、「近い将来」を「近いうちに」と言い換えることで妥協が成立したことなど、その典型だろう。当事者同士は政治生命を賭けた真剣勝負のやり取りなのだが、はたで聞いているものには何がどう変わったのか、ちんぷんかんぷんに違いない。

あるいは、そうした練りに練った思案の末の、紛らわしい言葉遣いに慣れているはずの政治家でも、ついうっかりの失言が結構ある。中曽根康弘首相が広島の原爆被爆者たちの入院先にお見舞いに行った時のことだ。「元気を出して頑張ってください」まではよかったが、励ますつもりでさらにひとこと、「病は気からとも申しますから」。いっぺんに感謝が怒りに変わってしまった。もっとも、これは悪意の発言でないことは明らかなので大事には至らず、むしろ、日ごろ大上段に構えて国家観などを説く中曽根さんの、案外そそっかしい性格をのぞかせて、かえって人間的な親しみを感じさせる結果にもなった。大事なのは、言葉を発するその人の、人間としての力量や品格なのだ。

よく、政治家は一般市民と同じでなければいけないとか、政治家は悪人、市民は善人という見方をする人がいるが、どちらも間違いであるばかりか、有害でもある。近年は、「プロの政治家は汚い、中央の政治はだめ」という見方から、市民運動や地方の声こそ正しいといった二項対立的発想で既成の政治家や政党を批判することが人気を呼ぶ傾向がみられるが、これでは政党政治への不信が募るばかりだ。議会制民主主義の健全な発展という視点からみると、極めて危険なことといわざるを得ない。

フランスに、「下男の目に英雄なし」という古いことわざがある。偉そうにしている英雄だって、いびきをかくし、よだれもたらす。公務を離れた素顔を見ればただの人間にすぎないというわけで、なるほどその通りだと、フランスらしい諧謔に感心させられる。

ところがヘーゲルはこういう。「それは下男が下男だからだ」と。英雄がいびきをかく、よだれをたらすとして、それがどうだというのだ。英雄の偉大さはそんなところにあるのではない。そんなことしか見えないのは、下男に英雄の偉大さをみるだけの力がないからだというわけだ。これもまたすごい洞察である。

ここで英雄とか下男というのは身分の問題ではなく、卑小な人間には卑小なものしか見えない、優れたものは、見る人間が優れていなければ見えないのだ、ということだ。逆もまた真であって、卑小な人物を英雄視してはならないということでもあるだろう。

近年の政治は混乱続きで、政党も政治家も劣化の一途を辿っているようにみえる。優れた人材を見たくても、ほとんど見当たらないのが現実のようだ。国民の政治不信が高まるのも当然だが、そうであればなおさら、有権者の方も責任重大である。国民は政治の傍観者でも観客でもなく、国政を担う政治家を選ぶ当事者なのだから、これから少しでもよい方向に政治家を育てていくためには、「下男の目」であってはなるまい。

既成政治に不満のあまり、未熟さを新鮮さと取り違えたり、過激で無責任な発言を力強いメッセージと誤認したり、あるいは乱暴な独裁者的言動を大胆なリーダーシップと錯覚してポピュリズム政治に陥ることのないように、私たち自身が冷静な識別能力を養わなければならないだろう。

政治家もまた、政治家としての資質を磨く努力をせずに、大衆ウケを狙って軽薄な言動に血道をあげるようでは困る。政治家は公人として、一般の私人より卓越した器量を備えていなければならないのだ。政治家として最も大事なことは、「結果に対する責任」である。政治家や政党が一般の市民や民間組織と違うのは、政治が個別の利害ではなく全体としての国民生活の繁栄と安定、および国家としての平和と安全の維持に対して、つまり「公」に対して責任を負っている点にある。政治家の言動はその基準に照らして、どんな結果をもたらしているかで判断されなくてはならない。最近の政治が劣化していることの最大の問題は、政治家や政党自身の振る舞いが、その肝心な「公」の意識を失っているとしかみえないことにある。

そうした視点に立って、本書では、佐藤栄作首相をはじめとする歴代首相や政治指導者たちの、四〇年余にわたる私自身の取材の過程で耳にした肉声を辿りながら、戦後日本の政治史、あるいは世界の戦後史の中で、彼らの言動がどう位置づけられるのか、その決断と誤算、成功と失敗がどのような結果をもたらしたか、また今日の政治の混迷と当時のそれとは何が同じでどこがどう違うのか、それはなぜなのか、などを考えてみたい。

本書で紹介する彼らの言動の、そのほとんどは当時、報じられていない。一つひとつは独立したニュースになるようなものではなく、その時どきのニュースの意味や価値を判断する背景情報として取材したもの、あるいは私的な会話のやりとり、書かない約束で本音を聞かせてもらったオフレコ発言であることなど、さまざまな理由からだ。

しかしそれらをいまの時点で振り返ると、戦後政治史のさまざまな出来事を理解するうえで大変貴重な意味をもつようになってきたものや、当時の指導者たちの発想や力量を知るうえで格好の素材と思えるものが多いことに気づかされる。また、当事者のほとんどがすでに他界し、いま公表することでだれかが迷惑するという恐れがなくなったものは、むしろそれらの情報を歴史検証の資料として、関心のある人々に共有してもらうことが、政治の現場を長く取材する機会に恵まれたものとしての使命でもあろうかと思い、本書を出版することにした。

四〇年以上にもおよぶ政治のプロセスを、それぞれの時代に主役を演じた人物たちの言葉と行動を通して概観してみると、人間の営みである歴史には進歩も退歩もあること、だから絶えず「政治のいま」を注意深く観察して、退行を食い止める意識的な努力が大切だということが、感じられることと思う。政治のレベルを上げるも下げるも、政治家自身の資質と努力と同時に、有権者の選択によるところが大きいわけで、政治は政治家と有権者の相互作用の産物なのである。本書で紹介した先人たちのことばや行為が、政治家には政治行動を、有権者には選択に際しての判断を、誤りなくするための自己検証の一助になってくれることを祈りたい。

政治家の胸中　目次

政治家の胸中

肉声でたどる政治史の現場

プロローグ 「雨が降っても官邸」

――政治取材の現場

政治の取材は官邸詰めから

あまり気づく人はいないかもしれないが、首相官邸の古い方の建物（今の首相公邸）のてっぺんにミミズク（フクロウの一種）の石の彫刻が飾られている。ヘーゲルが「ミネルヴァのフクロウは夜飛ぶ」という言葉で比喩として使ったように、ミミズクやフクロウはローマ神話に登場する知恵と勇気の女神・ミネルヴァのお使いで、「英知」の象徴とされている。およそ知的世界とは縁が薄そうな、権謀術数渦巻く政治の世界の中枢の建物に飾るには場違いな感じもあるが、国民の英知を集めて政治を行う決意を表すつもりで、一九二八年の創建の時から飾られているという。

新聞社の取材というのは、政治部とか社会部とか、また政治部といっても政党や行政官庁など、さまざまな守備範囲があるが、政治部記者の場合、取材活動はまず、この首相官邸詰めからはじまる。

理由はいくつかある。まず第一に、日本あるいは世界で起きているあらゆる出来事、つまり政治マターはもちろん、事件、事故、災害、国際ニュースなど森羅万象の重要ニュースがすべて真っ先に入るのが首相官邸だからだ。それからさまざまな分野の重要人物、政治家であれ、官僚であれ、経済人であれ、あるいは文化人、芸能人であれ、いわゆる著名な人たちが、さまざまな用件で首相官邸に来る。その首相官邸に常時詰めていることによって、いろいろな最新のニュースや重要な人物をこの目で見て、直接取材をすることができるわけだ。

私が政治部に配属されて首相官邸での取材を始めたころ、冗談話で「雨が降っても官邸」という言葉をデスクから聞いたことがあった。新聞社は毎日毎日、とくに全国紙は朝刊、夕刊のニュースを報道するわけだが、毎日毎日大ニュースや生ニュースがあるわけではない。とくに締め切り時間が早く生ニュースの少ない夕刊の場合、一面トップに値するような材料がない時にどうするか。ふだん、生ニュースが殺到しているときはあまり報道するチャンスに恵まれない社会的な話題などを、夕刊で報道するようなケースがしばしばある。首相官邸にはさきほど述べたように、あらゆる情報が入るので、ふだんは表に出ていない政治や社会現象の底流にある話題を、タイミングをみて夕刊に書いてみるということも少なくない。

それであまり生ニュースがない時に、デスクのほうから首相官邸詰めに「何か面白い話題はないか」と問い合わせがくる。「ありません」。そうすると「雨が降ってるじゃないか」。雨が降ってるのが何でニュースなんだろうと、ふつうの人は思うだろう。しかし、たとえば今年の雨は長雨で、例年に比べてちょっと異常じゃないのかとか、あるいはこの雨の降り方はふだんの雨の降り方とちょっと違うじゃないかとか、同じ雨が降ってるというだけでも、見方によっては、あるいは問題のとらえ方によっては、そこにニュースが潜んでいるということがしばしばあるのだ。

たとえば私の経験でいえば、私が首相官邸の担当になったのは一九七〇(昭和四十五)年の春で、ちょうどそのころは光化学スモッグという問題が話題になっていた。光化学スモッグというのは、当時、美濃部亮吉東京都知事などが問題にしていて、どちらかといえば社会部記者の取材テーマだったが、これは日本の産業社会の変動、すなわち戦後の高度成長に伴って生じてきている構造的な公害であって、政治問題として扱うべきではないだろうかというようなことを、私はかねて感じていた。それで関係する行政機関をたまたまいろいろ取材していたので、光化学スモッグをテーマに、政府としての取り組みについての動きを夕刊の記事にした。すると、その記事が、社会面トップになって、またそのことがきっかけになって、水俣病とかイタイイタイ病などと合わせ、日本社会全体の経済発展にともなう構造的な大きな問題として、公害問題を政治の課題として真正面から取り上げる動きにつながり、その年に「公害基本法」が作られて、のちには環境庁（今の環境省）の設置に発展した。

そのように、首相官邸に集まってくるいろいろな情報をきっかけにして、政治問題、社会問題、自然現象など、日本の社会現象の変化を発見する。その勉強という意味合いで、首相官邸を担当するという目的の一つは、ニュースセンスを磨くというところにもあるのだ。

世の中の動きには、事件や事故、災害のような目に見える事柄と、政策や方針などのように、それが実施に移されて結果が出るまでは形として見えない問題の、二種類がある。政治の世界ではとくに後者の動きが大事だ。

政治の中枢にいる政治家たちの発言が重要なのは、会話や議論、あるいはふと洩らした言葉の裏に、彼らが頭の中で思い描いている構想や物事の判断のありようが示唆されていて、それがのちに政策などの形で国民生活あるいは外交関係に大きな影響を与えるからにほかならない。政治記者は、したがって、政権担当者やその周辺の主要人物の言動にたえず耳をそばだたせ、その意味や、それがもたらすであろう結果を考えながら報道にあたる。的確な報道をするためには常に、取材相手との信頼関係を築くこと、相手の発言の意味を鋭敏に看取することが必要で、そのためには幅広い知識と人脈、ニュース感覚が求められる。情報のるつぼのような首相官邸を担当することがセンスを磨く場として有効だと書いたのは、そういう意味なのだ。

「ぶら下がり」はテレビ用語

首相官邸の記者クラブに配属されると、一番最初にやることは総理大臣の身辺について回る総理番である。

私が政治記者になった一九七〇年代よりもっと前の一九六〇年代、池田勇人首相の時までは、総理大臣がどこか外へ行く場合、全部の社がみんな自分の社の車で追いかける時代があった。総理の車はノンストップでブンブン飛ばす、それを各社が車を連ねて追いかけていく。そうすると信号無視とか、あるいは信号に引っかかって、そこで急ブレーキをかけるため事故が起きるとか、交通安全上由々しき問題が出てきた。そこで各社が話し合い、総理大臣が車で移動するような場合は、いっしょに行動するのは共同通信と時事通信という通信社二社だけとし、あとの新聞社はいっしょには追いかけない。その代わり、通信社がすべての新聞社の代理として、総理大臣の行き先や会談相手などはあとで全部の社に報告するという、プール取材（代表取材）のシステムに変わった。

そのように取材の方法は時代によって変わる。一九七〇年ごろから私は佐藤番になったわけだが、そのころは、車で追いかけていくことはなかったものの、いまと違って、首相官邸の中や国会の中では総理大臣といっしょにぞろぞろ並んで歩いて、そのあいだに言葉を交わすことができた。それで、たとえば、「さっき自民党の幹事長が来ましたが、あれは何の話ですか」とか、あるいは「大蔵大臣が来たけれど、どんな用件でしたか」とか、歩きながらの会話をしていた。いまはセキュリティ上の理由もあって首相との歩きながらの会話はなくなり、また、野田首相はぶら下がり会見もやらないとかということが新聞に出ている。「ぶら下がり」というのはテレビ用語である。

大平正芳内閣の時までは、さきに述べたように、総理大臣と直接生で話をする、しかし、その話は一切報道しない、という前提だった。なぜかというと、立ち話なので、答えている首相のほうが質問の意味を勘違いしているかもしれないし、聞いているほうが聞き違いしているかもしれない。その発言をそのつど逐一直接報道すると、場合によっては大変な誤解を招くことにもなるので、立ち話や歩きながらの会話は、総理大臣がいまどういうところに関心があるかとかいうようなことを、背景事情として理解するために認めるという意味合いだったのだ。だからマイクなど使わないし、テレビカメラも撮らせない、こういう前提でずっとやっていた。

ところが、大平内閣になって、「四十日抗争」という、福田赳夫さんと大平正芳さんの対立が激化して政局が大荒れになる事態が起きた。当時福田さんは大臣ではなく、政府の役職を離れているので、自由な立場で自分の考え方なり大平さん攻撃の発言をする。それに対して大平さんは記者団にいろいろ反論の発言をするのだが、首相発言は生で報道しないという前提なので、報道としては伝わらない。それで、福田さんがああやってオープンでしゃべるのであれば、自分もオープンでしゃべりたいと言いだした。これは報道する側からみても、もっともなことであろうということで、総理大臣との間で、しゃべることを報道してもいいというふうにお互いの約束事を変えましょうということになった。

ところが、オープンでしゃべるとなると、テレビ局は当然、しゃべっている画面も伝えたいとなるので、テレビカメラを入れて、マイクをつきつけて、マイクの前でしゃべるというスタイルになってきた。あのぶら下がりというのは、マイクを向けて、話し手である首相の前でぶら下がってしゃべってもらうというような意味の言葉だ。ぶら下がりという用語で示される総理大臣の発言のスタイルが、あの頃から始まったのだ。

ただ、まだあの時点ではぶら下がりというやり方は随時行う程度で、これを朝夕二回、つまり朝一回、夕方一回、首相が記者団の質問に答える、その夕方一回の時にテレビを入れてしゃべるというスタイルにしたのは小泉純一郎さんだ。これは飯島勲さんという秘書官が、ぶら下がり取材の機会を小泉首相のメッセージを発信する有効なチャンスに利用しようということで始まったのがきっかけである。

それで小泉さんは大成功したが、あとの人はみんな逆に、それが失敗の原因になってしまった。とくに安倍晋三首相の場合、不幸だったのは、質問者ではなくテレビカメラに向かってしゃべったことだった。テレビを見ている人には、まことに空々しく温かみのない、自分のいいたいことだけ一方的にいっているという、親しみではなくて、かえって距離感を与えてしまう結果になってしまったのだ。そのあとの福田康夫首相も、あまりああいう形での発言は好きではなかった。鳩山由紀夫さんはまた鳩山さんで、「野田さんがぶら下がりを嫌がっているというのは私を反面教師にしているのかな、私はサービスしすぎて失敗したから」というようなことをいっている。鳩山首相の発言をめぐる政治の混乱は、サービスという以前の、発言の中身に問題があったのだが、それはともかく、ぶら下がり取材での発言が支持率に影響することは現実に多いといえる。また、総理番担当者の取材の仕方というものも、このように時代時代で少しずつ変わってきている。

　最近はよく週刊誌記者とかフリーライターの人たちが、新聞社の記者たちは役所の情報とか当局の発表をただ記者クラブで聞いて、たれ流しているだけだというようなことをいっているが、実際にはそんなことはない。

　与えられた情報をたれ流しているだけだったら、ニュースなど生まれるわけはない。これまで述べたように、政治部であれ社会部であれ、記者は、絶えずニュースセンスを磨いて、表に出ていない、社会現象の奥に潜んでいる時代の変化などを報道する。

　新聞の伝えるニュースは一次情報である。まず、新聞で報道する。フリーランスの人、週刊誌の人は、それら報道されたものについて、自分の興味や関心のあるものについて、そこをさらに掘り下げていこうと、別の角度から取材するわけで、役割が違うのだ。取材に熱心か熱心でないかということとはまったく次元の異なる話なのだ。

　ちょっと前置きが長くなったが、政治の取材というのはどういうふうに行っているのかということを、一応頭に入れていただいたうえで、ここから先の具体的な話に入りたい。

1　「これでまた野蛮な国と……」

――三島事件と保利茂

「国家」が真っ先に頭に浮かぶ

一九七〇年十一月二十五日、秋の臨時国会で佐藤栄作総理大臣が所信表明演説をするその日のことである。

所信表明演説と施政方針演説は、言葉が似ているから混同されがちだが、施政方針演説は、毎年一月に開く通常国会の冒頭に、総理大臣が政治の進め方や施政の方針を表明する、つまり、内閣としての政治課題全般にわたって見解を表明すること、これが施政方針演説である。所信表明演説はこれと違って、通常国会ではなく臨時国会で行うものだ。臨時国会というのは、必要があってその都度開くという建前になっているわけだから、その臨時国会を開くにあたっての総理大臣の所信、つまり、自分は何の目的で臨時国会を開くのか、こういうことをやりたいからよく審議してくださいとか、ある程度テーマを絞った形で考え方を述べる、これが所信表明演説なのだ。

その年十一月二十五日は、佐藤さんが自民党総裁選で四選を果たしたあとの最初の臨時国会で、四期目の政権運営について所信を表明するという日だった。首相官邸クラブは、国会が開かれていないときは首相官邸の中に記者クラブがあって、そこに電話、机などの通信手段がおいてあるので、そこが取材の拠点なのだが、国会がはじまると、総理大臣はじめ閣僚、あるいはその他、政治の中枢部門は国会の中に移る。国会の中に総理大臣の執務室とか閣議の部屋があるので、政治の現場というものが国会の中に移るのだ。取材対象がそちらへ移動するので、記者団もそっくり国会の中に引っ越すというパターンになっている。

十一月二十五日の昼前だったと思う。午後には所信表明演説が行われるので、われわれはスクラップブックなど取材用の参考資料を持ったりして、国会の中の記者クラブに引っ越す作業をしている時だった。その時、作家の三島由紀夫が市ヶ谷の自衛隊東部方面総監部に立てこもって演説をしているという第一報が入ってきた。出来事としては社会部がカバーする案件だろうが、政治的にも大変な事態である。自衛隊の本拠地に乗りこんで、しかもクーデターを訴えているなど、重大な事件である。私はすぐ首相官邸の、当時の官房長官・保利茂さんの部屋に飛んでいった。いまと違って、当時は官房長官の秘書官室には比較的自由に出入りできたので、そこへ駆けつけたわけだ。

刻々の情報が官邸に入ってくる。しばらくするうち、官房長官の秘書官の一人が受話器をつかんで突然、「ほんとか」とびっくりしたような声を出した。聞き耳を立てると、「何、首が落ちてる？」というようなやりとりをしている。一体何の話だ。

三島由紀夫が「楯の会」と称する若い仲間をつれて、乗り込んで演説していたが、そのうち部屋に引っこんで、東部方面総監を縛りあげて、そこの部屋で切腹し、介錯したと思われる首が床にころがっているという第一報が、警察無線で入ってきたのだ。「まだ書くな。まだ警察は部屋の中に入って現場検証をしてない。未確認情報だから、まだ報道されては困る」と、秘書官は緊張した面持ちで私を制した。

私もとりあえず未確認情報としてだけ社のデスクに連絡をし、官房長官を探した。保利長官は佐藤栄作首相の部屋に入って、三島が立てこもっているということの報告に入っているという。総理大臣の執務室の前に駆けつけて待っていると、しばらくして保利官房長官が出てきた。おそらくまだ首がとんでいるということは、保利さんもその時点では聞いていなかったと思う。

そこで、出てきた保利さんに、私は「えらいことになりましたよ、三島の首がころがっているそうじゃありませんか」と聞きながら、顔色をうかがった。私は保利さんが「本当か、えらいことになったな」とでも言うと思ったのだ。ところが、である。あの人はもともと目が細いのだが、眼鏡の奥の目が一段と細くなって、ひとこと、「これでまた日本は野蛮な国といわれる、弱ったなあ」。これがその時、保利さんの口から出た言葉である。

私はびっくりした。政治家の反応とはこういうものかと。保利さんに、「野蛮な国というのはどういうことですか」とたずねると、「せっかく日本が民主主義の国として生まれ変わって、ここまできたのになあ」と、ため息をついて、自分の執務室に入っていった。

日本は太平洋戦争で神風特攻隊とか一億玉砕など、野蛮な国というイメージを世界中に植えつけた。そして敗戦。新しい憲法、民主主義、そして戦後の荒廃のなかから復興して経済成長を遂げ、ようやく独立を回復し、国連に加盟し、ＯＥＣＤ（経済協力開発機構）、ＩＭＦ（国際通貨基金）にも加盟するなど、国際社会にもう一回立ち戻って、民主主義の国として再出発した。やっとそれが世界に認められるようになった。やっとここまできた。それなのに、また切腹とか介錯とか、昔の江戸時代のような、そういう国だというイメージを再び世界に持たれてしまうのか。保利さんの思いはこういう嘆息だったのだろう。

東京市ヶ谷の陸上自衛隊駐屯地バルコニーで演説する三島由紀夫氏。このあと割腹自殺。（1970 年 11 月 25 日／読売新聞社提供）

政治家というのは、つねに「国家」というところに物事の考えのベースがあるのだな。それが政治記者になって間もない私の驚きだった。何か大きな事件、驚天動地の事件が起きる。ふつうの人はそれを面白い、悲しい、すごいなど個人レベルの感覚で受けとめるが、政治家はそうではない。日本の国にとってそれがどういう意味をもつだろうかというようなことを、瞬間、真っ先に頭に浮かべる。一般の市民と政治家の違いはそういうことなのかと、私はあの時の保利さんのせりふから思い知らされた。

いまは「自己満足」の政権

そんなことは政治家なら当たり前のことのはずだが、実はそうではない。そうではないことが、その後の、とくに今日の政治家との違いの際立った点でもある。たとえば菅直人さんがその典型だろう。彼の頭には国家とか国民がまったくないように見えてならない。中曽根康弘さんはいいことをいうなと思った記事がある。菅内閣の末期のころだが、「菅政権を一言でいえば、過去も未来もない政権だ」と。過去というのは歴史だし、未来も日本の国家としての未来。つまり基本は国である。しかし、菅さんの頭にはその国というものは一切ない。あるのはただ現在、それも現在の自分だけだ。

菅さん自身の言葉からそのことが裏付けられるようにも思えるのは、菅さんが辞めるときの記者会見である。二〇一一年八月二十七日、これはたまたま『朝日』の記事だが、こう語っている。「一年三カ月、厳しい環境のもとでやるべきことはやった。一定の達成感を感じている」と。自分の満足なのだ。菅政権の一年三カ月、彼がやったことに伴う国民の迷惑とか、あるいはやらなかったことによる国民の迷惑、東日本大震災と福島原発事故に際して彼の言動がもたらした混乱、こういうことはほとんど意に介さない。俺はやったんだ、俺は達成感をもっているんだと、そこには自分しかない。

菅さんだけではない、鳩山さんもそうだし、あるいは自民党の人たちの中にも、近年はそういう傾向が出てきていた。そのへんが昔の政治家とはだいぶ違ってきているなという感じがしてならない。

よく政治には市民感覚が必要だといわれる。もちろんその通りだ。政治が政治家たちの「政界」「永田町」と呼ばれる狭い世界の中で、彼らのつごうや利害だけしか視野に入れずに行われるようなことは、あってはならない。国民の生活実感を敏感に受けとめ、そのニーズを着実に政策化していく、そうした国民目線の政治がないところから、政治に対する不信感や喪失感が生まれるのだ。

しかし、市民社会のニーズといっても、それは複雑多様で、相互に矛盾や対立が生じる。東日本大震災で、すべての人が犠牲者や被災者に同情を抱きながら、いざガレキの山をどこか他の地域へ移そうとすると、たちまち住民の反対運動が起きるといったように、わが身かわいさが先に立つのが市民社会の実態でもある。ヘーゲルは「市民社会は欲望の体系」だといい、そのままでは安定した社会生活は維持できない、そこで「国家」という理性的存在が必要なのだと述べている。現実の国家がヘーゲルのいうような理性的存在でないのは残念なことだが、市民社会の利害対立を調整し、全体としての国民生活に秩序と安定をもたらす社会の統合機能が国家にあることはまちがいないし、その国家の運営にあたるのが、国民の代表としての政治家なのだ。

だから政治家が「国家」をつねに行動の原点としているというのは当然すぎるほど当然なのだが、

それにもかかわらず最近はそうでなくなってきているのは一体どうしたことなのだろう。

「政治」の理解が違ってきた

昔の政治家との違いはどうして生じたのだろう。冒頭の三島事件での保利さんの話に戻ると、保利さんという人物の器量の問題でもあるのだろうが、それだけではなく、当時の時代状況との関係もあるだろう。戦前から政党政治家として、戦争をやり、そして敗戦を体験し、新しい憲法の制定、戦後の復興、そして一九五一年のサンフランシスコ平和条約による独立の回復と国連加盟、それから一九六三年のＩＭＦ八条国、一九六四年のＯＥＣＤ加盟の国際社会入り、そういう歴史をずっと背負ってきた政治家だから出てくる発想なり言葉だと思う。

それに対して、菅さんたちに代表される最近の政治家にありがちな国家意識の欠如ともいえる現象は、ある意味ではその後の日本の経済成長、その成長にともなう繁栄、あるいは自由の享受、その行きついた先のバブルの崩壊などの変動をへて、みんな心理的には内向きになっているような、そういう時代状況の反映という面もあるだろう。

私自身は保利さんよりずっと世代は後だが、戦後の荒廃、経済成長、つまり、今日より明日はきっとよくなる、そして未来はもっとよくならねばと、こういうようなことは暗黙の前提として意識の底にもってきたように思う。しかし、最近の若い人、あるいは全共闘世代ぐらいからは、ちょうど日本の成長が伸びきったところからはじまっているわけだから、もっとよくなるどころかむしろ、もっと悪くなるかもしれない状況の中で、全体として内向きになってしまっている。

それからもう一つ、戦後教育ということがよくいわれるが、個人が大事だという考え方。人に迷惑さえかけなければ、自分の好きなように生きればいい、就職したくなければしなくてもいい、何も無理にいい大学へ行かなくてもいい、いい会社に無理に入ることはない、自分の好きなようにしなさいというような教育をずっと受けてきている。そのせいか、最近の時代風潮として、子供が学校で先生に注意されたら親が怒鳴りこんでいくといった話も起きている。個人の尊重はもちろん大切だが、その個人というのも社会とのつながりにおける個人ではなくて、社会と切り離された、俺はこう思うというだけの個人だ。こういう風潮が政治を担う人たちの意識のなかにも出てきているのかもしれないという感じがする。

もちろん保利さんたちの世代が経験したような時代をもう一度体験することなど不可能だし、その必要もない。また保利さんの世代の政治家の言動がすべて正しかったなどということもない。今よりもっと悪どい陰謀や不正行為もたくさんあった。ただここで申し上げたいことは、政治とは何なのかということについての理解の仕方がだいぶ違ってきているのではないか、ということである。つまり、本来、政治にとって一番大事なのは、日本という国家、あるいはそこにいる国民、あるいは日本を含めた世界というものに対して、どういう結果をもたらすのかという、結果に対する責任、これだ。マックス・ウェーバー的にいえば、心情倫理というか、俺はいいことをやっているんだという倫理ではなくて、責任倫理、つまり自分がやることがどういう結果をもたらすのか、その結果に対する責任を負うという責任倫理こそ、政治の基本だと思う。

政治は人間の営みである。人間の資質の問題を軽く考えてはならない。制度は保利さんの時代も今も同じだ。議会制民主主義である点で変わりはない。もちろんいい制度であっても、時間の経過とともに老朽化したり、制度疲労を起こしてその制度自体に問題が生じてくるということは当然あるが、制度を運用する、あるいはそういう制度を使って政治を行う、その人間の器量の差によって、結果は大きく違ってくる。

ところが、だれがやっても同じというふうに、ここ十数年、日本の有権者も政治家自身も思っているようにみえる。政治なんてだれがやっても同じじゃないの、それならなるべく新鮮なイメージの政党や政治家にやらせたらいいいと。それが、自民党がだめなら民主党にやらせればいいじゃないですかというような思いこみで政権交代につながったのではないだろうか。制度が同じで、それを運用する政治家の素養も同じならもちろんいいのだが、人間のものの考え方それ自体が変わってきているということになると、同じ制度でも出てくる結果はまるきり違う。

たしかに、小選挙区制の導入という選挙制度の変更の影響もあるだろう。それ以前の中選挙区制も、制度それ自体としてはそんなに悪い制度ではないのだが、弊害が大きくなりすぎたため、政党本位の選挙にしようということで一九九四年に小選挙区制を導入した。しかし、結果は、頭数だけの競争になって、人を問わないというような風潮を増幅させることになってしまった。

本来なら、政党の中で人材を鍛えて、そして政治家としての素養を高めてから候補者として選挙に立てればいいのだが、いまはそうではなくて、ただ知名度が高いというだけで、あるいはその時々の風の吹き回しで、ついこのあいだまでまともな職業についたこともないような人でさえ、突然、党の公認をもらって、風に乗って当選してしまうというような現象が起きてくる。三島事件の時の保利さんの言葉を冒頭に紹介したのは、たんに昔の人はこうだったとなつかしむつもりではなくて、今日の時点で、政治とは何か、政治家はどうあるべきかを、もう一度考え直す必要があると思ったからである。

結果責任あっての「熟議」

民主党、自民党を問わず、最近の若い政治家の一番の間違いのもとは、政治というのは議論することだと思っていることではないだろうか。相手を議論でやりこめる。やりこめた方が勝ちだ、これが政治だと。熟議のデモクラシーはいいのだが、熟議も本来は、ある一つの、よりよい結果をもたらすために議論をつくすという、結果に対する責任があってこその熟議であるべきだろう。そうではなくてただテレビの討論バトルのように議論をたたかわすことが目的化して、ディベートに勝つことが政治家としての優秀さであるかのような誤解に自らはまり込んでいる。

その典型が蓮舫さんの、スーパーコンピューター関係予算を事業仕分けの議論の対象にして「なぜ一番を目指すんですか、二番じゃなぜいけないんですか」と攻め立てた、あの発言だと思う。

ディベートに勝つテクニックとして、相手が予想してないような問題を投げつけるのは有効だろう。「あなたはなんで一番なんか目指すんですか」といわれると、一番を目指すことは当たり前だと思っている人は、そんな自明の理をあらためて正面からぶつけられて、一瞬返事に窮する。

即座に「じゃあ、なぜ二番ならいいんですか。二番がよくて一番がいけないという理由はなんですか」と逆襲すれば、蓮舫さんの方が答えられなくなるはずだが、自分たちの政策の正しさを自明と考えている役所の担当者にそんな巧妙さはないだろうから、ガタガタになってしまう。そうすると彼女の歯切れのよい攻勢がいかにも効果的に見えてしまう。そういうディベート、中身のない空疎なテクニック、これがあたかも政治であるかのような錯覚が生まれ、人気が上がったりする。パフォーマンス政治がはやる一因はここにあるように思える。

有権者の側にも大きな問題があると思う。政治家というのはみんなだめだ、利権あさりのろくでもないやつばかりだから、だれがやっても同じだと。実際、政治家のスキャンダルが続けば有権者が不信感を強めるのは当然だが、政治の世界のそうしたネガティブな面ばかりがメディアで強調されすぎると、必要以上に政治不信が増幅されてしまうという結果にもなりかねない。メディアの影響についてはさまざまな研究が行われているが、その一つに「冷笑のらせん」(spiral of cynicism)という分析視点がある。だれかが、あるいはメディアが「あれはだめなやつらだ」と言い、他の人々も「そうだ、そうだ」と同調すると、本当は必ずしもそう思っていない人たちも次第に「そうだな」と思い始め、やがてみんなが政治家や政党、官僚などを、内容を問うことなくさげすむ風潮が、らせん状に広がってしまうという現象を指す。

二〇〇九年の衆院選で有権者がなだれを打ったように民主党を政権党に選んだのも、この現象の裏返しの表現だったともいえる。民主党はそれまでずっと野党で、政権についたことのない人ばかりだから、自民党のように汚れたことには手を染めていないだろう、とにかくいっぺんフレッシュな人たちにやらせてみようと、そんな思いの人が多かったのではないだろうか。

たしかに自民党政治の末期は機能マヒ状態で、その一因に衆参ねじれ現象があったことは事実だが、実はねじれ現象はその時から始まったのではなく、すでに一九八九年参院選挙で、土井たか子さんが社会党委員長の時、「山が動いた」と叫んだあの時からもうすでに、ねじれが生じていたのだ。それまでの、与野党伯仲といっていた段階から、衆議院では自民党は多数であっても参議院では野党が過半数を占めるというねじれた構造は、この八九年の、宇野宗佑首相の時の参院選で自民党が惨敗した時から始まっていた。

二〇〇七年の安倍晋三首相の時の参議院選挙で、決定的に自民党が議席を減らし、他方で民主党という新しい勢力を中心に野党陣営の求心力が高まってきたという政治状況の変化が生まれていたことは見逃せない。しかし、そのねじれを使って自民党政権下の政治を機能マヒに陥れたのは当時民主党幹事長だった小沢一郎さんだ。インド洋の給油もやってはいかん、日銀総裁人事も官僚出身者は一切いかんなどと、内容の是非を問わず、とにかく自民党政府が出してくる案件はすべて、野党が多数を占める参議院でつぶすという戦術をとった。つぶされるから自民党内閣は何もできない。ということで、自民党政権のだらしなさに国民の不満が高まる。一種のボルシェビキ路線といってもいいだろう。国民が困る。国民が怒って時の政府に批判を向ける。それをもって政権をひっくり返すというやり方は、ロシア革命当時のソ連共産党の戦術であり、日本でも終戦直後の混乱期に一時、共産党がそんな戦術をとろうとして党内で対立が起きたこともあった。小沢さんがとったのはまさにその手法で、「政権交代」実現のためには理非を問わないという戦術だった。

そうした小沢さんのかなり乱暴なやり方が、有権者にこれといった反発もされずに支持されて見事に成功した背景には、やはり自民党の長期政権を支えてきた社会的経済的構造が大きく崩れつつあったという事情がある。一時、小泉純一郎さんが「自民党をぶっこわす」と叫んで登場し、圧倒的な人気を博して自民党の議席もふえたので「自民党は復調した」と評されたこともあったが、これも後に詳しくみるように、社会経済構造の変化と並行して生じた有権者の無党派化現象の一環とみるべきだろう。

実は、衆参ねじれを初めてもたらした一九八九年という年は、無党派化現象が本格化したという意味でも、また自民党単独政権が崩壊し、細川連立政権の誕生と崩壊をはさんだ政局の激しい変転、そして二〇〇九年の自民党から民主党への政権交代という、その後二〇年間におよぶ動揺のスタートになったという意味でも、画期的な転換点だったのだ。

政治というのはこうしてみると、政治家の資質、利害や思惑をめぐる駆け引き、制度や政策、日本および世界の状況変化、時間の流れなどの要素が複雑にからみ合って進行していくプロセスだといえるだろう。そしてまた、そのプロセスは進歩もあれば退歩もある。その政治の舞台の変転を、取材の現場にいた者として、七〇年代以降の政治の中枢を担った重要な人物たちの言動をたどりながら考察していきたいと思う。

2

「辛亥の年だなあ」

——佐藤栄作の自信と不安

佐藤栄作が洩らした胸騒ぎ

三島事件があったその年の暮れ、一九七〇年十二月の末、その年も残すところ数日という押し詰まった日の夕方のことである。首相官邸、いまは首相が居住する公邸に改造されているが、当時の首相官邸の一室で、佐藤総理大臣のテレビの録画撮りがあった。地元・山口県のローカルテレビ局が地元向けに総理大臣の新年のメッセージを送るという番組の、録画撮りのインタビューだった。ドーランを塗った佐藤さんが年賀のあいさつをする場面を、官邸の職員や秘書官、そして各社の総理番の記者たちといっしょに私も取材していた。

撮影が終わって、ドーランを落とした佐藤さんが自分の執務室に戻る途中に、狭い階段がある。その階段の途中の踊り場に小さな窓があって、窓の外には冬の夕暮れだから灰色の薄暗い空が広がっていた。その寒々とした空を見て、階段を上りかけた佐藤さんが、突然立ち止まり、ぼうっと眺めているのだ。なぜか新聞記者は私だけで、あとは秘書官と警護のおまわりさん（ＳＰ）だけだった。どうしたのかなと思って、私も立ち止まって、佐藤さんといっしょに外を見ていたら、佐藤さんがポツリと「来年は辛亥の年だなあ」とつぶやいた。

一九七〇年だから、来年ということは一九七一年だが、それを指して辛亥の年だといったのである。私はそのころまだ二十代後半で、不勉強にも辛亥という言葉を知らなかった。「シンガイってなんですか」ときいたら、「これは六〇年に一回巡ってくるんだよ」と。で、私はまた、佐藤さんは奥さんの寛子さんが占いに凝っていて、易とか、占いとか、そういうものに興味をもつ方だと聞いていたので、「なんだ、占いの話ですか」といって、なかばちゃかしたように笑った。そうしたら佐藤さんが、急に真顔になって、「君、そういうことをバカにしちゃいかんのだ」と、大きな目で私をにらんだ。「辛亥の年というのは六〇年に一回巡ってくるんだ。六〇年前の一九一一年は中国で辛亥革命によって清王朝が倒れたし、日本では同じ年に幸徳秋水の大逆事件が起きている。来年がちょうど六〇年目でその辛亥の年に当たるんだよ」。そう言ったあと、「何か大変なことが起きなきゃいいがなあ」と、ふっと息を吐いた。

当時は日米繊維交渉が難航している時だったので、私は「それなら繊維は早めに片づけておかないといけませんね」と合いの手を入れた。すると佐藤さんは、「まあ、繊維なんていう程度の話ですめばいいがなあ」といった。彼は別に具体的に何かをイメージしているのではないのだろうが、胸騒ぎというか、人智の及ばない、何か困ったことが起きやしないかなという不安を口にしたのである。

私にとって意外だったのは、その時点の佐藤さんは権力の絶頂期にあった、そういう時の佐藤さんの言葉だったからである。

一年前の一九六九年十一月には日米首脳会談（佐藤・ニクソン会談）で沖縄返還が合意されており、その翌月の六九年十二月には解散・総選挙があって、自民党は二八八議席で圧勝していた。追加入党を入れると三〇〇議席。その余勢をかって、七〇年十月二十九日の自民党総裁選では、佐藤さんは四選に成功している。あのころはまだ三選禁止という規定はなかったので、四選に出馬して、対抗馬で一番有力といわれていた宏池会、いわゆる池田派の流れをくむ派閥の実力者である前尾繁三郎さんが、勝ち目がないとみて立候補を取りやめ、少数派閥の三木武夫さんだけが、「男は一回勝負する」といって立った、その総裁選で、佐藤さんは投票総数の四分の三近い三五三票で圧勝している。この時、三木さんは一一一票だった。

これはあとでも触れるつもりだが、形の上では圧勝だから文句はないはずなのに、佐藤さんは、開票結果をみて私の前でものすごく怒った。「だからいったじゃないか」と吐き捨てるようにつぶやいたのだ。三木派というのは三十数人しかいない小さな存在である。それなのに三木さんが一一一票取ったということは、それだけ反佐藤の票があったということを示す形となったからで、佐藤さんはそれをものすごく不愉快に思ったのだ。だれにたいして不愉快に思ったのか。あとで思えば田中角栄さんのようだ。田中幹事長が佐藤さんに四選出馬を進言し、出馬したら自分が反対派を蹴散らして、三木さんなんかに三桁の票はとらせないと断言していた。それがどうだ。やってみたら三桁にいったじゃないかと。「だから俺はあれだけいったじゃないか」。その時は、だれに向けた発言かよくわからず、私が怒られたような感じだった。それほど佐藤さんは怒っていたのだが、それにしても大圧勝で四選を果たしているわけだから、当時の佐藤政権は絶頂期にあったわけだ。その、怖いものなしと思われるような佐藤さんが空を見て、何があるわけでもないのに、「来年は辛亥の年に当たるな」というだけで不安を覚えるという姿に図らずも接して、権力者は孤独だという言葉が頭をよぎったことを、今も鮮やかに思い出す。

ニクソンショックの激震

それで、明けて七一年はどうなったか。まさに予感的中だった。一九七一年七月十五日、そして八月十五日、立て続けのニクソンショックである。日本は大激震に見舞われることになった。

七月十五日は米中接近、つまり、キッシンジャー補佐官が秘密裡に訪中して中国と合意したニクソン大統領の訪中の発表である。それまで中国と敵対関係にあったはずのアメリカが中国と手を結ぶ。これは大変な歴史的変化である。アメリカ対中ソ、資本主義自由陣営対社会主義陣営、という国際政治の構造が、一瞬にして米中対ソ連というふうに変わったのだ。

それから八月十五日は金・ドル交換停止。それまでは基軸通貨のドルを持っていけば金に換えてくれるという前提で、日本はじめ各国とも外貨準備としてドルを貯めこんでいるのに、これからはもう金には交換しませんよということである。ブレトンウッズ体制という戦後国際社会の通貨制度があっという間に崩壊してしまった。それによって日本は、間もなく一ドル三六〇円という固定相場を維持できなくなり、変動相場制に移行する。日本経済にとっては歴史的な大変動の日となった。

この八月十五日、私はたまたま総理番をやっていた。月曜日だったと思う。首相官邸の玄関の脇に番小屋という部屋があった。総理番の記者たちがたむろして、官邸に出入りする人をそこでチェックする、そういう狭い部屋である。そこに私も詰めていた。すると若い一人の役人風の男が入ってきたので、私はすぐつかまえて、「あなたはどこへ行くのですか」とたずねると、「総理の秘書官室へ行く」

という。「あなたはどなたです」と聞いたら、「北米二課、外務省の者です」と答え、官邸の階段を上っていった。それっきり、その人はなかなか出てこない。秘書官に何か資料でも届けにきたのかなと思ってずっと見張っていたのだが、いつまでたっても出てこない。

おかしいな。それで私は思い切って総理の秘書官室のドアをバンと開けて見た。そうしたら、入っていったはずの男がいない。どうしたのだろう。たしかここに入ったはずなのに、しかも私はずっと見張っているから、出てきた気配はない。そうすると、秘書官室ではなく、隣の総理大臣の執務室に入っているとしか考えられない。しかし、総理大臣の執務室に一事務官が入るということは、まず通常はありえない。外務大臣が入るということならあるだろうが、外務省の職員、それもまだ課長クラスよりも若い人が入るというのは一体なぜだろう。

三〇分以上たっても出てこない。ひょっとしたらこれは、アメリカから電話がきて、中でこの人が通訳しているのではないか。一瞬、そんな想像が私の頭にひらめいた。そうだ、それ以外考えられない。そう思って、それからじっと総理の執務室の前で私だけ待っていた。それから三〇分以上かかったと思う。佐藤さんがトイレに出てきた。のちに官邸の執務室の中にトイレができたが、あの時はまだ執務室の向かい側にトイレがあって、私が待っているところに佐藤さんが出てきたのだ。それで私はヤマをかけて、「アメリカから電話だったんでしょう」とぶつけると、「うーん、まあたいしたことはないさ」と不機嫌そうに言い残して、また引っ込んでしまった。でも図星だった。アメリカからの電話だったことは間違いない。ただ中身まではもちろんわからない。それで社のデスクには、総理大臣のところへどうもアメリカからとおぼしき電話が直接かかったようで、アメリカで何か大きな動きがあったのかもしれないという連絡だけ入れた。それからほどなく八月十五日の金・ドル交換停止の発表が行われた。

佐藤さんに電話をしてきたのはだれかというと、これはあとで調べた話だが、当時のロジャーズ国務長官である。何でワシントンの日本大使館ではなく東京の首相官邸の佐藤さんに直接、ロジャーズ国務長官が電話してきたのか。その日、アメリカはたしか日曜日で、日本の大使は外出していて連絡がとれない、しかし、ニクソン大統領のテレビ演説がまもなくはじまってしまう、それでニクソン大統領がロジャーズ長官に、「それじゃあ日本の佐藤総理大臣に君から直接電話しろ」という指示があって、ロジャーズさんが電話したという経緯だったといわれている。

佐藤四選という「罠」

話が少しわき道にそれたが、ニクソンショックという日本にとっての大変動に見舞われたという点は、その前の年の暮れに佐藤さんが心配した予感が当たったということになり、忘れられないエピソードである。

それではしかし、佐藤さんは何でそんな予感を抱いていたのか。翻って思い返すことがある。その前の年、一九七〇年の九月十四日に大阪万博の閉会式があって、佐藤さんに同行して大阪へ行った時のことだ。万博の閉会式に出たあと、佐藤さんと官邸詰めの私たち同行記者団は神戸に回り、六甲の山の上のホテルで昼食をとることになった。ここでの懇談は完全オフレコ、つまり話の中身は一切報道しない、その代わりに佐藤さんの胸のうちを正直にしゃべってもらい、その後の政局展開の理解の参考に生かすという趣旨で行われた懇談である。だからいままでこの内容はどこにも記事にはなっていないが、あれからもう四〇年も経過し、関係者に迷惑をかける心配もないので、ここで紹介しよう。

まだ残暑が厳しく、六甲の山の上から見える神戸の街は、少し霞がかかったような景色だった。先輩記者の一人がなかなか上手なきき方で質問を始めた。「下の方はだいぶかすんでいますが、総理、話の方は見晴しよくしゃべってくださいね」という切り出し方だった。私たちはカレーライスを食べながら、佐藤さんがどんな話をするのか、かたずをのんで聞き耳を立てていた。

私たちの最大の注目点は、当時、佐藤さんが秋の総裁選で四選に出馬するかしないかだった。佐藤さんは例によって「待ちの政治」をきめこんで、態度をはっきり示さない。政界では、すでに沖縄返還の合意はできあがっていることでもあり、佐藤さんは沖縄返還を花道にして四選には出ない、三選で余力を残して引退するのではないか、という見方がむしろ有力だった。しかし、七〇年の七月か八月ごろから田中幹事長と川島正次郎副総裁が連携して、佐藤四選すべしという運動を猛烈にはじめてもいた。

これはどうしてかというと、佐藤さんは自分の後継者にどうやら福田赳夫さんを指名する可能性がある。沖縄返還を花道に余力をもって辞められると、佐藤さんの威光に逆らうのはなかなかむずかしくなる。佐藤さんが後継者は福田赳夫さんだといえば、それに抵抗できない。逆に、四選してもらえば、そのあと五選はない。そうすると、四選して佐藤さんは絶頂期になるけれど、そこから先は下り坂、そうなれば佐藤さんの余力はどんどん落ちていって、後継者の指名なんていうことはできなくなるだろうと。もちろんそういう解説はあとで出てきたもので、真相はわからない。四選出馬を勧めていた田中さんたちは当時、「佐藤さん、せっかくの沖縄返還をなしとげたばかりで、まだまだやれるのに辞める手はないでしょう。われわれみんな四選を応援しますからやりましょう、やりましょう」と主張している、そういう状況だった。

そういう状況が念頭にあったのだろう。六甲のホテルで佐藤さんは、ぽつりぽつりと話し始めた。「僕は運が強いとみんなにいわれる。僕も池田（勇人）ももともとエリートではないんだ。一高、東大、大蔵省、その大蔵省も主計局長、こういうのが政界、官界を通じてのエリートコースといわれている。しかし、僕も池田も五高（熊本）だ。大学は、池田は京大。入省は大蔵省だけれど主計局じゃない、主税局だ。僕は大蔵省でもない、鉄道省だ。だけど、池田も僕も総理大臣になった。だから一高、東大、大蔵主計だからといって総理大臣になれるというものじゃあないんだ。やっぱり運なんだよ」。そう言ってひと呼吸おいたあと、「そうやって運が強いというふうに僕は人にもいわれ、自分でもそうかなと思う面もあるけれども、しかしこのままどこまで梯子を上っていっていいのかなあ」と、ひとりごとのように語ると、口をつぐんだ。

その前段の部分がどうしたわけか東京の政界に漏れ伝わって、当時の大蔵大臣の福田赳夫さんが愕然としたという。佐藤さんは自分を買ってはいないのかと。彼は一高、東大、大蔵主計で、自他ともに許すエリートコースだったので、佐藤さんの発言に福田さんはじめ派閥の仲間たちはみんながっくりしたといわれている。しかし、佐藤さんがいいたかったのはそういうことではなくて、自分のことをいっているのである。みんなに勧められて仮に四選したとして、そのとたんに何か悪いことが起きやしないかと、こういう予感というか不安を、彼は口にしたのだった。

だったら四選出馬を止めればいいのにと、さめたことをいえる状況では当時はなかった。周りは四選四選と騒ぎたてるし、出れば勝てるだろう。前尾さんは降りてしまい、三木さんが出てくるとはいえ、少数勢力の三木さん相手に勝てないわけはない。ということで、結局佐藤さんはその後出馬を決断したのである。そうしたら、予想通り三木さんには勝った。しかし三木さんは負けたとはいえ一一一票も獲得した。それで佐藤さんは、田中さんのやり方にたいして非常に不満をもったのである。

改造見送りでしっぺ返し

十月二十九日の総裁選へ向けて、田中幹事長サイドは佐藤四選を成功させるために他派閥を含めて、「佐藤さんに投票すれば次の内閣改造ではあなたは〇〇大臣」といって、空手形をさんざん切っていた。田中さんの方は、これによって佐藤支持の票をふやすつもりだったのだろうが、そのことを佐藤さんは苦々しく思っていたのだ。なぜなら人事権は総理大臣たる佐藤さんにある。それをことわりもなく勝手に田中さんが約束して回るのは許せない。そう思ってみていたら、田中さんの予想を裏切って三木さんが一一一票取ったのだから、佐藤さんの怒りが爆発したのだ。それでどうなったか。なんと内閣改造は見送りである。

十月二十九日の前の日まで、どの新聞もそうだが、「〇〇大臣に〇〇氏」と、次々と入閣予想の記事が出ていた。私は当時、首相官邸の佐藤番で、合わせて木村俊夫官房副長官を担当していた。木村さんに「今度の改造で〇〇さんが〇〇大臣になるそうですね」などと新聞に出ている情報をもとにいうと、木村さんは「いや、改造はあるんですかね」と笑う。「あるんですかとはどういう意味ですか。改造の記事が新聞に毎日出ているじゃないですか」というと、「いやあ、私はないと思うんだがな」という。一週間ぐらいずっとその連続である。

そうこうしているうちに、佐藤さんが総裁選挙前にアメリカへ行って、国連総会に出席したあとニューヨークで記者団と懇談した。そこで、総裁選後の内閣改造を前提に、現職閣僚たちの辞表はいつ取りまとめるのかという質問をされて、佐藤さんは「辞表は取らないよ」と答えている。それでみんな狐につままれたような顔をした。内閣改造をやる場合、それに先立ってあらかじめ閣僚たちに閣議の席で辞表を全部書かせるのだが、その辞表を取らないという。留守番役で官邸にいた保利官房長官も、佐藤さんの発言を聞いて首をひねった。「総理はアメリカで辞表取りまとめをやらないといっていますが、どうするんですかね」と記者団が聞いても、保利さんは「どうするのかなあ、一回辞表を取ったうえでまたお下げ渡し（戻す）という意味なのかな」とかいっている。

それで十月二十九日の前の二十八日の晩に、私は木村俊夫さんの家へ行って、「いよいよ明日になりますが、改造はどうなんですか」とたずねると、それでも木村さんは「いや、私はないと思うんですよ」という。私もいい加減腹が立った。「ないと思うっていいますが、私がいくら駆け出しだから信用できないのかもしれませんが、この期に及んで『ない』といういい方はないでしょう。いえないならいえないと、そう言ってください。明日改造をやるという日に改造はないといわれたのでは私も引っ込みがつきません」といったら、「いや、本当に私は改造はないと思うんだ」と真顔でいう。それで、私もそれ以上、押し問答しても仕方ないので、引き上げる途中の公衆電話から社の先輩に電話をかけて、「木村官房副長官は内閣改造はないといっています」といったら、「何をバカなことをいってるんだ、お前は」と怒鳴られた。「いや、でも本人がそういっているんだから仕方がないです」。

そして一夜明けてみたら、改造見送りである。一同みんな仰天。さすがに前の日の夕方、保利さんがちょっと妙なことを言っていた。いまは作らないが、その頃は内閣改造となると報道陣は官邸の庭にテントを作って、そこへ臨時電話を引いて記事を送る態勢をとることになっていた。そこで保利さんに「テント村は何時ごろ作ったらいいでしょうね」と、記者団がきいたのだ。そうしたら保利さんが、「テント村はいらんかもしらんな」といった。「君らが茶碗を落とすことになってもかわいそうだからな」と。「茶碗を落とすってなんですか」ときいたら、「飯の食い上げになるということだよ」と。君らに茶碗落とさせちゃかわいそうだから……。

「テント村はなくてもいいんじゃないか」というのは、その必要はない、つまり改造はない、という意味か。その時点では保利さんもどうやら改造はないなとわかっていたのだろう。一番はっきりと、終始一貫「ない」といっていたのは木村俊夫さんだった。それにしても改造をやらないとは一体どう

ニューヨーク国連総会から帰国途中の機内で同行記者団と懇談する佐藤首相。
(1970年10月／久保田富弘氏撮影)

したことか。結局、田中さんにたいするあてつけだったのだろう。人事は総理大臣の私が決める、幹事長ごときが何をいっているのだ、という佐藤さんの、田中さんに対するお灸だと解釈される。

田中さんに対するしっぺ返しの内閣改造見送り。「人事の佐藤」といわれて、非常に人事操縦のうまい、いかにも佐藤さんらしいやり口で大成功をおさめた佐藤さんだったが、それがのちにアダとなる。よく「失敗は成功の母」というが、そしてそれはそのとおりではあるのだが、逆に「成功は失敗の母」でもある。この改造見送りも、その一つの典型といえよう。総裁選に勝って、そして内閣自動延長で田中角栄さんの鼻をあかした大成功が、しかし後々、結果的に佐藤さんが力をみずから失っていく失敗のもとにもなったと、私は思う。

竹下官房長官起用は裏目？

その年が暮れて、七一年、辛亥の年に入る。前年秋の内閣改造を見送った佐藤さんだったが、いつまでも改造なしというわけにもいかない。それで半年後の七一年七月五日に内閣改造をやった。改造するからにはフレッシュなイメージにしたい。それで田中幹事長を通産大臣に起用し、保利官房長官を自民党幹事長にして、それから福田さんを外務大臣に、という新しい人事配置を断行したのだ。

佐藤さんの意図は、多分こうだったのだろう。田中幹事長は自民党の党務をずっと長い間握っていたわけだが、そのままでは党内における田中さんの力が強くなりすぎる。それで党から引き離して、いままで官房長官だった自分の腹心の保利さんを党の幹事長に据え、自民党内にたいする田中さんの影響力を薄め、保利さん、つまり佐藤直系の影響力を党側に及ぼしていこうということである。同時に、十一月に内閣改造をやらなかったものだから、党内に不満がいっぱい溜まってきている。それを解消して新鮮さをアピールする。

自民党というのはどういう政党かといえば、政権の座にあることが求心力なのだ。政権を維持し、みんなが順番に大臣になりたいのである。その内閣改造がないということは、大臣になるチャンスがないということだ。大臣適齢期の人たちにとっては大変な不満で、そこを解消しなければまずい、というのが七月に改造をやった理由だが、その目玉人事として竹下登さん、彼は当時まだ党内の中堅だったが次世代のホープの一人、その竹下さんを官房長官に起用した。これは大きな目玉になった。佐藤総理大臣から見れば、竹下さんはまだまだはるか若手で、自分の意のままに使えると考えたのだろう。しかし実は竹下さんは田中さんの腹心中の腹心だった。その竹下さんが首相官邸に入ったことで、いろいろな情報を田中さんに報告するという役割を帯びることになった。

竹下官房長官は佐藤さんの忠臣であると同時に田中さんの先兵でもあったことになる。竹下さんが官房長官に就任して翌七二年の年明けのある日、私の先輩の木下隆記者（のち福島民友新聞社長）が竹下さんに近しい人に会ったら、竹下さんが「今年、七二年は政局が荒れるだろうな」といっていたという話を聞いてきた。荒れるといっても、その段階ではあまり与野党が対立して荒れそうなテーマはなかった。それで「荒れるといっても荒れる要素はあまりないんじゃないの」とその人がきいたら、「いやあ荒れるさ」と、妙に自信ありげに竹下さんがいったという。どういう意味なんだろうとその人が首をひねった、という話を私は聞いて、何か裏の動きが始まるような気がした。

それがそうだというわけではないだろうが、一月下旬に通常国会に入ると、防衛庁の装備計画である第四次防衛計画（四次防）の先取り問題という事態が起きて、二九日間も国会が空転し、政局がどんどん荒れてきた。そして佐藤さんの力が次第に衰えて、レイムダック化していくというところへつながっていく。偶然の成り行きだったとしても、内閣の自動延長というのは、佐藤さんから見れば総理大臣の威力を示す意味でしてやったりということだったのだろうが、結果的にはそこから下り坂に向かっていくという、失敗への一つの節目だったと思う。

「領土が返るくらいなら」――核と繊維の密約

話が前後したが、「辛亥の年、何か嫌なことが起きなきゃいいがな」、その半年前の「自分は運が強いといわれているけれど、果たしてそのままどこまで梯子を上っていっていいだろうか」と、こういう佐藤さんの不安を裏付けるようにニクソンショックの七一年に入ったわけだが、このニクソンショックもよくみると、当時からすでに予兆があった。一つ一つはそれほど決定的とは見えないものの、いくつかいままでにない時代の変化を示す現象が起きていたのだ。

その一つが中ソ対立である。一九六九年三月二日に、中国名では珍宝島、ソ連側はダマンスキー島という島の領有権をめぐる、いわゆる中ソ対立である。中国と当時のソ連の国境警備隊が国境をめぐって衝突をするという事件が起きた。中ソ社会主義陣営はそれまでは一枚岩と思われていたが、その中ソが喧嘩を始めた。社会主義陣営を理想化していた日本の革新勢力にとっては、非常に大きな驚きをもって受けとめられた。それまでの米ソあるいはアメリカ対中ソという冷戦構造にひび割れが出てきことが感じられるようになっていた。

また、六九年という年は、十一月の佐藤首相とニクソン大統領の会談で七二年沖縄返還が合意された年である。同じ六九年の、それに遡る七月二十五日に、ニクソン大統領がグアムで、「グアム・ドクトリン」、すなわちアジア各国のそれぞれに防衛努力を強化してもらうという新しい戦略構想を発表している。アメリカは軍事的な負担を減らしていく、ベトナム戦争からアメリカは次第に手を引いていく、その代わりに地域の安全はその地域の各国の防衛努力によって確保してもらう。これがアメリカから見た沖縄返還の意味だった。

沖縄の基地はそのまま使わせてもらうが、沖縄をアメリカが占領し続けることにともなう負担を軽くするためには、いっそのこと日本に施政権を返還して、その代わりに日本には防衛努力を強化してもらおうということだろう。ベトナム戦争の泥沼化から手を引こうという方針が別の形で展開されたのが、七一年の米中接近だったわけで、六〇年代末から七〇年代初頭にかけての時期というのは、そういう大きな地殻変動が起きつつある状況だったのである。

佐藤さんがそのことをどれほど強く認識していたかはわからないが、漠然たる、何か起きるかもしらんなという予感のようなものがあったのだろう。そして当時、佐藤さんがそれを漫然と何もしないでかまえていたのかというと、必ずしもそうではなかった。

当時の佐藤さんにとっての課題は二つあった。

一つは繊維の問題である。六九年の沖縄返還合意の時に、ニクソン大統領が自分の地元の選挙区であるカリフォルニアの業界団体の強い要望を受けて、日本からの繊維の輸出を減らせということで、沖縄返還の見返りとして、繊維の自主規制を佐藤さんに要求した問題である。当時、沖縄返還に際しては、「糸で縄を買った」という密約があったということがしばしばいわれた。佐藤さんは「そんな密約なんかない」といっていたものの、実際には、近年明らかになったように、密約があったことは事実として確認されている。佐藤さん自身もなんとか繊維を解決しなければいけないとは考えていた。佐藤さんが暮れに「辛亥の年だな」といった時に、私が「繊維を早く片づけたらいいんじゃないか」といったことにもつながっているのだが、この繊維問題をどうするかが当時の課題の一つ。

もう一つは中国問題である。具体的には中国の国連加盟問題だ。それまでは台湾が「中華民国」として国連の正規メンバーで、安全保障理事会の常任理事国だった。それに対して中国は、中国を代表するのは大陸の中華人民共和国で、中華民国と称する台湾の政府は中国の一部であると主張して、アフリカその他新興国の票を集め、国連総会で国連加盟を認めさせようという動きをしていた。それにたいしてアメリカは台湾擁護で、それに歩調を合わせて日本も台湾擁護である。中華人民共和国の国連加盟を阻止しようということで、当時、重要事項指定方式とか逆重要事項方式とか、そういう議論がさかんに行われていた。この問題は一九七一年十月二十五日に国連総会で中国加盟が決まり、決着がつくわけだが、この中国問題にどう対応するか。この繊維と中国問題の二つが七〇年代初頭の佐藤内閣の大きな外交懸案だったのだ。

七一年の年明け、首相官邸の新年会で、佐藤さんと記者団が懇談する機会があった。「繊維はどうするんですか。なかなか厄介で片づきませんね」というようなことを記者団の一人がぶつけると、佐藤さんはあっさりと「領土が話し合いで帰ってくるぐらいだから、繊維なんていうのはそれに比べればさほどむずかしくなく解決すると思っていたんだがな」と答えた。繊維の解決を大統領に約束をしていたということをなかば認めた形だった。それで、われわれ記者団の仲間から、「その繊維にいま首絞められてますね、ネクタイじゃないけれど」というようなことをいって、佐藤さんが苦笑いした。そんな場面があった。

密使を追う

中国問題は一九七二年七月に田中内閣が誕生して一気に、九月の日中共同声明で日中正常化が実現するわけだが、実をいうと、七〇年から七一年にかけて佐藤さん自身は、自分の在職中に中国と関係改善をしようということで密かにいろんな手を打っていた。これは当時ほとんど表に出なかった。

佐藤さんが秘かに中国問題で動いているということは、私は当時、少ない手がかりではあったが情報を得て、舞台裏の動きをいろいろとアンテナを張って見ていた。そのころは、首相官邸の裏に首相公邸の建物があり、佐藤さんはその公邸に住んでいた。朝になると狭い階段を伝って官邸へ移る、こういう毎日である。佐藤さんは公邸から官邸に移って、日中は執務室にいるが、そんな日常の中で、時折、得体の知れないだれかが公邸に来ていて、われわれの目をくらませて佐藤さんがその密使としばしば会っているという話を、ある日私は聞きこんだ。

秘書官室あるいは警護の警察は、ちゃんと総理は執務室にいるという体裁をとっているが、実は佐藤さんはこっそり執務室を抜け出して公邸に戻り、そこで人と会っている。それはだれかわからない。その人物が来ているかどうかも私たちにはわからない。そんな状態がしばらく続くうち、よく注意してみていると、佐藤さんが執務室にいるといわれながら来客も何もないという空白の時間が時たまあることに気づいた。この時間帯にひょっとしたらだれかが裏の公邸のほうに来ているんじゃないか。あくまでカンでしかないが、空振り覚悟でそんな時には公邸を張りこんでみることを始めてみた。

ある時、一人の妙齢の女性が公邸から出てきたことがある。私には初めて見る人だ。早速駆け寄って「あなたはどなた様ですか」と聞いたら、「モリハナエです」。当時私はまだ二十代後半で、取材範囲もあまり広くなく、名前を聞いても、どこかで耳にしたことのある名前だな、くらいの認識で、それがだれなのかすぐには思い浮かばない。「モリハナエさんとおっしゃいますと、どういうお仕事の方ですか」といったら、「デザイナーをしています」。ああ、デザイナーの森英恵さんか。「これは失礼しました。あなたが森英恵さんでしたか。佐藤さんの奥さんにご用だったんですか」と問い直すと「いえ、総理です」という。びっくりして「いや、でもあなたは女性服のデザイナーでしょ。なんで総理のところへ来たんですか」というと、「いえ、男物もお作りしますのよ」という答えだ。背広も作るのだそうで、佐藤さんの注文で寸法を合わせに来たという。「なんでしたらあなたの背広もお作りしましょうか」などといわれて、あわてて「いや、そんな高いもの、私には作れませんよ」と尻込みをした。不思議な縁で、その後十数年を経て、私がテレビのレギュラー番組に一時期出演した際、テレビ局が用意してくれた背広が森英恵さんのデザインで、それが私にぴったりだったのであとで買い取って着ていたこともあった。

これは密使ではなく単なるエピソードだったが、少なくとも佐藤さんが官邸にいるはずの時間帯に公邸に戻ってだれかと会っているというカンが一部当ったことは間違いない。そこでそれからも引き続き見張っていると、ある日の午前中、公邸の脇にハイヤーが停まっているではないか。だれか来客がきている。しかもハイヤーで来たとなると、その人を追いかけるためには、こちらも車でないとつかまえられない。それで、私も会社からハイヤーを回してもらって、密かに隠れてずっと待っていた。ひどく長い時間に感じられた。一時間だったか、正確な時間は忘れたが、ずっと待っていると、色の浅黒い、頬骨の尖った男がさっとハイヤーに乗り込み、走り出した。私もあわてて追いかける。座席の後ろで顔が見えないように隠れて追いかけていたので、最初の二〇分程は気づかれなかった。どこを走っているのかよくわからないけれど、品川方面に向かっているように思えた。

そうしたら、相手の車の運転手がバックミラーで気がついたのか、同じ車がずっとついてくるということを乗客の男にいったらしい。こちらはずっと追いかけて、かなり長い時間乗っているので、ひょいと頭を上げたところに、相手の男が気がついてパッとこちらを振り向いた。で、顔が合った。その瞬間、ものすごいスピードでブワーッと逃げる。こちらも必死になって追いかけたが、信号でついに振り切られてしまった。私はハイヤー会社の名前とナンバーを控えておいたので、二時間ぐらいたってからハイヤー会社に行き、このナンバーの運転手に会わせてほしいといったが、当然のことながら断られる。せめてどこでその男が降りたのかを聞こうと思ったが、ついにわからずしまいとなってしまった。

その男が若泉敬さんだった。のちに沖縄返還をめぐる核密約問題の当事者だったことを『他策ナカリシヲ信ゼムト欲ス』という著書で自ら明らかにし、その後沖縄で自ら命を絶った、その若泉さんだ。ハイヤー会社の線を諦めて、別のルートで男の人相風体や、佐藤さんに近い人脈など、いろいろな角度で調べていくと、どうやらその人は京都産業大学教授の若泉敬という人に違いないとわかってきた。しかし、若泉氏であれば、彼はアメリカに留学していた関係で、キッシンジャー米大統領補佐官と非常に親しいので、多分、アメリカ関係の情報連絡と思われる。アメリカとの関係で当面問題になっているのは繊維問題だから、佐藤さんへの報告は恐らく繊維に関係することだろう。こういうことがだんだんわかってきた。

ただ、その頃私が関心を持って追っていたのは佐藤さんの中国工作の方である。若泉さんの動きが中国に関する問題なら大ニュースだが、繊維問題の交渉だということになると、当時は公式、非公式にさまざまなルートで日米間で人が動いていて、それほど珍しいこととも思われなかったので、若泉さんの追跡取材は途中で中断し、もっと他に中国問題で出入りしている人はいないかと、そちらのほうに取材のウエイトを移してしまった。

事実は、繊維問題でまさに若泉氏が動いていたのである。しかもそのことは佐藤さんにとってかなり重要なプロセスだったようだ。私は追いかけて、途中でまかれてしまったが、そのことを若泉さんから聞きおよんだ佐藤さんは激怒したという。読売の若い記者が若泉を追いかけたそうだ、けしからん、何で新聞記者に感づかれたんだといって、側近がそうとう怒られたという話をあとで聞いたことがある。

『佐藤日記』の七一年八月二十五日の箇所に、キッシンジャーと会見した若泉さんが帰国して、公邸でその模様を佐藤さんに報告したことが出てくる。その佐藤さんの秘書官だった楠田實さん（元サンケイ新聞記者）の『楠田實日記』七一年八月二十五日に、こうある。

「総理は朝、若泉氏と会う。話が長引いて牛場さんとの会見予定の一〇時になっても総理が執務室へ上がらないため、佐藤番が怪しみ、総理が上へ上がっても公邸玄関前から去らない。総理が慰霊式に出かけたあとも張っているので、一二時半頃若泉氏を官邸裏口から出す。しかし車の中で待っていて、若泉氏のことを尾行した社もあったらしい。後刻、若泉氏から電話があり、約一時間後にまいたという。読売新聞の老川祥一記者のようだ」。

若泉さんについて『沖縄核密約を背負って』という本を書いた後藤乾一さんという方もこの部分を引用し、若泉さんが密使としての行動を目撃された唯一のケースとして紹介している。

そういうエピソードを含め、佐藤さんの公邸には秘かにいろいろな人が出入りしていた。若泉さんの場合は、核密約問題を含めた沖縄返還交渉がヤマを越したあと、七〇年に入ってからは主として繊維問題だったが、それとは別にもう一つ、中国とのあいだでもいろいろなパイプを使って、何とか佐藤さん自身の手で中国と関係改善をする糸口をつかみたいということを試みていた。たとえば『佐藤日記』七一年九月二日には「江鬮《えぐち》真比古君が、小金義照君と一緒に来て詳細に香港を通じての中国問題を聞く」とある。江鬮という人は佐藤さんの密使役の中国通、小金義照さんは当時神奈川県選出の自民党の衆議院議員だった。

「アヒルの水かき」

もちろんこの事実は、佐藤さんが亡くなられ、のちに『佐藤日記』が刊行されて初めて公開されたことで、当時は一般にはほとんど知られていなかった。私は若泉さんを追い、小金さんを取材し、あれこれ駆け回ったが、結局、はっきりした成果は得られないまま、中途半端に終わってしまった。実際、佐藤さんの工作自体が失敗だったのである。それがのちのち、びっくりする話になって出てくる。「アヒルの水かき」という言葉があるのをご存じだろうか。これは七一年九月に、米中接近の動きに対して日中問題はどうなっているのかと記者会見で聞かれた、当時の外務大臣・福田赳夫さんが、「何もしてないわけじゃない。水面からみたアヒルは静かだけれど、水の中の足は激しく動いている、いろいろやっていますよ」と答えたところからきている言葉だ。その時は、何もできない負け惜しみのように受けとられたが、その二カ月後、七一年十一月になって、中国の周恩来首相の口からその一端が暴露された。

当時の美濃部亮吉東京都知事が保利茂自民党幹事長の書簡を持って中国へ行って、佐藤内閣として中国と関係改善の意志があるというメッセージを伝える。いわゆる「保利書簡」である。しかしこれに対して周恩来さんは、「まやかしの手紙は相手にするわけにはいかない」と述べて、自ら保利書簡の存在を明らかにして拒否回答をした。何で相手にしなかったのかといえば、要するにもう佐藤内閣は間もなく終わりだということである。それより佐藤さんの後の政権、つまり、当時は田中角栄さんサイド、それから創価学会や公明党がいろいろ対中接触の手を打っていたので、次の政権との間で正常化する方が有利だろう、佐藤さんのほうはもう相手にしない、というのが中国側の立場だったのだろう。そういうわけで、結局はものにならなかったが、佐藤さんは中国問題について一応、何かやろうとしていた。ニクソン訪中の動きが七一年七月十五日に発表された、頭越しに米中正常化をやられてしまったということで、佐藤さんも相当焦っていたのだろう。

ではもう一つの繊維問題は一体どうなったのかというと、これが七一年に入っても、いつまでたっても片づかない。大平正芳通産大臣も、その後の宮沢喜一通産大臣も、なかなか埒があかない。それで一九七一年七月五日の内閣改造で、田中さんを通産大臣に起用する。田中さんの突破力に期待したという面もあったのだろう。

田中通産大臣の秘書官だった小長啓一さんという人がいる。後に通産次官になり、そしてアラビア石油の社長を務めたが、田中さんが総理大臣になった時には通産省から田中さんの総理秘書官として、そのまま官邸に移るなど、田中さんの行動に詳しい人だ。彼の話によると、田中さんが通産大臣になって間もなく、九月に日米貿易経済合同委員会という、日米の経済関係閣僚同士の定期的な会議がアメリカであった。その時に通産大臣として田中さんが訪米するわけだが、田中さんはそこでは繊維問題について、通産省の従来の方針をそのまま主張したという。

それは何かというと、繊維三原則といって、第一に被害がなければ規制はない、である。これはGATT（関税貿易一般協定）、いまはWTO（世界貿易機関）になっているが、当時のGATTの原則である。貿易の被害が実際に起きたら規制するが、被害がないのに、ただ一方の国の業界が困るというだけでは、当事国として規制に応ずる筋合いではないという原則だ。それから第二に多国間協議で解決する、である。問題が生じた場合は二国間ではなく関係国の多国間協議の場で決着をつける。それから第三に、自由化は促進していきましょう。この三つの原則を繊維問題にあてはめた繊維三原則を、日本側は宮沢さんあるいは大平さんの通産相時代から主張していて、田中さんもそのスタンスで大いにぶちまくったという。しかしその一週間ぐらい後に、アメリカは、「対敵通商法」、つまり敵国には制裁措置を加えるというアメリカの国内法を繊維問題に適用し、十数パーセントの課徴金を日本製品に課すと言い出した。日本が繊維の対米輸出を自主規制しないのであれば、アメリカは強制的に日本の繊維製品に高い税金をかけて、日本がアメリカに輸出できないような対抗措置を取るぞというのである。

そうなると、いくらGATTの原則がどうのと正論を言ってみても、現実にそういう強制措置を取られたら負けだという局面になってしまった。さあどうするんだというぎりぎりのところにきてしまった。で、田中さんは当時の通産事務次官・両角良彦さんや小長さんら、通産省の幹部を呼んで、こう言ったという。「いままで一応、主義主張は言ってきたけれど、このまま放っておくわけにいかない、何とかしなければ。どうするか、一週間以内に何か方針を出そう。いくつか解決策を検討しろ」。

そこで事務当局はいくつかの案を出した。そのうちの一つに田中さんは目をとめた。放っておけば輸出はさらに一〇パーセント伸びるので、これをそのまま放ったらかしておくと抜きさしならないことになる。これを何とか二、三パーセントの伸びに抑えるとすると、繊維業界にとっては対米輸出の八パーセント分ぐらいの損失になる。その八パーセントの損失に相当する分を国が埋めるために繊維メーカーの機材を国が買い上げるということを、業界対策としてやるしかない。こういう案である。

田中さんが、「これをやる場合にどういう問題があるのか、問題点は何だ」と聞く。事務当局は、「問題点は、それだけの予算がないことです」。「いくらかかるんだ」「二千数百億円くらいはかかります」。当時の通産省全体の年間予算は一六〇〇億円だった。それを大幅に上回る二千数百億の金がかかる。つまり省全体の予算より大きい金額を、繊維業界のために一般会計から引き出すというのはなかなかむずかしい話で、これがネックだということを事務当局が説明したら、田中さんが大きな声でこう言った。「問題はそれだけか、金だけだな」。事務当局が「そのとおりです」といったら、「金のことなら俺に任せろ。大蔵大臣とかけあって、俺が決める」。こういって、あぜんとする事務当局をしり目に、大蔵大臣の部屋に飛びこみ、臨時国会にかける補正予算としてその金を取ってきたという。

この、繊維の機械を国が買い上げるという方式で、一挙に繊維交渉が決着するということになった。

政治主導、政治主導といって、役人を一切排除して政治家が決めるなどと張り切って始めた民主党政権が、結果は大混乱を招いただけに終わったことは記憶に新しい。政治主導というのはそうではなくて、役所に知恵を出させて、それでいくつかの選択肢の中からどれを取るかというのを政治の指導力で決めていく。これが政治主導だろうという一つの例である。

ただ、このエピソードでもう一つ象徴的なのは、田中さんの場合、金ですべて解決するというこの手法が、最終的には田中さんの命取りにもつながっていくという点である。だからもちろん、繊維問題の田中流解決策には功罪両面がある。田中さんの、金でなんとかするというやり方に関していえば、けっして褒められる話ではない。しかし、あの時みせた決断力という点に限っていえば、これは他の政治家にはない、田中さんならではの決断を示すエピソードだった。

「決断と実行」——佐藤の場合

田中さんといえば「決断と実行」、佐藤さんは「待ちの政治」というイメージになるが、佐藤さんという人は、案外新しいもの好きで、また決断力、行動力もあったように私には思える。

新しいもの好きといえば、首相を退陣してから、当時若者の間ではやり始めたばかりの長髪をいち早く自分もやってみたことがあげられるだろう。これはあまり評判がよくなかったが、今では珍しくもない色つきのYシャツ（カラーシャツ）を政界で初めて着たのも佐藤さんだった。

私が政治部に配属された一九七〇年、そのころは政治家も、それから政治取材をする政治記者も、全部黒または紺の背広、ワイシャツは白、靴は黒だった。党人派の実力者で佐藤さんのライバルだった河野一郎さんという人は、私が政治取材を始めた時にはもう亡くなっていて直接会う機会はなかったが、先輩記者の話だと、ものすごく服装にやかましい人だったという。茶色の靴など履いて夜回りで河野邸に行くと、玄関先で帰れ、無礼だと。茶色の靴なんてものは遊びのタウンシューズだ。仕事の時の服装じゃない、そんな恰好をしてひとの家に来て、話を聞こうなんてけしからん、と追い返されたという。河野さんほどでないにしても、当時の政治家はみだしなみにやかましくて、派手な恰好はしないという雰囲気で、取材する側の新聞記者はみんな黒か紺のカラスみたいな姿で国会の廊下などを走り回っていた。

私はそれまで地方の支局勤務をし、本社に帰ってきても、くだけたジャケットしかなくて、政治部の記者になったからには紺の背広も作らなければと、デパートに飛んでいったことを思い出す。そんなぐあいで堅苦しい思いをしていたところに、そのうち梅雨になってある日、佐藤さんが青いカラーシャツを着て記者団の前に現れた。いつも白いワイシャツを着ている佐藤さんが青いカラーシャツを着ているので、私が目ざとく、「今日はカラーシャツですね」といったら、彼が恥ずかしそうに笑ってこう言った。ちょうど消防関係の功労者を表彰する全国式典に出る時である。「こんなシャツ着て行ったら、みんなに笑われるかな」。案外シャイなのである。私が「いやいや、なかなかお似合いでいいじゃないですか」というと、「じつは梅雨なもんだからワイシャツはみんな洗濯に出しちゃってな、白いのがないんだよ」とにが笑いする。そんなはずはないのに、そういう言い訳をしながら、まんざらでもなさそうだった。

それからだ。ストライプだのチェックだの、さまざまの色や模様のワイシャツを着るようになって、すっかりごきげんになった。そのうち今度はアメリカから帰国して以後、当時アメリカで流行していたのか、サイケデリック調の、幅広い派手なネクタイをつけるようになった。そうなると側近の木村俊夫さん（当時は官房副長官）はじめ政治家の人たちもカラーシャツ、サイケ調ネクタイという姿に同調し始める。当時の福田大蔵大臣に国会内のエレベーターの中でばったり会ったら、赤いネクタイをしているのでびっくりして、「大臣、ずいぶん派手なネクタイですね」と思わずいったら、「なに、総理と妍を競っているんだよ」と笑って答えた姿が今も目に浮かぶ。

今では、小泉内閣の時に環境相だった小池百合子さんの提案で、クールビズというノーネクタイ姿が流行って定着しているが、佐藤政権当時、佐藤さんがカラーシャツを着るまでは、地味であることが政界の常識という時代だった。佐藤さんは団十郎といわれて、人前ではあんまりものをいわない。口も重く、めったに笑うことがない。佐藤さん本人も「栄ちゃん」と呼ばれたい、もっとみんなから親しまれるようになりたいなどとこぼしたりしたぐらい、あまり世間的な人気はない人だった。首相退陣の記者会見での「新聞記者は出ていけ」発言などで余計に印象が悪くなったが、案外人間的な面もあったようで、むしろ私は、そちらのほうに興味を惹かれた。

「次は総理を譲ってくれよ」

意外に大胆なところもあった。これは私が担当する以前の話で戦後政治史の本などに出てくるエピソードだが、池田内閣の時、池田さんが再選されたあと、当時はまだ吉田茂さんは健在だったので、池田さんが大磯の吉田さんにあいさつに行った時のことである。なぜか佐藤さんもそこに同席した。佐藤・池田の二人は吉田さんの秘蔵っ子といわれ、ライバル関係にあった。その佐藤さんが池田さんと吉田茂さんを前において、池田さんに突然、「次は総理を譲ってくれよ」とストレートに切り出した。池田さんは、「譲るよ」と答えたという。ただし、いつとはいわない。池田さんは佐藤さんの態度をものすごく不愉快に思って、その後帰ってから、大平さんや宮沢さんなどのいるところで、「佐藤のやつが吉田の前で総理の座を譲れといいやがった」と怒ったと伝えられている。佐藤さんは多分、吉田さんの前で池田さんに禅譲を約束させようとしたのだろう。それにしても、いきなり政権禅譲を迫って出るとは、「待ちの佐藤」のイメージとはほど遠い、強烈な意志を感じさせる。

それでその後、池田さんは譲らず三選に出馬する。佐藤さんは池田三選阻止をめざして立ち上がり、二人の戦いとなった。その頃の佐藤さんの話を、私は倉石忠雄さんから聞いたことがある。彼は当時は岸派に属していた。岸派と佐藤派は当時は必ずしもいっしょではなく、岸派のメンバーがすべて佐藤さん支持というわけではなかった。倉石さんもその一人である。佐藤さん以上に口が重くて、めったに本当のことをいわない人だったが、ある日私と雑談している時、ぽつりと言ったことがある。「佐藤という男はああ見えて意外な面があるんだよ」と。「それは何ですか」と聞いたら、こんな話をしてくれた。

　池田政権当時で倉石さんもまだ佐藤さんとそんなに親しくなかった時のことだという。池田三選の動きの中で、ある晩、雨が降っている夜、家にいたら、奥さんが倉石さんのところへ来てこう伝えた。「レインコートを着て、雨の中を訪ねてきて門の外に立っている人がいると。「佐藤という人が来ていますけど、どうしますか」。「佐藤ってだれだ」と首をひねる。雨の中で傘もささないでレインコートを着ているというが、聞いたことがないな、心あたりはないなといいながら、とにかく奥さんに「通しなさい」と言って玄関に出てみたら、立っているのは佐藤栄作さんである。佐藤さんがびしょぬれになって立っている。「どうしたの、佐藤さん」とびっくりしてたずねると、「今度、総裁選に出るのでぜひ支援してもらいたい」と、こういうお願いに来たという。

「佐藤っていう人は、いまでこそ総理大臣であれだけれど、やっぱりああやって単身、一人一人口説きに来る、これはなかなかできないことだな」というのが、倉石さんの佐藤評だった。ただの官僚出身のおさまりかえった政治家のように見えるが、また、動きが鈍いようだけれど、やる時はやるという人だった。だから、人は案外見かけではわからないものである。

3

「書かせろ、書かせろ」

――田中角栄と金大中事件

「だからあれだけいったじゃないか」

田中角栄さんと大平正芳さんは非常に仲のいい、縁の深い二人だったが、非常に対照的な人物だったと思うのは、金大中事件の取材にあたった時の私の感想である。

金大中事件は、朴政権下の一九七三年八月八日、東京・九段下のホテルグランドパレスから金大中さんが拉致されて、八月の十三日にソウルの自宅で発見されたという事件だ。私はそのころ、外務省の担当に配属が替わっていて、外務省のほうの取材を、八月に入って始めたばかりのことだった。外務省詰めになったとたんに金大中さんがさらわれた。八月八日という日は、私がちょうど夏休みを取った初日だった。ずっとそれまで忙しくて休みを取れなくて、ようやく家族でドライブをして旅館につき、夕方、テレビをひねったとたんに、韓国の大統領候補だった金大中さんがさらわれたというニュースをやっている。それで飛んで帰った記憶がある。それで結局、夏休みはつぶれてしまった。

そして八月十三日の夜、たしか日曜日だったが、夜になって自宅に社のデスクから電話がかかってきた。金大中さんがソウルの自宅に帰ってきたというのだ。一体どういうことか。事件発生直後は情報が混乱し、さらわれたというのは狂言だという説をとなえる人もあるなど、真相は当時わからなかった。すぐ外務省のコメントを取れというデスクの指示で、早速、法眼晋作さんという当時の外務事務次官に、「金大中氏がソウルの自宅で見つかったそうですよ」と電話をかけた。

その時の法眼さんの返事がまたびっくりするものだった。外務省からすでに連絡が入っていれば「そうらしいな」といった感じの応答だろうし、こちらの連絡の方がもし早かったとすれば「えっ、ほんとか」などというのかと思ったら、そのどちらでもない。「だからぼくはあれだけいったじゃないか」。これが法眼さんの言葉である。

言ったじゃないかといわれても、私は何も言われていない。法眼さんが何をいってるのか、にわかにはわからなかったが、とにかく彼はしきりに怒っている。私はその時は面くらってしまったが、実をいうと、法眼さんは、思わずそういう言葉が出てしまったのだ。日本外務省は韓国政府が金大中を誘拐しようとしていろいろな工作をしていたことを、事前に知っていたのだろう。それはまずいからやめなさいということを韓国に何度も警告していた。にもかかわらず、韓国は金大中さんをさらってしまった。それをアメリカが感づいて、途中で中止させた。そのことを法眼さんは言ったのだろう。

日本政府が金大中拉致工作を事前に察知していたということは、外務省は多分いまでも公式に認めることはないだろうが、私はその後の取材などで、そう推察している。

のちに特派員としてワシントンに行った時に、アメリカ国務省に金大中事件に関する資料の公開を申請したのだ。Freedom of Information Act（情報の自由法）、日本でいえば情報公開法が、アメリカのカーター政権のもとでできたが、その法律には、資料を請求できるのは「アメリカ国民」ではなくanyoneと書いてある。つまり何ぴとでも請求できると書いてあるのだ。そこで私は、アメリカ国籍でなくても申請できるのかときいたらそうだという。それで私は金大中事件に関する資料を申請してみた。なかなか回答がなくて、ワシントン支局に資料が届いたのは、私がすでに任期を終えて東京本社に戻ったあとだった。支局から本社に回送してもらったところ、ダンボール箱五つぐらいもある。ほとんど新聞の切り抜きとかろくでもない資料ばかりだったが、その中に一通だけ、「classified」、すなわち「極秘」のスタンプを押した電報が一通入っていた。当時のハビブ韓国駐在アメリカ大使からロジャーズ国務長官宛の極秘の電報だ。その電報には何が書いてあったか。

「わが国（アメリカ）が clandestine method で入手した情報によると」という書き出しである。clandestine というのは「ヤバイ」、日本語でいえば、ヤバイ方法で入手した情報によるとある。何を意味しているかといえば、多分、青瓦台に盗聴器を仕掛けて傍受していたということと思われる。その clandestine method によって得た情報によると、「金大中氏はいま海の上で船に乗せられている。ただちにその殺害行為を止めるようにアメリカ国務省から韓国政府に指示してほしい」、こういうハビブ大使から国務長官宛の電報だった。拉致されて船に乗せられた金大中さんが船上で航空機の音を聞いたと、のちに証言している点と、このハビブ電は符合している。

アメリカは初めからKCIA（韓国中央情報部）の犯行だということを知っていた。日本政府もアメリカ側から情報を得ていたに違いない。ソウルで金大中さんが発見された時に法眼さんが、「だからいったじゃないか」と怒ったのは、そういう経過があったからだと私は思う。

新聞紙の指紋

表舞台の動きに話を戻すと、九月五日に日本政府は、在日韓国大使館員の金東雲書記官に出頭要請をする。これは読売新聞社会部の大特ダネだった。ＫＣＩＡの犯行だということになると、外国政府が日本の主権下で公権力を行使して誘拐という犯罪を犯したということになり、これは主権侵害にあたる。当然、韓国政府は日本政府にたいして謝罪をし、また原状回復、つまりさらった金大中さんをもう一回、東京のホテルに無事に戻す、この二つが本来やるべきこととなる。

だから日本政府はこの二点を要求していくわけだが、韓国側は、金東雲はそんなことをやってない、韓国政府は一切関知していない、したがって謝罪する必要もないし、原状回復の必要もないと主張して、全面対立のままにっちもさっちもいかなくなってしまった。最終的に十一月一日に政治決着となる。政治決着ということは、原状回復とか謝罪はなしに、お互いこれ以上のことは日韓友好のためにならないからというので、政治判断として決着をつけたということである。

経過はそういうことなのだが、私はこの事件をずっと取材していて、九月の初め、ＫＣＩＡの犯行に違いないという情報をつかんだ。名前は今日でも明かせないが、この問題を知りうる立場にある親しかった政治家のところへ取材に行った時のことである。

彼は、「日本の警察の目は節穴じゃないぜ」と言った。日本の警察はのっぴきならない証拠を持っていっている、韓国政府の犯行だと立証できるというのである。「その証拠というのは何ですか」。私は緊張して何度も聞いた。しかし、それ以上のことはいわない。仕方なくその場はあきらめて、その人が夜出かけるのを待って、車にいっしょに乗り込んで、「さっきの話の続きだけれども、どうなんですか」と改めてしつこく迫った。そうしたら青山のあたりだったか、急に車を止めて、「ちょっと待っていてくれ」と降りてしまった。どうしたのかとしばらく待っていると、新聞紙に包んだ焼き芋を買ってきて、「これを食ってくれ。で、頼むからここで車を降りてくれ」と拝むように押しつける。察するに、その人はこれから人に知られたくない場所に行く。私にずっとついてこられたら困るということなのだろう。

それにしても、よりによって、それもまだ九月に入ったばかりというのに焼き芋なんか私にくれてどういうつもりなのか、変わった人だなと思った。とはいえ彼もそうとう困っているようだから、「まあ、しょうがない、また明日聞きますよ」といって、私は車を降りた。でも、実をいうと、それが重大なヒントだったのである。その時は不覚にも私にはわからなかったのだが。金東雲を割り出した証拠は何か。のちに明らかになったが、新聞紙に指紋がついていたのだ。ホテルグランドパレスの金大中氏の部屋にあった新聞紙に金東雲の指紋が残っていたのだ。私の相手の政治家は、自分の口から新聞紙に指紋があったということをいえないから、新聞紙にくるんで焼き芋を買ってきてくれたのである。私はそんなことまで頭が回らず、せっかくの重大なヒントを見のがしてしまった。痛恨の極みである。

ただ、韓国政府のしわざだということを、日本政府がきちっと裏づけを取っていることだけは間違いないことが確認できた。それをストレートに書くわけにいかないので、翌日（九月二日）の記事で、非常にぼかしたいい方で、「政府は、日本側が掌握している捜査資料を韓国側にぶつけるなど、真相解明への厳しい態度でのぞむ」と、こういう、読む人が読めばわかる、わからない人は読んでも別に何の違和感もなく読める、こういう書き方にして、一面で書いた。

その後、社会部が金東雲という固有名詞を特定してスクープし、九月五日の出頭要請につながっていくことになる。読売新聞にそこまで把握されたということがわかり、日本政府もこれ以上長引かせるわけにいかないということで韓国大使館に呼び出しをかけて、一挙に解決に持ち込む、こういう決断をしたということだろう。

田中角栄のスケール

その後は前述のように、韓国側が日本側の主張と要求を全面拒否し、暗礁に乗り上げてしまったわけだが、その裏では日韓両政府の間で秘かに、政治解決への動きが進められていた。読売新聞はいち早く「ＫＣＩＡの犯行」を報道し、ソウル支局もこれを裏付ける記事を書いたため、これがもとでソウル支局が閉鎖に追い込まれてしまったので、舞台裏の政治交渉を含めた関係記事は、東京の私たち外務省詰めが中心になって報道にあたっていた。九月の末か十月だったか。休日に田中総理大臣と大平外務大臣が、埼玉県の霞ヶ関カントリークラブでゴルフをやると聞き込んだ。総理大臣の取材というのは、前にも言ったように、執務時間以外は共同と時事の両通信社に任せ、その他の新聞社、報道機関は、休みの日は追いかけたりしないという約束になっていた。だから田中総理大臣の取材には行けないわけだが、私は、外務大臣の取材だという名目で、しらばっくれてゴルフ場に行って、それで大平さんと田中さんがゴルフをしている間じゅう待っていた。

やがて、二人が終わって上がってきた。田中さんは私を見ると、「ずっと待っていたのか。じゃあ、ビールでも飲むか」といって、スタスタと食堂に行く。それで私も総理番の共同、時事の記者といっしょに田中さん、大平さんを囲んでビールを飲み始めた。くつろいで雑談しているうちに大平さんが私を指して「いやいや、こいつにはいつも手を焼いているんだ」と言い出した。「僕がやろうとすることを、この男が次つぎに邪魔をするんだよ」と。邪魔をするというのは、政府がこういうことをしようと考えているとか、こういう方針だとか、そういうことを私が先にどんどん書いてしまうので、やりにくくてしょうがない、ということだ。「何かやろうとするとすぐ障害物をすぐ作っちゃうんで弱ってるんだ」というようなことを、大平さんが田中さんに冗談めかして訴えるのだ。

その時の田中さんの言葉に、私はまたびっくりさせられた、「いや、いいじゃないか。書かせろ、書かせろ。書かせて利用するんだよ」と、大平さんに向かって大きな声で言うのだ。今度は私の方があわてた。「いや、こちらは利用されるために書いてるんじゃないので、それは困りますよ」と言うと、田中さんは、「いいんだ、いいんだ、君はどんどん書けばいいんだ。利用するのはこっちなんだから、君は書けばいい。どんどん書け」と。これが田中さんの発想かと、妙に感じ入ったものだ。自分にとって不利な話でも、逆にそれを利用してしまうという力量というか、気迫というか、やっぱりふつうの人にはない力を持っている。大平さんの反応というのはきわめて常識的なもので、自分にとって困る話など、あまり書いてもらいたくないと考えるのがふつうだが、田中さんの場合は逆なのだろう。スケールの大きさを目のあたりにした思いだった。

日中正常化の共同声明に調印したあと周恩来中国首相と乾杯する田中角栄首相（北京・人民大会堂）。（1972 年 9 月／久保田富弘氏撮影）

似たようなことは、田中派の他の閣僚にも感じたことがあった。ある役所にとって不都合な事態を私が書いたことがあった。その時に、大臣の秘書官が、大臣が会いたいといっているので来てくれないかと呼びに来た。また文句をいわれるのだろうなと思って行くと、その某大臣がいきなり、「ありがとう、ありがとう」という。「ありがとうって何ですか」と、こちらは面くらう。すると、「今朝の君の記事だがな」とくる。それではやはり苦情を言うのかと思って、「ご迷惑かも知れないけれども、きちんと事実を確認して書きましたよ」といったら、「いや、いいんだよ、ありがとう」と。何でありがとうなのか、こちらが首をひねると、「いや、君が書いてくれたお蔭で、明日の国会の委員会で、答える前に答弁を用意する余裕ができたからなあ」といういい方なのだ。皮肉なのかと思って黙っていると、「時に、君が私の立場だったら、どういう答弁をするのか、どう答えたらいいと思うかい」という。これには私も困った。こちらは追及するほうなのに、その追及を受ける側が、これはどう解決したらいいんだと、解決策をこちらに考えさせる。宮本武蔵の『五輪書』に、「敵を味方にさせてしまう」という極意があったと思うが、政治家の駆け引きの巧みさをみせつけられた思いだった。

いまの政治家は、ほとんどの場合、書いたのはけしからんなどと怒ったり、情報管理をしっかりしろなどと政党の幹部が党内におふれを出したりしているが、そういう点からみても、昔の人に比べて近年の政治家の器の小ささが目につく。

「中東から日本までタンカーを数珠つなぎ」

大胆な発想と行動力は田中さんの大きな魅力だが、しかし同時に、そこにまた彼の失敗の原因も潜んでいたように思う。田中さんが政治家たちをうまく操縦していくには当然、金をかけているわけだろうから、そこにいろいろ無理が出てくることになるからである。

金の問題を別にしても、田中さんが一世を風靡した「日本列島改造論」についても同じようなことがいえる。日本全国を地方から活性化させようという、このこと自体はけっして悪い考えではないし、大胆な発想だと思うが、田中さんと福田さんの対立にも、佐藤後継をめぐる争いから生じた怨念だけでなく、政策面の発想の違いがあったように思える。

角福戦争がさかんに燃えていた当時、私は福田赳夫さんに、ある時、「田中さんのどういうところが問題なんですか」と聞いたことがある。もちろん、金権体質、それも汚職まがいの金の扱い、これはよくないに決まっているが、政策的にはどうなのだろうかと。たとえば列島改造論は、地域の活性化のことだけ考えればけっして悪い話ではないように思える。どうなんですかと聞いてみた。すると福田さんは「君はあの列島改造論をそのままやった場合に、石油がどれだけいると思うんだ」という。私は「えっ」といったきり、虚をつかれて言葉が出ない。「角さんの列島改造論をそのまま実行したら、中東から日本までタンカーを数珠つなぎにするぐらい、石油を日本が買占めなきゃできないんだ。そんなことを世界が許すと思うかい」。これが福田さんの答えだった。

これは別の本で調べると、あの「列島改造論」の元になったのは、一九六八年の『都市政策大綱』、それから六九年の『新全国総合開発計画（新全総）』の構想だ。しかしこの時の想定では、『新全総』の計画では一九八五年、つまり計画時点から一五、六年かかってその政策を達成するとして一三〇兆円から一四〇兆円ぐらいのGDP（国内総生産）になる。それが「列島改造論」では、少なく見積もって一五〇兆円、多く見積もれば三百兆円ぐらいのGDPを目指すという。そうなると七億五千万トンぐらいの石油が必要になる。その石油に精製するための原油は八億トンぐらい必要になる。そうすると二〇万トンのタンカーで四〇キロごとに一隻のタンカーである。四〇キロといったら、海なら先行する船が見えるぐらいの距離だから、ペルシャ湾を通って日本までずっとタンカーをつなぐぐらい運ばないと、あの計画は成り立たないことになる。福田さんがいったのは、まさにそういうことだったわけだが、それを即座に頭の中で整理して問題点として指摘する福田さんの頭脳には感嘆させられた。

だから角福戦争というのは、怨念の対決、醜い権力闘争というふうにいわれていて、それはそのとおりの面があるにしても、すべてがそれだったのではなくて、政策的な面での対立、経済観というのか、そういうものがあったのだなということを、私は当時から感じてもいた。

福田さんはまっとうな経済政策論、田中さんは「コンピューター付きブルドーザー」といわれたように動物的なカンと行動力でバリバリ進むタイプ。戦後まもなく小さな工務店から身を起こし、三十歳で衆院議員に初当選してから、吉田茂さんや池田さんに早くから注目され、一九五七年、三十九歳の若さで郵政相（岸内閣）、その後池田内閣では蔵相と、出世の階段を駆け上がっていった。佐藤派に属しながらも、池田派ときわめて近く、その池田派で相方だったのが大平さんだったのだ。

田中角栄の金の使い方

そのように人脈も幅広く、人のためにいろいろ金も使うし、面倒もみる人だったようだ。先輩記者の話によれば、田中さんはある中間派の実力者のために、その愛人の家を用意してやり、しかもその門柱に「田中」という表札をかけるというサービスまでしたといわれている。真偽のほどは私にはたしかめようがないが、このエピソードで注目されるのは、金を使うにしてもただ金をあげるのではない、人間の弱みというか、人にいえないような困っていることに上手に金を使って手を貸してやる、というやり方である。これも人間心理に通じたものでなければできない芸当だろう。善し悪しを別にすれば、傑出した人物だったことはまちがいない。

金の使い方も上手だった。もちろん、金があるからできることだが、たとえばこれも当時中間派の若手だった政治家が私に語ってくれたことがある。最初の角福戦争、つまり一九七二年、ポスト佐藤の総裁選の時である。地元の選挙区から羽田へ飛行機で帰ってきたら、空港で田中さんが待っていて、いきなり「頼む頼む」といって、三百万円もくれたというのだ。その人はその前から福田さんに票を入れると約束してしまっていたので、「この金は受けとれない」といって、ほしかったけれど返そうとしたら、「いいんだいいんだ。次の機会にオレに入れてくれればいい。とにかく今回は取っておいてくれ、福田に入れてもいいから」と、強引に金を渡されてしまった。「そういわれると返すわけにいかないんで、ありがたくもらっちゃったよ」と肩をすくめて苦笑していた。金を相手につかませるというのも、なかなかふつうにはできないことだろう。ただし、それだけ金を集めるためには、相当の無理をすることになるし、それで結局は身を滅ぼすことになった。

佐藤さんは「人事の佐藤」と呼ばれ、福田さんと田中さんの二人を競い合わせて巧みに派内、党内の人事操縦を行ったり、四選後の内閣改造を見送って田中さんをあぜんとさせたりして長期政権の運営に成功したが、それがアダになって、最後は余力を失い、ポスト佐藤の体制に影響力を行使することができなくなる。田中さんも金の力と絶妙な使い方で権力を握ったが、これが逆に金権政治批判や金脈スキャンダルを招き、わずか二年余の短命政権に終わった。

政界には「人間、得意技で倒れる」というジンクスがしばしば語られる。じょうずの手から水が漏れるように、得意な分野だと慢心したり気が緩んだり、あるいはやりすぎたりで、かえって失敗するという戒めである。人事の佐藤さんは人事で、金権の田中さんは金で、まさに得意技で倒れ、この面でも後世政治家に苦い教訓を残した形になったのである。

4 「ボク行くよ」

――三木武夫の中東訪問

第一次オイルショックと狂乱物価

一九七三年という年は、金大中事件があったり、それに先立って二月には日本が変動相場制に移行したりと、政治・経済ともにやっかいな年だったが、それに追いうちをかけるように、まだ金大中事件が解決しない状況のなかで、一九七三年十月六日に第四次中東戦争が発生した。

発生した当初は、パレスチナ問題をめぐるアラブとイスラエルの戦争がまた始まったなという、遠い中東の話といった受けとめ方が日本国内では強かったが、十月十七日に至ってOAPEC（アラブ石油輸出国機構）という、OPEC（石油輸出機構）の一翼ではあるがアラブの産油国が集まっている組織が、「石油を武器にする」という戦術を打ち出した。イスラエルの軍事力には、アラブの軍事力だけでは勝てない。そこで石油を武器にして、石油の輸出を止めるということで石油消費国である欧米先進国に痛撃を与え､これを対イスラエルの圧力に使って戦争に勝とうという狙いだ。これによって世界じゅうでオイルショックが起きた。第一次オイルショックである。世界じゅうがパニックになり、原油が一気に七〇パーセントも上がる、こういう状況になったのである。そのあおりを受けて日本も、トイレットペーパーをはじめ物資の買いだめや、狂乱物価という大混乱が起き、そのさなかに、愛知揆一大蔵大臣が肺炎で急死するとか、天下がひっくり返るような大騒ぎになった。

愛知さんの後任には急遽、十一月二十五日に内閣改造をやって、角福戦争の政敵である福田さんが田中さんの要請を受け入れて、狂乱物価を収めるという役割を帯びて入閣するという展開になる。当面最大の課題は、アラブの対日石油禁輸にどう対応するかである。日本は当初、日本の中東政策はもともとイスラエルとアラブのどちらにも偏らない中立政策なのだから、国連決議を遵守するという基本においては変更の必要はないと主張していたのだが、アラブから見ると日本はアメリカ寄りだということで、日本が禁輸の対象にされてしまったのだ。

当時、私は外務省を担当していたので、事務次官の法眼晋作さんに「日本の中東政策はこのままでいいのか」と質問したら、「何をいうか」と怒られた。「君はわれわれの中東政策のどこが問題だというんだ」と目をむいて怒る。どうも法眼さんには金大中事件の時といい、怒られっぱなしである。そうこうしているうち、十月の末ぐらいだったか、ＯＡＰＥＣ加盟のアラブ各国の大使がそろって大平外務大臣のところに面会に来るという動きになって、それを私は新聞の一面で書いた。そのへんから動きがあわただしくなってきた。

アラブ側は、日本は中東政策を変えるべきだ、アラブ支援のほうに舵を切り替えろというプレッシャーをかけてきたのである。当座は日本の中東政策は変える必要はないと力説していた日本外務省だったが、次第に空気が変わってくる。東郷文彦さんという、当時の外務審議官も、はじめは法眼さんと同様、日本の中東政策によそからとやかくいわれるすじあいはないという立場だったが、ある日、「そうはいっても、これではもたんな」と、私につぶやいた。政策の基本はそれほど変わらないにしても、国連決議の解釈として、より明確にイスラエルが占領地から撤退すべきだという趣旨を強めに表現して、それをもってアラブに対して日本は中東政策を変更したというように説明する必要がある、という方向になったのである。

三木に火中の栗を拾わせる

さて、それをどうやってアラブに納得させるか、ということが大きな問題となってきた。口でいくら文書を発表しても、聞いてくれなければどうしようもない。個々の駐日アラブ各国大使を呼んで伝えただけでは、果たしてどこまで本国にそのニュアンスが伝わるかわからない。それで私は、当時の大平外務大臣と懇談した際、「大臣が直接アラブ各国においでになったらいいじゃないですか」と言ってみた。しかし大平さんは嫌な顔をして返事をしない。あとで側近に「大臣はなぜ行かないんですか」と聞いたら、「外務大臣というのは国の代表だ。その外務大臣が行って、もし成功しなかったら、それは取り返しがつかない、もう後がなくなってしまう。だから行かないのだ」という。要するに、政策変更といってもこの程度の苦しまぎれの表現の変更ではアラブはとうてい受け入れるはずはない、外相が中東を訪問したところで失敗は目に見えている、そういう前提で話をしているのである。

さあ、それですむのかなと思っていたら、そのうちやっぱりだれか現地に人を出さなければすむまい、という話が出てきて、田中さんと大平さんが話し合ったらしい。そこで、だれか特使を出すらしいという話になってきた。だれを行かせるのだろうかと取材しているうち、先輩記者が「三木さんになりそうだ」という話を有力筋から聞いてきた。「なんで三木さんに行かせるんですか」と聞いたら、田中首相の側近が「まあ、三木さんなら怪我をしてもこちらの傷にはならないからね」といったという。三木さんを派遣しても多分失敗するだろう。しかし、その場合、三木さんの傷にはなっても、田中内閣あるいは日本政府にとってはたいしたダメージにはならない。そもそも三木さんはそのころ、田中・大平ラインにとってはうっとうしい存在になり始めていたのである。

というのは、田中内閣発足の時、日中正常化をやるのであれば田中さんを支援するということで、三木さんは田中支持に回ったわけで、これが田中政権誕生の一つのファクターだった。そういう意味で、三木さんは小派閥であるにもかかわらず、田中内閣の副総理という重いポストについているのだが、政権を獲得し、しかも日中正常化も実現したあととなっては、田中さんにとって三木さんは、クリーンイメージを売りものにしてあれこれ口出しするのが邪魔でしょうがない。だから三木さんに荷物を背負わせて中東へ行かせて、仮に失敗して三木さんが辞めるような事態になってくれればむしろありがたいぐらいだ、といった気持ちだったのかもしれない。

三木さんには私の先輩の中村慶一郎記者（のち三木首相秘書官、政治評論家）が深く信頼されていたので、中村記者の紹介で私はその日の夜、南平台の三木さんの家へ行き、三木さんにたずねた。「三木さんを中東に派遣するという話がありますが」と言ったら、三木さんは「ほぅー」といった。「その場合どうしますか」と聞くと、三木さんは「うーん」といって、「まあ、行くよ」という。当時の状況からいえば火中の栗を拾いに行くような役割だから困ったような顔をするかと思ったら、あっさりと「ぼく、行くよ」である。それで「いやいや、そうおっしゃるけれども、なぜ三木さんに白羽の矢が立ったと思いますか」と聞いた。そうしたら「それはどういうことかね」というので、「おこがましいと思いますが、私が聞いている限りで私なりに判断すると、外務大臣が中東に行って、もし失敗したら日本の致命傷になるし自分の政治生命に傷がつく、三木さんならというのは、私の口からいうのは失礼でありますが、田中さんや大平さんから見れば、三木さんであれば政権にとっての打撃が比較的少ないという意味だと私は思います」といったら、「うーん」といって一分ぐらい黙っていた。

それでやっぱりこれは蹴るだろうと思っていたら、しばらくして口を開き、「ぼく、行くよ」というのだ。「えっ」と私は驚いた。「いや、そうおっしゃいますが、いま私は私の想像として申し上げましたけれど、それは事実に近い話なんですよ、それでもいいんですか」と重ねて聞く。三木さんは「いいよ、ぼく、行くよ」。眼鏡の奥の目が一瞬光ったのを、今も覚えている。これは、すごい度胸だなと、私はあぜんとした。そのころは石油の禁輪に伴う狂乱物価で、日本じゅうがひっくり返るような騒ぎとなっている。しかも相手はアラブだ。煮ても焼いても食えない相手とされている国々である。この人たちを相手に日本から特使が出かけて行って、日本の対日禁輪の解除という大仕事を、一度行ったぐらいで成功するなどとは、とても思えない状況である。それでも行くというのだから、よほどの度胸だなと思った。

私はかねがね、政治家の力量を量る判断基準として三つあると考えていた。頭のよさ、勘のよさ、度胸のよさ、この三つである。三拍子そろっているというのは、ありそうだが、なかなかない。頭のよさというのは、論理的な頭のよさだ。これは福田赳夫さんにしても宮沢喜一さんにしても天下一品である。物事の理解力、判断力。しかし政治動物として、ここは喧嘩すべきかとか、敵陣営と手を結ぶかとか、あるいは勝負どころはここだとか、そういう動物的な勘、これは宮沢さんも弱いし、福田さんも、絶えず戦うけれども勝ち戦は少ない。度胸はある。宮沢さんも度胸があるし、福田さんも度胸がある。これはすごい。頭もいいし、いい度胸をしている。しかし、動物的な勘はあまりなかったように思える。田中さんの場合は逆に、勘はいい。コンピューター付ブルドーザーといわれるぐらいだ。勘はいいし度胸もいい。しかし、論理的な、頭の良さというのとはちょっと違う。三拍子そろっているのは、私が接したなかでは、岸信介さんひとりだけのように思えるが、岸さんの話はのちほど触れることにしよう。

三木さんという人は、必ずしも頭がいいとは思えないが、度胸はいい。少数派閥で、クリーン三木が売り物だが、存在感は薄い方だと、私もそれまではそう思っていたが、ここで「よし、引きうけた。俺が行こう」と言い切るのは、よほど腹がすわっているとしかいいようがない。この特使の話は、ひょっとしたら命取りになるかもしれないし、逆に起死回生の大生還になるかもしれない。大きな岐路である。それをここで立ち上がるというのだから、よほど勝負勘がいいのかと、改めて三木さんの顔を見つめた。

「ほう、三木君といっしょですね」

岸さんと三木さんは実は犬猿の仲だった。岸内閣の時、当時経企庁長官だった三木さんが警察官職務執行法の改定や安保条約改定に反旗を翻し、岸さんを窮地に追い込んだりしたいきさつがあったからだろう。だから岸という人は三木さんが大嫌いで、三木という名前など出すと、それまでご機嫌よく話していても急に顔色が変わってしまうぐらいといわれていた。戦前からの政治活動を通じて、三木さんと岸さんはなかなか相容れないところがあったようだ。

その三木さんがアラブ諸国を特使として訪問することになった。よその社は、自民党記者クラブに属している三木派担当記者たちがたくさん同行することになった。私は、三木派担当ではなく、外務省を担当していた人間で、三木さんとの縁はあまりないが、日本外交の行方に関わるテーマなので私もアラブに同行取材することになったのだ。

もちろん私はアラブへ行ったこともないし、三木さんとの縁も薄い。そこでどうやって取材したらよいだろうか。アラブで石油絡みの取材となると、これは岸さんが一番縁が深そうだ。そこで、当時岸さんに非常に信頼されていた先輩の原孝文記者（のち政治部長、読売ゴルフ社長）といっしょに岸さんの事務所へ行って、実はアラブへ行くことになったので、岸さんの知り合いの現地の人に紹介状を書いてくれませんかと頼みに行った。

その時に、どういう理由でアラブへ行くのか、三木さんといっしょに行くことを言うか言うまいか悩んだが、三木さんといっしょに行くとなれば岸さんは機嫌を悪くして紹介状を書いてくれなくなるのも困る。それで、素知らぬ顔で、だれと行くとはいわないで、「社から派遣されて中東諸国を回ることになりました。ついては紹介状を書いてくれませんか」と恐る恐る頼んだら、「ああ、いいでしょよ」と、パッと万年筆を出して、さっさっさっと紹介状を書いてくれた。書きながら、「時に出発いつですか」なんて聞いてくる。こちらは「ウッ」と困ったけれど、仕方なく「十二月十日です」と答える。すると、「ほう、三木君と同じ日でしゅね」。瞬間、私は背筋に冷たいものが走るのを感じた。岸という人は本当に怖い人だと思ったものである。

それまで私は、政治家でこわもての人に何人も会っていたが、実をいえばこわそうにしている人はあまり怖くない。でも、この岸さんの、にこにこ笑いながら、「ああ、いいでしゅよ」といって、「時に出発はいつですか」、「十二月十日です」、「ほう、三木君といっしょですね」。これにはもう立ち上がれないぐらいびっくりした。三木さんを中東に派遣するというぐらいのことは新聞にも載っているけれど、いつ出発するかは表向きまだ全然決まってない、まだ発表されてない時のことである。しかし、岸さんは全部そういう情報を知っている。知っていて、私の魂胆も承知のうえで、にこにこと急所を突いてくる。仏頂面で、いかにも噛みつきそうな顔で記者の質問に逆ネジをくらわせる人が最近多いが、奥行きが感じられない。岸さんは本当ににこにこ笑いながら、こちらの腹を見すかしてくる。

岸さんは紹介状を書き終わると、中東の石油ブローカーのような人を含め何人かを紹介してくれて、「サウジに行ったらハーマン・カーン君にも会ったらいいでしょう」と言った。ハーマン・カーンという名前を聞いたのはその時が初めてである。「ハーマン・カーンて誰ですか」と聞き返すと、中東通のアメリカ人で、息子をサウジの大学に留学させるなど、現地で大変信頼されているという話だった。これが後にロッキード事件やグラマン事件で、アメリカ側のフィクサーとして取り沙汰されたハーマン・カーン氏だ。終戦直後にアメリカの新聞記者として進駐軍といっしょに日本に来て、長いあいだ日本に滞在し、日本の政財界人に人脈を築いた。アメリカに帰ってからは、『東京通信』というニューズレターを発行し、日米の政財界のパイプ役となった人である。私がサウジアラビアに行った時は、ハーマン・カーン氏自身はアメリカにいたので会えなかったが、のちにワシントン支局でダグラス・グラマン事件の取材をすることになり、私の同僚がハーマン・カーン氏とインタビューするなど、奇妙な縁を感じたものである。

「言葉は雲、行動は雨」

岸さんからの紹介状をポケットに入れて、七三年十二月十日に、三木さんといっしょに日航のチャーター機でアラブ諸国歴訪に出発した。まずアラブ首長国連邦のアブ・ダビに到着、それからサウジアラビア、続いてエジプト、クウェートへ、というように八カ国を回るのだが、成算はまるでない。なにしろ急なことで十分な準備などあるわけはない。三木さん自身もアラブにはほとんど縁のない人だ。しかも石油ショックで日本に来る油が止まろうとしている大混乱のさなかである。それをどうやって打開するのだろう。日本は一応、新しい中東政策というものを作ったのでそれを持って行くのだけれども、それだけで果たして先方がちゃんと会ってくれるのか、こちらの希望をきいてくれるのか、お先真っ暗である。

それで三木さんはどうするのかなと見ていたら、飛行機に乗り込むなり、「○○君」と、人を呼んでいる。外務省のノンキャリアの調査員というのか、いわゆる外交官ではなくて専門職員だ。中東情勢に詳しいその職員を呼んで何か話し込んでいる。私はそばに座って聞き耳をたてた。

「アラブに何かいいことわざがないかねえ」と、三木さんが聞く。「ことわざですか」。その職員はちょっと思案顔になって、「そうですねえ。『言葉は雲、行動は雨』というのがありますが」と言った。アラブは砂漠地帯で雨が少ない。雲が来ると雨が降るのかと思って期待する、しかし本当に雨が降るかどうかはわからない。ただ雲だけで通りすぎてしまうかもしれない。雨は実際に降ってこそ恵みの雨といえる。「言葉は雲、行動は雨」とは、だから人と約束をする場合に、これは雲、つまり単なる口約束ではなくてちゃんと雨、すなわち実行しますよ、ということを意味することわざらしい。

「言葉は雲、行動は雨か、なるほど」と、三木さんはひとしきりうなずいて感心していた。それからもう一つ、ポイントになるのはサウジだという予測をしていたのだろう、「サウジの王様は何に関心があるんだろう」と、そんな質問をしていた。

アラブ首長国連邦のアブ・ダビ、それからカタールに寄って、サウジアラビアの首都、リヤドに着いた。王宮ではファイサル国王に会った。私たち同行記者団も写真撮影のため部屋に入り、ファイサル国王に会った。彼はのちに暗殺されるが、白い布のガウンのような服装に身を包み、眼光に威厳をただよわせていたのが印象的だった。

その会談で三木さんは、「日本は新しい中東政策を携えてまいりました」ということをいって、日本はいかにアラブの立場を理解しているか、そういうことをいろいろ力説する。そして、そのあとで、「いま私が申し上げたことは、雲ではありません、雨です」と述べたという。会談内容のブリーフィングを聞いてノートを取りながら、私は思わずうなった。飛行機の中で仕込んだネタをちゃんと使っている。ファイサル国王は喜んだことだろう。そこへ三木さんはさらにダメ押しにもう一つ、「私は国王がご健在のうちにエルサレムに参拝に行くことができるように最大限努力します」と、こういったのだ。エルサレムはイスラエルに占拠されているけれども、本来あそこはアラブの土地だ、そこへの参拝をファイサル国王が生きているうちに実現するように一生懸命努力しますという、これも、機内で事前に聞いたファイサル国王の関心事項を、決めゼリフに使ったのだ。口先一つでそうやって人の心をつかむ、いかにも三木さんらしいやり方だが、聞いた情報を時と所を巧みに選んで活用する三木さんの努力に感心もした。

三木さんもこの会談でかなり手応えを感じたようだったが、それがどんな結果を生むのか、もちろんこの段階ではわからない。次の訪問国はエジプト。サダト大統領は当時、糖尿病で静養中で、カイロ郊外の別荘地のようなところでの会談だった。サダト大統領は毛布のようなガウンを着て、杖をついて出てきた。彼はのちにアメリカのキャンプ・デービッドでイスラエルのベギン首相と会談し、中東情勢を大きく動かした。私はのちにワシントンでのベギン首相との共同記者会見を取材する機会を得てサダト氏と再び会い、すっかり元気になっているのを見たが、惜しいことに彼ものちに暗殺されてしまった。

三木・サダト会談ではこれといった目ぼしい話は出なかったが、実はこの時すでに舞台裏ではアラブ各国首脳の間で日本への対応をめぐって活発な動きが始まっていた。これはあとになって聞いた話だが、サウジのファイサル国王は、三木さんに会ったその日のうちに、王族のカマール殿下をサダト・

エジプト大統領のもとへ走らせたというのだ。日本から特使が来て、日本は中東政策をアラブ寄りに切り替えた。彼はこれは雲ではなく雨である、日本は必ず行動をもってそれを示すと、こういうことを言ってきた。ついてはサダト大統領が直接この特使に会って話をよく聞き、対日禁輸解除について前向きに検討してもらいたい、という手紙をカマール殿下からサダト大統領に手渡したという。それでサダト大統領から、クウェートやシリアなどに連絡が行くわけである。ファイサル国王との会談での三木さんのセリフは、だからそうとうな効果があったということになる。

カイロの時点では、私たちはそんなことは全く知らず、次の訪問国クウェートへ向かう準備をしていたところ、突然、クウェート空港が封鎖になってしまった。あのころはハイジャック事件が続発している時代で、ドイツのルフトハンザ機が乗っ取られ、ヨーロッパの別の空港に着陸して流血騒ぎを起こし、それでクウェート空港へ逃げこんだというのだ。カイロのホテルで何時間か待機することになったが、もう夕方である。数時間後に出発できたとしても、クウェート到着は真夜中になってしまう。どうせカイロで足止めを食らうのだったら、ここでもう一泊しようじゃないかなどと記者団で冗談を言い合っているうち、三時間ぐらいたってから、空港をオープンしたからいらっしゃいという連絡がクウェートから来た。

私たち記者団は、出発は明朝にしたら、などといってぐずぐずしていたが、その時、同行していた東郷外務審議官がそれを聞きつけて、血相を変えて怒り出した。「何をいうか、君たちは」。「何をいうかといっても、いまから行っても真夜中で、会談など無理でしょう。明日の朝行っても同じでしょう」と気軽にいったら、「君たちはまったく外交というものがわかっていない。相手国が空港を開けてオープンにしたからどうぞ来てくださいというにもかかわらず、行かないということは、その国を信用できないということを意味することになる。こんな非礼なことをしたら、外交的に取り返しがつかない。たとえ危険であっても、相手国が責任をもって受け入れるといった以上は行かなければいけない」と。そういわれて、なるほどそうかと思った。外交とはそういうものか。この時は、国と国の交際、交渉という大仕事の重さを痛感させられた。実際、この時もし行かなかったら、ファイサル国王やサダト大統領の根回しも途中で切れてしまっていたかもしれない瀬戸際だったのである。クウェートのホテルに到着した時には、ルフトハンザの乗組員たちがまだ解放されたばかりでホテルにいて、その話を取材して東京に原稿を送るなど、結局ほとんど徹夜になってしまった。

対日禁輸解除へ

翌日、クウェートの外務大臣と三木さんの会談が行われた。ブリーフィングでは格別のニュースもない感じだったが、その夜、ある同行筋のところに取材に行き、三木さんとクウェート政府首脳との会談メモの全文を入手した。読んでいるうち、胸が高鳴ってきた。そこには驚くべきことが書いてあったのである。

クウェート政府首脳の発言として、「十二月二十四日のテヘランにおけるOAPECの総会で、対日禁輸を解除することになるであろう」とある。にわかに信じがたいことだが、後でわかったことは、サウジのファイサル国王がサダト大統領と同様、イランのパーレビ国王など各国首脳と全部連絡取り合って、そういうことにしましょうという話をすでにしていたのである。これは大ニュースだ。私は急いで部屋に戻ると、現地の夜中、日本は昼間だが、「対日禁輸解除の見通し」という記事をたたき込んだ。一時間ほどすると、東京のデスクからすぐまた折り返し電話がきて、「ネタ元は何なんだ」との問い合わせだ。私の原稿を見た経済部のデスクがとんできて、「そんなことは絶対にありえない。三木さんが行ったぐらいで対日禁輸解除というようなことは、天地がひっくり返ってもない。ありえない」といっているというのだ。

「お前は何をもとにそんなことを原稿にして送ってきたんだ。このまま載せて、もしまちがっていたらどうするんだ」と、デスクは必死だ。しかし、何しろ第四次中東戦争の真っ最中である。アラブの戦争当事国はみな報道管制を敷いている。私たちの電話も全部盗聴されていると思わなければいけない。そんな時に実は情報源はかくかくしかじかで、などと取材の手の内を話したら大変なことになる。そこで「ネタ元の名前はいえないけれども、まちがいはありません。発言の主はクウェートの首脳です。とにかくそのままいってください」といってそのまま記事にしてもらった。翌日の朝刊は一面トップ(『読売新聞』一九七三年十二月二十日付朝刊)である。私の新聞のほかにもう一紙、サンケイ新聞の那部吉正記者が同じ同行筋からの情報で同様の報道をし、完全な特ダネということにはならなかったが、この報道で東京の株価はダウ平均で一気に百円株が上がったそうだった。

記事を送り、そんなやりとりが終わったのは明け方の四時ぐらいだったか。二時間ほど寝たら、また電話がかかってきた。飛び起きると、「三木だけどね」という。「朝ごはん、食べないか」。声は確かに三木さんである。旅行中、三木さんとは記者会見などのほかには、サシではめったに会えない。それが、三木さん本人から、朝ごはんを二人だけで食べようという話だから、びっくりすると同時に、このチャンスを逃すわけにはいかない。「すぐ行きます」。「じゃあ、食堂に来てくれたまえ」。朝六時ごろだった。食堂はまだ準備中で、部屋も薄暗かったけれど、三木さんはすでに部屋の隅に一人で座っていて、私が席につくなり「うまくいきそうだよ」といった。私はたったいまその記事を書いたばかりだったが、それを言うと情報源がわかってしまうので、「そうですか、それはすごいことになりますね」といいながら、三木さんの言葉の続きを待った。私が送った原稿はほとんどまちがいないことが、三木さんの話からも確認され、私は胸をなでおろした。

するとと三木さんは「時に君、何かアドバイスはないかね」という。とっさのことだったので、羽田を出発してあちこち回っている中での印象を率直に述べてみた。「各国首脳の発言に共通して感ずることは、しかも三木特使のお話の通り、日本にたいして有利な動きが出ているとすれば、それはアラブ側として、三木さんの口を通じて、アラブの立場や要望をアメリカに説明してもらいたいということではないでしょうか。アラブはイスラエルと戦争しているわけで、戦争している相手の後ろ盾になっているアメリカと、アラブが直接交渉するわけにいかない。だから日本を介してアメリカにアラブの意図するところを伝えてもらいたい。こういうことではないかなと思います。そもそもアラブが日本を禁輸の対象にしたということは、一種の串刺し理論みたいなもので、本当の敵はアメリカで、アメリカといっしょになってやっているのは日本だと。ここを倒せばアメリカもぐらつくだろうという戦法でしょうから、それを逆手に取って、別にアラブの味方になる必要はないけれども、アラブの顔が立つようなことをアメリカに考えてもらいたい。こういうことじゃないかと思います。ですから三木さんは日本に帰ったら、その足でアメリカに行かれたらどうですか」と、私は言った。

そうしたら三木さんは突然、ガッと私の太ももをつかんで、「君もそう思うかね」と揺さぶった。「君も、というと、先生もそう思っているんですか」と、今度はこちらが驚くと、「いや、僕もそれを考えていたんだよ」という。それから「ちょっと待ってくれ。僕はいまから大平君に電話をかけるから」といって、広い食堂の奥ですぐ電話をして、交換手とあれこれやっている。電話がつながると私に聞こえるような大きな声で電話をし、戻ってくると、「聞いての通りだ。いま大平君にキッシンジャー(当時国務長官)との会談をアレンジするように頼んだよ。ただし君、このことは書くなよ」という。私が提案して、たった今、それじゃあやろうということになった話を、いま書いてしまったのでは、話がぶち壊しになってしまう。「もちろんそれは書きませんよ。ただし、決まったら教えてください。決まったら、それは私が提案したことでもありますので、ニュースとして記事にさせてもらいます」。「もちろんだよ」。

そんなことがあって、それからシリア、イランへと歴訪が続く。シリアではアサド大統領(現アサド大統領の父親)が「日本は友好国」という表現でかなり友好的な姿勢を見せてくれたが、私は気が気でない。十二月二十四日、イランの首都テヘランにおけるOAPECの総会で、本当に対日禁輸が解除になるのか。もし何らかの事情変更でその日に決まらなければ、私が十二月二十日付朝刊で書いた記事は誤報ということになってしまう。祈るような気持ちでテヘラン入りした。

しかし、三木さんとパーレビ国王らイラン政府首脳との会談が終わっても、決定的な発言はない。私はだんだん心細くなってきた。そして十二月二十四日の夕方、何の発表もないまま、次のバクダッドへの出発時間である。「このままでは、誤報の責任をとって、東京に帰ったら辞表だな」。悲観的な思いが頭をかすめる。

日航チャーター機に乗り込んで、窓の外を見ると、有田駐イラン大使がオーバーを着てタラップの方に駆け寄ってくるのが見えた。どうしたのかと機内前方を見ると、有田さんがそのまま機内に飛び込んできて、三木さんに小さな紙切れを渡した。瞬間、三木さんが座席から立ち上がって、両手を広げて「バンザーイ」と大声で叫んだ。「禁輸解除だ、解除だ」。日航クルーが持ってきたハンドマイクを引ったくるようにつかむと、三木さんは叫ぶ。私たち記者団を含め、機内一行から「ウォー」という歓声が上がった。ＯＡＰＥＣ総会が、予定通り対日禁輸を全面解除し、日本には「友好国」として「必要なだけ」の石油を供給すると正式に決定したのだ。「ボク行くよ」と言い切った時の三木さんの姿が目に浮かび、身震いするような感動を覚えた。

やれやれと、一挙に緊張がほどけて最後の訪問国、イラクのバクダッドに着いた。ここではサダム・フセインという、イラク革命評議会副議長という人が三木さんの会談相手だった。まだ若く、精かんな顔つきの男だ。私は案内役のイラク当局者にたずねた。「他の国ではいずれも王様や大統領など元首が会うのに、なぜイラクは日本の特使に副議長クラスを出すのですか」。イラクの当局者の答えは「いや、彼はいま副議長だが、いずれイラク全体を束ねる立場に立つ男だ。だから日本の特使に会わせるんだよ」だった。サダム・フセイン。そう。のちにイラクの大統領になり、クウェートに侵攻して湾岸戦争を引き起こし、最後は捕らえられて死刑となったあのフセインである。

当時はまだ新進気鋭の少壮幹部。会談を終えた三木さんが、フセインと並んで、それも互いに、それがアラブの親愛の情を示す表現らしいのだが、小指をからませ合って部屋から出てきたのをみて、私たち記者団も一瞬息をのんだ。三木さんは、そんなことでも平気でやってしまう人なのかと。

「しゃべったのは、だれだ」

それはともかく、私にはもう一つ気がかりになっていることがあった。対日禁輸解除が決まって誤報を免れたのはいいが、三木さんが訪米するという話はどうなってしまったのか。イラク訪問が終わったら、いよいよ帰国だ。それなのに三木さんは、その件についてはうんともすんともいわない。

それで思い切って三木さんの宿舎をたずねた。「もうそろそろ帰国の日も近づいてきましたが、この前の訪米の話はその後どうなっているんですか」と三木さんにたずねると、「後、一日待ってくれ」という。「一日待ってくれってどういう意味ですか。大平さんから返事がないんですか」と聞くと、「いや、大平君から返事が来たよ」という。「どういってきたんですか」。「一月七日ならキッシンジャーの日程がとれると、こういう返事だよ」、「じゃあ、それでいいじゃないですか」、「いや、僕は一月一日にしてくれといっているんだよ」という。「どうしてですか」。「元日、日米会談というほうがニュースヴァリューがあるだろう」。

なんと三木さんは、自分の行動のニュースヴァリューというか、そのニュースをどう効果的に打ち出すかということを、まず考えていたのだ。一月七日ではメリハリがつかない。「元日訪米で日米会談」なら一面トップになるかと、こういう発想なのである。それで「一月一日の線でもう一回、交渉してくれということをいったばかりなんだ。どうしても一日がだめなら七日でも仕方ないけれど、もう一押ししてくれといったばかりだから、あと一日だけ待ってくれ」という。そこまで言われれば、私も「それじゃあ、仕方がありませんね、わかりました」といって部屋を出た。

そのホテルの廊下で、帰る時にすれ違った人がいた。それは同行記者の一人、『朝日』の松下宗之さんという人で、後に朝日新聞の社長になった人だ。彼は当時、自民党記者クラブで三木派の担当が長い、三木番だった。その松下さんが三木さんの部屋の方角に歩いていく。三木さんの取材に行ったのだなとわかったが、お互い「やあやあ」といってすれ違ったのである。

夜中に東京のデスクから電話がかかってきた。私はそれまでに「三木さんが訪米する」という原稿をあらかじめ書いて東京に送り、三木さんから最終的な確認が取れ次第載せてほしいと連絡しておいたのだが、デスクからの電話は、「おい、『朝日新聞』に、君が言っていた三木訪米の話が載ってるぞ」。「えっ、そんなことはありえませんよ。私と三木さんの二人で話したことがなんで『朝日』に載るんですか」、「だけどちゃんと載ってるよ」。私はかっと頭に血がのぼった。三木さんが『朝日』にしゃべったに違いない。なんという人だ。こうしてはいられないと、三木さんを探すと、迎賓館にいるという。駆けつけて部屋の奥のほうのソファにポッンと座っている三木さんを見つけ、「三木さん、『朝日』に出ましたよ」と怒鳴った。その時の三木さんの行動がすごい。バーンと立ち上がったと思うと、ダダダッと私に駆け寄り、私の両腕をつかんで、「だれだ、しゃべったのは、だれだ」と揺さぶるのだ。それで、私も一瞬、「あれっ」と拍子抜けである。私は先に言ったように三木訪米の話を東京に事前連絡していたのだが、アラブは電話が通じにくいので、大きな声を出して電話をしていた。その私の声がホテルの廊下に響いて、他社に聞かれていたのか。私は思わず「すみません」といってしまった。

そうしたら三木さんは、「まあ、君、座りなさい」といって、二人でソファに並んで座り、「政界というのは嫉妬の海なんだよ」と、しんみり言うのである。「どういう意味ですか」といったら、「もらしたのは、きっと大平君だよ。大平君が、私のアラブ訪問の成功を嫉妬して、訪米でまた私に得点をあげられないようにと、つぶそうとしているんだ。早漏れさせて、ケチをつけようということだろう。君はまだ若いからあまりわからないだろうけれども、政界というのは嫉妬の海で、こういうことはよくあるんだよ」と、私を慰める。それで私は「そうですか、お騒がせしてすみませんでした」と、すごすご部屋へ戻ってきたが、いや待てよ。大平さんがそんなことをわざわざ『朝日』に先に書かせたからといって、三木訪米の話がつぶれるわけでもないし、どう考えても、三木さん本人がしゃべったとしか考えられない。それでハッと思い出したのが、昼間、『朝日』の松下さんと三木さんの部屋の近くですれ違ったことである。かねて親しい間柄の松下さんに訪米のネタをあげようと考えたに違いない。

再び血がのぼる。気が狂わんばかりに怒りがこみあげてくる。三木さんという男のひどさ。岸さんが三木さんを嫌うのもこういうことなのかと、納得がいく思いである。もう二度と三木さんとは口をきくまいと、一瞬思ったが、ちょっと待てよ。私も相当取材に関しては用心深くやっているし、信用できる人と、できない人の見分けにも経験を積んでいるはずなのに、その私がこれほど見事に投げ飛ばされるというのは、どういうことか。それは、三木さんという人のしたたかさ、私など若輩ではおよびもつかない権謀術数の名人ぶりだ。アラブの対日石油禁輸を見事に解除させる手腕の持ち主の三木さん。この人は世間でいわれているような、単なる弱小派閥のクリーン三木ではない。当時、田中内閣は絶頂期にあったが、ひょっとしたら、この人は、舌先三寸で田中さんを倒して天下を取るかもしれない。ここで私が怒って三木さんと袂を分かったところで、向こうにとっては何の痛痒もない。であれば、だまされたのは悔しいけれども、それは私の未熟さの反省材料にして、この人と縁をつないでおいたほうが面白い取材ができるかもしれないと考え直し、その後もずっと三木さんと親しく付き合うように努力することにした。

そうしたら、案の定、田中内閣は翌七四年、金脈事件がもとで倒れて、本当に三木さんが総理大臣になってしまった。だから三木さんという人は、頼りなさそうで、とても総理大臣など務まるまいと思われがちだが、佐藤さん相手の四選阻止出馬といい、かなり度胸もあるし、ずるさもある。あの岸さんが嫌うだけのことはあると思った。これが謀略、裏切り、懐柔など、すさまじい権力闘争の修羅場を生き抜く政治家たちの実像なのである。

5 「カニの死にばさみ」

——岸信介の警告

「富士山の登山口はいっぱいある」

三木さんの中東歴訪成功で田中内閣もひとまず窮地を脱した形となったが、七四年に入ると次第に田中・三木の関係が険悪になっていく。三木さんは田中さんの金権体質に対する批判を強めていくのだ。七四年七月七日の七夕選挙と呼ばれた第一〇回参議院選挙が一つの節目だったようである。七二年十二月の衆院選挙が予想を裏切って不調に終わったこともあって、田中さんは「選挙の神様」の面目にかけてもこの参院選で勝利をおさめたい。そこで「企業ぐるみ選挙」とネーミングされたような、企業に金と票を出すよう激しい圧力をかける金権選挙を展開し、当時の中央選管委員長が警告を発する事態にもなった。

加えて田中さんは、三木さんの地元である徳島で後藤田正晴さんを候補に出した。徳島には三木さんの系統の久次米健太郎という現職参院議員がいたが、そこに田中さんと親しい関係にある後藤田さんという警察庁長官経験者を候補としてぶつけたのだ。田中さんと三木さんのそれぞれ代理人として、久次米さんと後藤田さんが戦う、三角阿波代理戦争と呼ばれた。これで田中さんと三木さんの対立は決定的になってしまった。

選挙戦の方は田中陣営の後藤田さんが負けるが、三木さんは七月十二日に田中さんの金権体質を批判して、副総理を辞任するという騒ぎに発展する。その四日後、七月十六日には、続いて大蔵大臣として狂乱物価の鎮静化に尽力した福田さんも辞任する。福田さんは前年、田中さんに乞われて大蔵大臣に就任したが、この時に福田さんは、田中さんの看板政策だった列島改造論は棚上げにすることを条件にする。福田さんはもともと低成長路線である。池田内閣の時から、高度成長の池田さんにたいして安定成長の旗を掲げ、佐藤・福田ラインで安定成長路線を主張し続けていた。こういう経済政策路線の戦いがずっとあったのである。田中さんは池田さんに輪をかけた高度成長路線で、日本列島改造論というものすごい計画でぐんぐん走ろうという。そしてインフレ路線である。福田さんはかねてそれを苦々しく思っていたところに、オイルショックに伴う狂乱物価を機にその成長路線の限界が一気に明らかになった。こういう状況下で、田中首相が政敵である福田さんに頭を下げて、ここは一つ協力してくれという要請をしたのだから、福田さんもこれは国のためだから協力する、ただし列島改造論はもう棚上げにしろといい、田中さんもそれで結構ですということになって、福田さんの蔵相就任となったのだ。

それで物価は次第に鎮静化していくものの、その福田さんが、三木さんと連動するように辞めてしまう。それに続いて、保利茂行政管理庁長官、佐藤さんの腹心であり福田さんの盟友でもあった保利さんも、抱き合い心中みたいに辞任し、一挙に政変の様相になってしまった。

実のところ、保利さんは、福田さんは辞めるべきではないという主張だった。三木さんなどといっしょになって、田中攻撃をしてみたところでろくなことにはならないというのが保利さんの判断だった。

保利さんは福田さんに、こう言って思いとどまるよう説得していた。「富士山に登るにしても、登山口はあちこちいっぱいある。三木さんがとった行動と連動するだけが能じゃないぞ」と。保利さんは福田政権の実現を目指しているのである。福田さんを総理大臣にしてやろうというのが保利さんの念願である。首相の座を狙うのであれば、三木さんといっしょではなくて、むしろここは自重して田中さんを支える側に回り、別な機会に立ち上がったほうがいい。三木さんにくっついてやっても、だまされるのがオチだぞと、一生懸命福田さんに訴えた。

しかし、福田さんという人はもともとが反田中だ。田中さんにたいしては、角福戦争で負けた相手でもあるし、ものの考え方から手法から、すべて相容れないのである。とにかく金で人を動かすとか人の心を買うとか、そういうことは大嫌いな人だから、許せないという思いである。それまでは、国の経済や国民生活をなんとかしなければというので、仕方なく入閣はしたけれど、田中さんとずっといっしょにやるなどごめんだという気があるのだ。三木さんが田中さんの金権批判をすると、福田さんのほうももともとより捨てておけないというので、三木さんに連動して辞めてしまったのだ。保利さんは、福田さんを引きとめられなかった責任をとるという理由で辞任したのであって、三木さん、福田さんの辞任とは少し事情が違うが、これで三木・福田の連合軍、いわゆる三福連合による、田中追い落としの運動が始まったのである。

三福VS角大対決

三木・福田対田中・大平という三福VS角大対決の構造で七四年は秋を迎える。九月に『文藝春秋』

田中内閣の行管庁長官を辞任したあと記者会見する保利茂氏。(1974 年 7 月 16 日/読売新聞社提供)

十月号が発表されて、立花隆と児玉隆也の田中金脈追及の記事を機に、一段と騒ぎが広がる。こういうことで田中さんが最終的に退陣する。田中さんはもちろん最初は辞める気はなかった。十月二十五日に、河野謙三参院議長に退陣を示唆するような発言をしたあとも、なんとか乗り切りたいと工作し、十一月には中央突破だといって、内閣改造を断行する。しかし、これも「二十九日内閣」といって、中央突破路線で強行したものの、世論調査の内閣支持率はどんどん下がる、自民党内も持ちきれないという状況になり、十一月二十四日にフォード米大統領が、アメリカ大統領として当時初めて日本に来たのを区切りとして、退陣に追い込まれた。かつて一九六〇年、岸内閣の安保条約改定の時にアイゼンハワー大統領が来ることになっていたのに治安が確保できずに来られなくなって以来、日本にアメリカの大統領は来ていなかった。だからフォードさんの大統領としての来日が最初である。そのせっかくのアメリカ大統領の訪日を混乱のうちに迎えるわけにいかないということで、フォード来日は一応成功させる代わりに、それがすんだらただちに辞めるという段取りで党内主流・反主流の合意が成り立ち、フォードさんが東京から京都に離れたのを見はからって、十一月二十六日に退陣表明ということになったのである。

そのころ私たち政治部内では取材分野の配置替えがあって、私は外務省担当を離れ、自民党の福田派担当になっていた。政局激変の真っただ中に飛び込んだわけで、蔵相辞任後の福田さんの行動を追うことを中心に、政変のプロセスを取材することになったのだ。長期政権まちがいなしと思われていた田中さんだったが、あっけなく二年余で退陣という事態になって、さあ田中さんが辞めたあとの後任首相をどうするかが最大の焦点となる。当然、福田さんは、田中さんさえ倒せば自分が総理大臣になると信じている。角福戦争、つまり事実上の一騎打ちで争って負けたとはいえ、党内を二分する大勢力の一方の雄である。田中さんが敗れれば「振り子の論理」からいっても自分がなるのは当然と思っているのだ。党内の多くの見方も似たような雰囲気だった。

しかし、単純にそういかないのが政界の常でもある。

椎名暫定政権構想という動きが突然浮上したのだ。田中さんは本当は辞めたくない。しかし辞めざるをえない。そこで椎名悦三郎副総裁を暫定的な総理・総裁にして、世の中の金脈批判の嵐が過ぎたらまた田中さんが復帰するという、ウルトラC的なシナリオである。

椎名さん本人も一時、気持が傾いたといわれている。しかし、あっさりつぶれてしまった。「行司役がまわしをつけて相撲をとるのか」と、党内のあちこちから批判が続出したからだが、そのきっかけになったのは『読売新聞』の報道だった。「椎名暫定政権構想」の報道は、椎名さんの取材を担当していた先輩の堀川吉則記者（のち読売巨人軍社長）によるものだった。椎名さんに信頼されていた記者で、そのニュースを書いたら話がつぶれる可能性が高いことも知りながら、あえて書いた。なかなかできることではない。私が新聞記者になった時に、当時の編集幹部が私たち新入社員に対して語った言葉をその時思い出した。「新聞記者は相手と親しくなって、食い込まなかったらろくなネタは取れない。しかし、どんなに親しくなっても、新聞記者と当事者との間には絶対に超えてはならない溝がある。ここをきちっとできるかどうか、ここが一番大事なところだ」という話である。親しくなると、相手の不利になることは書きにくくなる。しかし、それではいけない。書くべきニュースはしっかり書け。これは本当に新聞記者の精神力を試されるところだ。堀川記者はそれを見事にやってのけたわけだが、これによって案の定、椎名暫定政権構想は消えてしまった。

そうなると今度は、ポスト田中にだれを、どういう方法で選ぶのか、話が振り出しに戻る。前述のように、福田さんは当然、後継は自分だと思っているが、大平正芳さんも、角福対決の総裁選で田中さんを支持した経緯から、田中さんが倒れれば自分が後継だと思っている。また大平さんは、田中派の数の力による支援を前提に、総裁選での「数による決着」を主張し、福田さんは話し合い路線をめざす。福田・大平の戦いになるのか、また話し合いで決めるのか、それとも総裁選挙をもう一回やるのか、いろいろな情報と思惑がぶつかりあって、大変に緊迫した状況になっていく。

園田直の直観

そういう中で、反主流の三木・福田陣営は連携も非常に緊密で、福田さんのもとには毎朝、三木さんから電話がかかってくる。まるでモーニングコールで、毎朝七時半ぐらいか、必ず連絡を取っている。そんなに三木さんを信用してだいじょうぶだろうか。ひとごとながら私も気になって、ある時、福田さんに、「三木さんはバルカン政治家とよくいわれ、なかなか腹の底がよくわからないという評判です。岸さんも三木さんをあんまり信用していません。しかし、見るところ、福田先生は三木さんとかなり緊密にやっていますが、福田さんは三木さんをどう見ているんですか」と、率直に聞いたことがある。そうしたら福田さんは、「三木さんにたいするこれまでの人の評価がまちがっていたのか、あるいは三木さんが変わったのか、いずれにしても、いまの三木さんは信用できる」と言った。

その瞬間に私は、これは危ない、と思わず言いそうになったが、言葉をのみ込んだ。政治の世界で人を信用したら負けです、現にこの私も、と自分の経験を言いそうになったが、若輩の私が政争の経験豊富な福田さんに向かって言うのもおこがましい。それで、「そうでしょうか、私には、三木さんという人がなかなか裏表がよくわからない面もありまして」と、疑問を投げかけるだけで話題を変えた。

そうしているうち、だんだん椎名さんを調整役として話し合い路線でいこうという動きが強まり、福田さんの陣営では「話し合いなら福田有利」という見方をとる人がふえてきた。状況が煮詰まってきたある夜、福田派の代貸格の園田直さんから、私に電話がかかってきた。「ちょっと相談したいことがある。福田派の事務所のある赤坂プリンスホテルの部屋に泊まっているので、来てくれないか」という。部屋に出向くといきなり園田さんは「君は三木さんをどう思うかね」という。「どう思うって、どういう意味ですか」。「三福連携でずっとやってきているけれども、君、このまま三木さんを信用していていいだろうか」というので、「いやいや、実は私もちょっと気になっています。具体的に何がという話はありませんが、福田さんがあまり三木さんを信用していることがかえって心配に思えます」と答えた。すると園田さんは「君は三木さんをどう思うんだ」と、さらに言うので、アラブでの一件には触れずに、「私の印象では、三木という人はなかなか一筋縄の人じゃない、口先三寸でひょっとすれば天下を取るぐらいのすごさをもっているように思います」といったら、「君もそう思うか」と、大きな声を出した。

園田直さんという人は勘がいい人だ。園田さんは、もともと河野派にいて、河野一郎さん没後、河野派を中曽根さんが引き継いだのを不満として自分で春秋会という小派閥を作り、それが立ち行かなくなって、福田派に合流したという人だが、なかなかの策士である。「実はワシも三木さんについては妙に胸騒ぎがするんだ。もう一度、灘尾（弘吉）、三木、椎名、あのへんの関係をちょっと洗ってみる必要があるな」と、ひとり言のようにつぶやいた。三木、灘尾、椎名、この人たちは長老格で、一見中立的な存在と思われているが、本当にそうだろうか。とくに椎名さんは、かつて岸内閣の官房長官で岸派の幹部だったが、その岸派を福田さんが継承した関係から、福田さんとは疎遠になっている。はたしてその椎名さんが福田さんを後継総裁に指名するだろうか。園田さんの疑問もそこにあったのだろう。

「カニの死にばさみということも」

田中さんの退陣が確定的となり、福田政権誕生への期待が福田派内に高まってきた頃、岸さんが、たまたま福田事務所にやってきた。そこで私たち福田派担当記者たちと雑談となった。「あれほど磐石の構えと思われた田中さんも、案外もろかったですね」というようなやりとりの中で、岸さんがこんなことを言った。「まあね、そうはいってもね、カニの死にばさみってことがありましゅからね」。「カニの死にばさみ」？　初めて聞く言葉である。「カニの死にばさみって何ですか」といったら、「まあ、要するに、カニというのはね、いじめて死にそうになった時に、うっかり指なんか出すと挟まれて、絶対放さない、うっかりすると指をちぎられちゃう。だから死んだと思っても、ちゃんと確認しないで迂闊に手を出すと、とんでもない大ケガをするということでしゅよ」。岸さんという人は「す」の発音が「しゅ」になるのがクセだった。それはともかく、にこにこ笑いながら、「まあ、カニの死にばさみってことがありましゅからね」というセリフ。後にも先にも岸さんのその一言以外、これほど見事な警句はない。

福田さんは造語が得意だといわれている。「昭和元禄」「天の声にも変な声がある」など、言い得て妙のセリフだが、岸さんという人もなかなか巧みな表現者である。有名な話でいえば、「生水は飲んじゃいけない、ちゃんと濾過器を通してから飲め」。お金をもらう時は、相手からストレートにもらってはいけないということだ。人を介して、つまりあとで汚職の捜査対象などにならないよう、必ず何段階かを経て、職務権限などとの関係を追及されないように、丁寧に手続きを踏んでからにしろということである。たしかに、あれこれ疑惑を持たれながら、彼はついに引っかかっていない。しかも彼がこういうことをいったのは、戦前からである。当時彼は商工官僚で、相当の金を動かし、旧満州国（中国東北地方）の経営などに関わっているので、金の扱い方などについても精通していたのだろう。

晩年の長生きの秘訣三条件は、私も直接きいたことがある。「ころぶな、風邪ひくな、義理を欠け、この三つでしゅ」と。年をとってから、ころんで寝ついてしまうと、足が弱ってそのまま病院から出られなくなる、だから絶対ころんではいけない。風邪、これもあぶない。たかが風邪と思っていると肺炎になって死んでしまう。もう一つは義理を欠け、である。知人の葬式などにいちいちつきあって、寒い時に出棺まで見送るということをやっていると、風邪をひいてしまう。「ころぶな、風邪ひくな、義理を欠け」、これが長寿の秘訣だと笑っていたが、その実、岸さんはとても義理堅くて、後輩の若手政治家がパーティをやると必ず来て、応援の演説をしたりして、義理をつくす。亡くなるきっかけになったのは、義理で出かけた先でころんで、腰を打って入院し、そのうちに風邪から肺炎を起こしてしまったという。自分のこととなると思うとおりにはできないものなのだろうが、「カニの死にばさみ」という言葉に象徴されるように、人生における大事なポイントをまことに軽妙な言葉で、ズバリと表現する。戦前、戦後の動乱を生き抜き、善も悪も渦巻く世界を身をもって体験した岸さんでしかいえないセリフだろう。

岸信介のアタマ、カン、度胸

岸さんは頭がいい、勘がいい、度胸がいいと前に言ったが、岸さんの頭の良さというのは、学校の成績がいいのはもちろんだが、そういう面だけではない。私がのちに自民党担当のキャップをやっていた一九八五（昭和六十）年が、ちょうど自民党結党三〇年に当たったので、その時に「自民党の三十年を語る」というシリーズで、自民党結党以来、三〇年間のさまざまな出来事の中心にいた人に、シリーズでインタビューしてもらう企画を考え、その最初に、岸さんに保守合同の時の話を聞こうということになった時のことである。

その時点で、保守合同当時に立役者だった人は岸さん以外にだれもいなかったが、困ったことに岸さんは、安保の騒動以来、個人的にはいろいろつきあってくれるが、新聞は嫌いだといって、公式のインタビューとか記者会見は一切やらない人だ。前述の原孝文先輩が政治部長時代、ロング・インタビューの約束を取りつけて実現直前までいったものの、ロッキード事件に際して報道陣が岸事務所に詰めかけ、その機会がお流れになってしまったという話である。それでおそらく私の申し出など断られると思っていたら、意外にも岸さんの秘書から、お受けしますといってきたのだ。おそらく新聞のインタビューはこれが最初で最後ではなかったかと思う。

自分ももういい年になってきて、当時のことを語れるのは自分しかいない。それで、やはり新聞に記録してもらっておいたほうがいいと考えた、ということで、一時間という条件でインタビューに応じてくれることになった。

これはありがたい。しかし困ったのは一時間という時間の制限だ。こちらは保守合同の話だけでなく、できれば安保改定の際の話も聞きたい。しかし保守合同の話一つをとっても、彼の政治経歴は戦前からで、東條英機首相と闘ったこととか、戦犯として巣鴨に入ったり、しかも巣鴨を出所してから日本政治再建連盟という組織を作って政界復帰を果たし、国会議員になって民主党を創設したりと、一つのことを語るためにはその前段をしゃべらなければならなくなる。そうやって話し始めたら、あっという間に二、三時間はたってしまうだろう。それをわずか一時間で、どうやって話をしてくれるだろうかというのが心配だった。実際、他のテーマで何人かの人にインタビューしていると、本題に入るまでに最低でも三〇分、四〇分も昔話が続いて往生するケースが多かったのだ。

たった一度のチャンスだが、わずか一時間。どうなるかと気をもみながら、「保守合同の時の経過についてうかがいたい」と切り出すと、いきなり、「ああ、それは交詢社でしょよ」と、この一言である。「交詢社って何のことですか」といったら、「銀座の交詢社にきてくれと、芦田均さんから電話がかかってきましてね、交詢社で（会談を）やりましょうと、こういってきたんですよ」と。長い前段はさっぱり省いて、すっと保守合同のプロセスの最も核心となる動きから語り始めた。

それだけ頭の中の整理が行き届いているということである。頭の良さというのは、数学的な頭とか論理構成とかいろいろあるだろうが、物事を分解整理して組み立てる、こういう頭の動きはなかなかふつうの人にはない。とくに政界のような複雑怪奇な世界では、こうした能力は貴重である。

長く、また混み入った保守合同の過程を非常に要領よく話してくれたので、「せっかくの機会ですので」といって安保の話にも踏み込んで聞いてみた。すると岸さんは、これも前段階にはいろいろな経緯があるのだが、訪米して安保改定の話を切り出す前の日のことから話を始めた。

アイゼンハワー大統領と、当時まだ上院議員だった先代のブッシュさんといっしょにゴルフをやったという。終わってロッカールームに上がっていったら、素っ裸でアイゼンハワーが出てきた。「シャワーでアイゼンハワーが前も隠さないで丸裸で出てきたので、私のほうは一瞬ぎょっとしたけれど、向こうがそうだからこっちもというので、こっちも素っ裸でやったんだ」というような笑い話をして、

『読売新聞』の「自民党の 30 年」企画で保守合同当時の思い出を語る岸信介元首相。（1985 年 7 月 15 日／読売新聞社提供）

「それで翌日の公式の会談が非常にうまくいきました」というように、サワリのところを非常に短い時間でピシャッと説明してくれた。だから岸さんという人は、政権維持のための密約、たとえば大野伴睦さんを後継にするという密約を結んで党内の危機を乗り切り、あとは知らん顔という裏切りを平気でする、どちらかといえばずるい、非情の人という悪い面があったことは事実だが、そういう人の悪さも含めて、並みの政治家ではない。「カニの死にばさみ」などという言葉がさらりと出てくるのも、手痛いドンデン返しなどの修羅場を何度もくぐり抜けてきた、そんな岸さんだったからだろう。

6

「全面支持だ」

——福田赳夫のひとこと

三木の殺し文句と福田の清々しさ

田中さんが倒れたからといって一本調子にはいかないぞと、田中退陣騒動の中で岸さんは予感していたのだろうか。事態はまさに急展開する。

七四年十一月三十日、つまり椎名裁定の前の晩になって、椎名さんの意中の人は福田さんではなく三木さんらしいという情報がひそかに駆けめぐった。そして十二月一日の朝がきた。私は早朝七時過ぎに福田さんの自宅に行った。座敷には、園田直さんはじめ、福田派の幹部がみんな詰めかけていた。そこになぜか新聞記者は私一人なのだが、福田さんと二人で並んで朝飯を食べることになった。どんぶり飯のように大きな茶わんで、ひと口食べたところで私がたずねた。「毎朝、三木さんからモーニングコールがありますが、今日はもうあったんですか」。「いや、そういえばまだないな」と福田さんが言ったその時、私の目の前にいた園田さんの顔からさあーっと血の気が引いた。園田さんははじかれたように「私がこっちから電話してみます」というなり、電話のある隣の部屋にとんで行った。そうして一、二分したら青い顔をして出てきて、「もう出かけたといって連絡取れません」と、力なく報告した。

ひと箸食べた時に私が質問し、それを受けて園田さんが戻って三木さんはもう連絡がとれないと報告する、その時の福田さん。パチッと箸をおくと、つーっと立って縁側に出て、空を見上げた。ずいぶん長いように思えたが、実際は一分か二分だろう。座敷に戻ってきて座り直すと、ポンとテーブルを叩いてひとこと。「まあ、全面支持だ」。これが福田さんの口から出た、最初の言葉である。「全面支持だ」という。三木さんにしてやられたということは、もう瞬時にしてわかって、自分はどうすべきかという正念場。「全面支持だ」と、これが福田さんの回答である。私は気の毒で、「三木さんが首相になっても、半年ももたないでしょう」と声をかけたら、「いや、長期政権だ。俺が支える」と、こう言った。これはやっぱりすごい政治家だ。交わした言葉はこれだけだったが、福田さんという人は、負け戦になっても瞬時にそれを受け入れる、決断をする。清々しい高潔さを感じさせられた。「全面支持だ」、が福田さんの決断である。その日は日曜日だったと思う。夕刊がない。夕刊があったら、私の特ダネになったはずだ。「福田氏、全面支持」といえば、もう流れはそれで決まり、三木政権誕生というニュースにつながる。しかし、逆立ちしても新聞がないので仕方なく、そのまま福田さんのあとを追って自民党本部へ行った。総裁室のドアが閉められ、「椎名裁定」が読み上げられた。「私は国家、国民のために神に祈る気持ちで考え抜きました」で始まる裁定文は、新総裁の条件として「清廉、党の体質改善、近代化に取り組む」ことをあげ、「この際、政界の長老である三木武夫君が最も適任であることを確信し、ご推挙申し上げます」と、三木さんを指名した。

さあどうなったか。三木さんは「青天のへきれきだ」と言って、腰を浮かせたといわれている。福田さんは即座に賛成したが、大平さんは持ち帰らせてくれといって退席した。大平さんとしては、総裁選挙に持ち込めば、田中・大平連合は数で勝てるという可能性も少なくない。だから田中さんと相談して、椎名裁定を蹴るか受諾するかはあとで返事をするということで、返事を保留したのである。

私は福田さんに後で聞いた。「三木さんはどんな顔をして、福田先生にどういったんですか」と。そうしたら、「三木君に、ちょっと隣の部屋へ来てくれといわれてね」と、その場の情景を話してくれた。

別室に入ると三木さんは、福田さんの膝に手をおいて、「本当はあなたがやるべきだ。あなたが全面協力といってくれなくては、私はできないんです」と言ったという。これもずるいいい方である。いかにも三木さんらしい。つまり、福田さんが協力するのはいやだといえば裁定はつぶせるけれども、そうなれば話し合いは決裂で、事態は収拾不能の分裂状態になる。あなたが協力してくれなければ私はできませんというのはそういう意味だ。どうしたって協力しますといわざるをえないような、そういう話のもっていき方である。

福田さんのほうは、もうすでに、負けは負けだということで三木さんに協力する決断をしていたから、あっさりと協力を約束したわけだが、三木さんは、あとで調べると、事前に椎名さんが三木さんを指名することを知っていて、前の晩から福田さんが三木さんへの協力を拒否できないような殺し文句を練っていたのだろう。勝負の瞬間の男の決断。駆け引き。だましのテクニック。すさまじい世界だなと思った。

椎名裁定はだれが書いた

私は当時、福田陣営の取材を担当していたため、椎名さんサイドの動きはよくわからなかったが、のちに藤田義郎さんという、元サンケイ新聞の記者で当時政治評論家として椎名邸に出入りしていた人の著書、『椎名裁定』などによると、なんと三木さんは、田中さんが退陣を示唆したことが表面化した十月二十六日の時点で、すでに自分が後継総裁に適任だという考えを語っていたというのだ。

その朝三木邸で藤田さんが「今の時代は後継政権として誰が求められているだろうか」とたずねると、三木さんは初めに灘尾弘吉さんの名前をあげたあと、「今の時局を収拾する資格のあるものはねえ、藤田クン、NとM、二人しかいないんだよ」。藤田さんが「Nは灘尾か、Mはあなた?」と重ねて聞くと、「ボクだよ。本当はこの二人しかいない」と、三木さんは答えたと書いている。

それどころか、三木さんを指名する十二月一日の椎名裁定の問題の裁定文、それを三木さん自身がペンをとって書いたと、藤田さんは言うのである。

椎名さんは自ら暫定政権を引き受けることを一時考えたものの、それを断念し、灘尾さんや保利茂さんを推すことを含め、さんざんに悩む。そして最後に、親しくしていた藤田さんら側近の進言を入れて、党近代化に熱心だという理由で三木さんを意中の人に決めた。

十一月三十日夜、椎名さんの秘書から椎名裁定の案文を藤田さんに書くようにとの依頼が来た。藤田さんはこの夜、九時三〇分に三木邸を訪れ、三木さんに立ったまま「さきほど椎名さんから、明日読み上げる裁定文を私に書けと連絡が来た。三木指名で間違いない」と伝える。

トタンに「待ってくれ」。三木はいきなり私の肩をグイグイ押さえつけながら、「藤田クン、それは後世に残る天下の名文にしなければいかん……それはボクが書く。徹夜してでもボクが書く。

「キミも一緒に考えてくれ」

書生に原稿用紙と万年筆を持ってこさせた三木さんは、藤田さんが考えた「神に祈る」という表現を「〝神に祈る〟、ゼッタイに入れんといかんからネエ」と言いながら、気ぜわしくペンを動かしたという。

しかし、三木さんのその字は、藤田さんがのぞくとミミズが這ったような線ばかりで、とても読めたものではない。藤田さんが清書して十二月一日朝、三木邸に届けると、三木さんは「よく出来ている。名文ですよ」と言ったあと、指名する三木さんの名前の上に「政界最長老の」という言葉を加えるよう求めたと言う。

三木さんは、田中退陣が表面化したその瞬間から「三木政権」の実現へ動き始め、椎名裁定の前夜にはわが事成れりと確信し、裁定文作りまで自ら手がけていたのである。知らぬがホトケの福田さんは、三木さんを援軍とばかり信じこんで煮え湯を飲まされ、政敵の福田氏には絶対に政権を渡さないという田中さんの怨念が三木政権の誕生という形で勝利をおさめた形となった。だまされた福田さんの、事態を瞬時に受け入れる決断を下した精神力に感動すると同時に、人のいい福田さんを終始一貫だまし続けた三木さんの精神力にも舌を巻く。そんなすさまじい権力闘争の世界を、「カニの死にばさみ」という、思わず吹き出したくなるような軽妙なたとえ話で表現する岸さんというひとのすごさにも、慄然とさせられる。

7

「摩擦があるから走るんだ」

——三木武夫とロッキード事件

「クリーン三木」を押し通す

一九七四年十二月九日、三木内閣が誕生する。福田さんは副総理兼経済企画庁長官として入閣した。当時の三木さんは、「クリーン三木」が看板である。もともと三木さんは、自民党内ではいわゆる主流ではなくて傍流に位置づけられていた。戦後間もなくは、国民協同党とか、協同党という政党を率いて、協同組合主義を主張していた。保守合同にも積極的ではなかった。そういう立場から、自民党的体質には批判的で、池田内閣時代には党近代化の政治改革を訴えていた。とくに田中さんが金脈問題で倒れたあとを受けての三木内閣の登場だから、内閣の性格を「社会的公正」というところにおいて、依って立つ基盤は、世論である、国民のための政治だ、ということを強く打ち出した。自民党の政治というと、それまでは経済界、財界依存、金権依存の政治というイメージだったが、これを変えよう、国民政党に脱皮しよう、それが自分の使命である、社会的不公正を打破する、こういうことをスローガンに掲げて、内閣が発足したのである。世論の支持も非常に高かった。

では具体的に何をやるのか。まず取り組んだのが政治資金規正法の改正だ。それまでは青天井だった政治献金を、企業の資本金など企業規模に応じて上限を決めて制限するという内容で、それが今日までつながっている。それから公職選挙法の連座制導入。選挙違反事件では、総括責任者が選挙違反を犯したら政治家候補本人も議員資格を失うように厳しくする。そういう政治の浄化策とともに、もう一つ取り組んだのが独占禁止法の改正だった。大企業優先政策をあらためて、アメリカ流に独禁法を強化していくという趣旨で、それを受けて、高橋俊英という強情で名高い委員長がこの独禁法改正に向けて走り出すという状況だった。

だから三木内閣は、イメージ戦略としては非常に成功するが、他方でそういう三木さんの施策は、まるでそれまでの自民党政治をすべて否定していくようなやり方だから、当然、三木さんにそんなことをさせようと思って総理大臣にしたんじゃないと、椎名さんも怒り出す。椎名さんも田中さんも、三木さんなら弱小派閥で力がないから御しやすいと考え、暫定政権のつもりで三木さんを首相の座につけたわけだが、当の三木さんのほうは、総理大臣になったからには本格政権をめざしてがんがんやるぞ、と突っ走ろうとする。

当時の独禁法改正をめぐる自民党総務会の議論は、外の廊下で聞いていても、ものすごい怒鳴りあいが聞こえるほどだった。党内の緊張がそうとう高まってくる。幹事長は中曽根さん、政調会長が松野頼三さんである。松野頼三という人は福田派の大幹部で、三木さんのそういうやり方に対しては、けっして本心でいいと思っているわけではないけれども、政調会長としてなんとか三木さんを支えようとする。それにしても、あまりに三木さんが突出してぐいぐいいこうとするので、まとまるものもまとまらなくなってしまう。そこで、三木さんに対して「あなたがやろうとしていることは、けっしてまちがってはいないけれど、あまり党内をぎすぎすさせるとよくない。あまり摩擦を強めるようなことはまずいんじゃないですか」と進言するわけである。

その時に三木さんがいった言葉。「いや、車だって摩擦があるから走るんだ」。車のタイヤはぎざぎざがあって、摩擦があるから走ったり止まったりする。あれがつるつるだったら車は走らない。だから摩擦があってもかまわないどころか、摩擦を起こしてこそ突き進むことができるのだと。うまいというものである。「オレはすっかりあの言葉に酔っちゃった」と、松野さんはあとで述懐していた。

やはりそれだけの度胸というか、向かっていく意志を持っているということなのだ。ふつうだと、あちこちから文句いわれたりするとやめておこうとなるが、そうではなくて、摩擦があるから車は走るんじゃないかと、あくまでぐいぐい進むのである。

独禁法改正は、そんなことをしたら日本経済は立ち行かなくなるという危機感が党の内外に高まって、最後はつぶされるが、政治資金規正法と公選法の二法案は、かろうじて、衆議院は通った。しかし参議院ではなかなかむずかしい。そんなある日、国会の中で、三木首相が向こうから歩いてきた。私が軽い気持ちで、「参議院もなんとかいけそうですね」といったとたん、三木さんはガッと私の肩をつかんで、警護の警察官が周りを囲んでいるのも構わず、「ちょっと来い、ちょっと来い」といって、私を国会内の総理大臣執務室へ引きずりこんだ。「君、票読みしたか」という。私は実をいうと、まだ議員一人ひとりの票読みはできていなかったので、「きわどい勝負になるでしょう」といったら、「いけるかね、いけるかね」などといって、ものすごい真剣な目で問いつめてくる。私は一人ひとりの票読みとは別に、参議院側の全体の情勢を説明すると、「そうか、そう思うか」などと言いながら思案していた。結果は、参院本会議の投票は可否同数。河野謙三議長が賛成票を投じ、やっと成立にこぎつけたというきわどい勝負だった。

河野謙三さんも、もともとが佐藤内閣時代に、佐藤派の牙城だった参院自民党の勢力を、野党側や田中さんと連携してひっくり返して河野議長体制を作った人で、反佐藤、反福田の流れにあり、三木さんには親近感を抱いていた。

三木おろしへの布石

河野議長の賛成票による一票差というきわどい勝負で政治改革関連二法では勝つものの、そういう過程を通じて党内の三木さんにたいする反感がだんだんつのっていく。後に七六年二月、ロッキード事件が起きて、挙党協という反三木の組織ができ、公然と三木下ろしがはじまるが、七四年十二月の暮れに三木内閣ができてまだ数カ月もたたない七五年春にはすでに、ひそかに三木さんを辞めさせようという動きが始まっていた。

七五年四月三十日、この日を私はいまでも覚えている。当時、保利茂さんは、前の年、福田さんといっしょに行管庁長官を辞めていて無役になっていた。保利さんは、国会の裏のホテルに事務所を持っていて、その日の午後、私がたまたま遊びに行くと、保利さんはテレビをつけたまま、一人で本を見ながら碁を打っていた。保利さんとしばらく雑談しながら、テレビをみると、南ベトナムのサイゴンに北ベトナムの戦車がどんどん入ってきて、サイゴンが陥落する場面を流し始めた。保利茂さんはそれを見ると、感慨深げに「ああ、国が倒れるというのはこういうことなんだなあ」と、しみじみつぶやいた。私も思わず相槌を打って「とかく天下国家なんていいながら、政権を担っている人間が私利私欲に走って私服を肥やしたり、内輪もめなどをやっていると、ああいうことになるんですね」と言った。

保利さんという人は『西郷南洲遺訓』を日頃愛読していて、「策は用いるべからず」とか、西郷の言葉を、国士的な雰囲気でしばしば口にしていた。国家意識の強い保利さんだから、こんな場面での話題にはちょうどいいと思ったのだ。

保利さんもたぶん「そうだな」と言うと思って顔を見たとたん、保利さんはドーンと立ち上がって、「出て行け」と怒鳴りはじめた。私はあっけにとられて、「どうしたんですか、保利さん」といったが、「聞きたくない、不愉快だ、出て行ってくれ」と、すさまじい形相である。いまのいままで、しみじみと感慨にふけっていた人が突然立ち上がって「出て行け」とは、何がどうなったのかわけがわからない。でも、しょうがないので部屋を出た。

そうしたら翌日、政治部の先輩記者から電話がかかってきて、「君、昨日、じいさんを怒らせたらしいな」という。「いや、怒らせたも何も、こっちは狐につままれたようですよ」といったら、「あっちも気にしてるよ。これに懲りずにまた遊びに行ってやってくれよ」と、先輩を通じて保利さんのほうから和解を求めてきた。これでまた面くらったが、それから何日かして、保利さんがなぜそのような反応をしたのかがわかった。それも、何日かして他社にスクープされた記事からである。

四月三十日の昼、築地の料亭で、田中、椎名、保利、坪川信三さんら、四、五人が集まり、「三木はけしからん、あのまま彼に首相をやらせていたら、何をされるかわからない。なんとかやりようはないものか」という密談をしたという話である。いわばのちの三木下ろしのハシりだ。保利さんは、その密会から事務所に戻ったばかりだったのだ。それで、私がそのことに感づいて、嫌味をいったと感じたらしい。せっかく三木政権を作りながらもう、その当事者たちが下ろす相談をしているのかと。保利さんたちは、国を憂えて動こうとしているのに、南ベトナムのゴ・ディン・ジェム政権と同じような評価をするとは何ごとかと怒ったのだろう。私はそんなこととはツユ知らず、しかもそのニュースをあとでよその新聞に抜かれてしまい、くやしい思いをしたので、その日の記憶が鮮明に残っているのだが、三木おろしの工作は、このように、ロッキード事件が起きるかなり前から始まっていたのである。

ロッキード事件陰謀説の誤り

ロッキード事件が発覚したのは一九七六年二月四日、日本時間の五日である。アメリカ上院のチャーチ委員会（多国籍企業小委員会）で、ロッキード社の金が日本の政府高官に賄賂として流れたという話が暴露された。この報道を受けて、三木さんは「徹底追及、真相解明」という方針をいち早く打ち出し、積極的に動く。それにたいして、椎名副総裁が「惻隠《そくいん》の情がない」「三木ははしゃぎすぎている」、と三木さんのロッキード事件への取り組みを批判して、そこから党内の亀裂が深まっていくという展開になっていった。

私はちょうどそのころ、一九七六年三月一日付けでワシントン支局に赴任する予定になっていた。

その準備のため、一月末で政治部を離れて、当時の外報部、いまは国際部というが、海外取材を中心とする外報部に異動になった。ところが、風邪をひいて高熱を発して、二月一日に着任できなくなり、二月五日の朝になって初めて外報部のデスクに、今日から外報部に来ましたと挨拶に行った。その時、「じゃあ、これを翻訳してくれ」とデスクに渡されたのが、チャーチ委員会におけるコーチャン（ロッキード社会長）証言の英文テレックスだった。ロッキード事件という大ニュースの当日に私は外報部に配属というはめになってしまったのだ。

それから日本中は火のついたような騒ぎになった。翌日、ワシントンに赴任するためのあいさつで国内の取材先などを回って、夜、家に帰ると、外報部長から電話がかかってきた。「君、パスポートを持っていますか」。「持っています」。「じゃあ、ワシントンにすぐ行ってください」。すぐといわれても、ただの出張ではない。支局勤務だから何年間も日本を離れなければならない。それをすぐ出発しろというのだから準備も何もない。三月の発令日を待たず、あわただしく飛び立つことになった。

ロッキード事件については、日本の雑誌やメディアでは、今でも、ロッキード事件は田中前首相が、資源外交で、また日ソ関係の改善に非常に積極的であったので、それを懲らしめようと、アメリカが田中さんの追い落としのためにロッキード事件を仕組んだというような解説が数多くみられるが、ワシントンで事件を取材した経験からいうと、まったくの見当はずれである。

私が取材して知っているかぎりでは、あの事件は必ずしも日本だけを標的にしたものではない。世界各地、各国に関係者がいる。欧州のある小国の女王のご主人なども当時、ロッキード社のカネを受け取ったと伝えられた。

当時のアメリカ国内の理解では、この事件は、ニクソン大統領の再選をめぐる民主党対共和党の戦いの産物である。ニクソンは一九六八年に当選して大統領になり、七二年に再選されたが、最終的にはウォーターゲート事件で失脚する。その再選される時の七二年大統領選挙にあたって、巨額の政治資金がアメリカの航空会社から、いわば賄賂のようにニクソン陣営に流れたのではないだろうかと民主党が疑いを持ち、SEC（アメリカ証券取引委員会）に資料を提供させたり、アメリカ議会自身が資料を集めたり、という活動をしている過程で明るみに出てきたという話である。

その一連の疑惑の中に、日本も含まれていたということである。チャーチ委員長自身がのちに報道機関などに語ったところによると、チャーチ氏は、日本に関して児玉誉士夫などの名前が出てきて、日本政府の高官についても言及されている資料を入手したので、これをこのまま公表していいものかどうかについて、アメリカ国務省の見解を聞きにいったのだという。当時の国務省高官に会って、「こんなものがあるのだが、公表してもいいものか」と打診したところ、高官が「いいでしょう、かまわないでしょう」といった、だから公表したというのだ。米航空会社からの献金問題は、各国に広がっていたが、それを最終的にぎりぎり追及して田中逮捕までもっていったのは、三木さんの真相解明に向けての、というか、彼なりの政治的な思惑も含めての、日本の政局の産物というのが私の印象である。

ロッキード事件が起きて、次第に小佐野賢治とか田中角栄という名前が出てきて、私は「あっ」と驚いた。実をいうと、ロッキード事件が表面化する前の、まだ東京で福田派幹部の取材をしていたころ、あとで思えば事件の核心に触れるような話を、私は聞いていたのだ。まだ田中さんが現職の総理大臣のころである。当時、田中さんと小佐野さんは刎頸《ふんけい》の友とかいわれて、非常に関係が深いということがよくいわれていた、そういう時のことである。

福田派の某代議士が、「小佐野と田中は刎頸の友といわれているけれども、本当なんだなあ」と、なかばあきれたようにいうのを聞いたことがあった。「どういう意味ですか」といったら、「ある商社の専務から聞いたんだが、アメリカのロッキードの飛行機を買ってもらいたいということをその専務が、小佐野のところに頼みに行ったのだそうだ。そうしたら小佐野が即座にその場で電話を取って、田中首相を呼びだして、『おい、ロッキードを頼むぞ。グラマンじゃないぞ、ロッキードだぞ』と、電話口で怒鳴るようにしていっていた」という。田中さんと思われる電話の相手は「わかった、わかった」というようなことを答えたらしいという。それでその商社の専務が自分、つまり福田派の某幹部に、「まるで田中さんと友だちというよりは先輩が後輩にいうように、怒鳴るようにして、『グラマンじゃないぞ、ロッキードだぞ』というのでびっくりした」と、驚いて語ったというのだ。しかし、その時は福田派の某幹部も「相手が本当に田中だったのか、あるいは田中じゃなくて、ハッタリで、小佐野が自分の力量を印象づけるために、違う相手でも架空の人物に、そういうふりをして見せたのか、そこは確認できないけれども、とにかく商社の専務が驚いていたよ」といい、私も半信半疑だったのでその後はほとんど忘れていた。それがロッキード事件が起きて真相が解明され始め、丸紅の伊藤宏さんという専務が逮捕される事態になって、あの時の話はこれだったのかと、改めて思い起こした次第である。

チャーチ委員会が最初に追及した航空会社は、ノースロップという航空機メーカーだった。航空機メーカーのノースロップを調べたら、ノースロップはニクソン再選委員会に金を出したということを認めたが、その時合わせて、ロッキード社のほうがもっとすごいことをやっていますよと証言し、そこからロッキード事件に発展していったという話を、ワシントンの取材で聞いた。

アメリカ議会筋やワシントンの情報関係者らの話を総合すると、当時、たとえばパーレビ国王はじめイラン政府首脳がアメリカと非常に親密な関係にあって、アメリカの戦闘機などをさかんに購入したが、価格をいったんカサ上げして売ったうえで、その中から浮いた分を航空機メーカーを通じてニクソン再選委員会に還流するという構造、それがロッキード事件だというのである。それで、日本の場合、丸紅は全日空にロッキード社のトライスターを買わせるため、小佐野さんを通じて田中さんら政府高官たちに陳情した、こういう構図になっていたのだ。

日米司法共助協定

話が前後したが、ロッキード事件は日本時間の二月五日の朝、表沙汰になり、私は、大あわてでワシントンへ向けて出発することになったわけだが、出発する前に、三木首相の側近のところに挨拶に行った。するとその時側近が教えてくれた。三木さんが、フォード大統領宛に、アメリカの持っている資料を日本側に引き渡[redacted]てほしいと依頼する親書を送ろうとしているというのだ。そこで私はワシントンに到着してすぐに[redacted]当時の駐米日本大使・東郷文彦さんと会い、三木親書の話を伝えた。東郷さんは外務審議官時代に[redacted]木さんに同行していっしょにアラブを歴訪し、またその後、外務事務次官時代にも親しくしていた[redacted]それが、親書の話をしたとたん、東郷さんは険しい表情になって「総理は何をカン違いしている[redacted]ろう」と、吐き捨てるように言った。

ロッキード関係の資料[redacted]持っているSECという機関は、日本の公正取引委員会以上にもっと独立性が高い組織だ。大統[redacted]限といえども及ばない。アメリカは自由主義の国であって、企業の経済活動、商行為が、適正に[redacted]れているか否か、これは証券取引委員会が監視などを担当すべき話であって、行政府である大統領[redacted]あるいは大統領自身が嘴《くちばし》を挟むことは許されないという形になっている。そういうアメリカの制度や仕組みも知らないで、大統領にSECの資料をよこせなどと依頼するのは筋違いもはなはだしい、というのが東郷さんの不満の理由だった。

そうしているうちに、本当に三木さんの親書が来た。ワシントンの日本大使館はすっかり頭を抱えてしまったが、米側に届けないわけにはいかない。アメリカのほうも日本の総理大臣からそういう要請を受けて、それはできませんと突き返すわけにもいかない。日本は大事な存在だ。なんとか協力してやりたいところだが、そうはいっても簡単にはいかない。あれこれ思案したあげく、SECの了解のもとにアメリカの行政府の一つである司法省、日本でいえば法務省だが、そこにSECの自主判断として資料を提供してもらって、それを司法省と日本の法務省のあいだで資料の使用目的や秘密保全

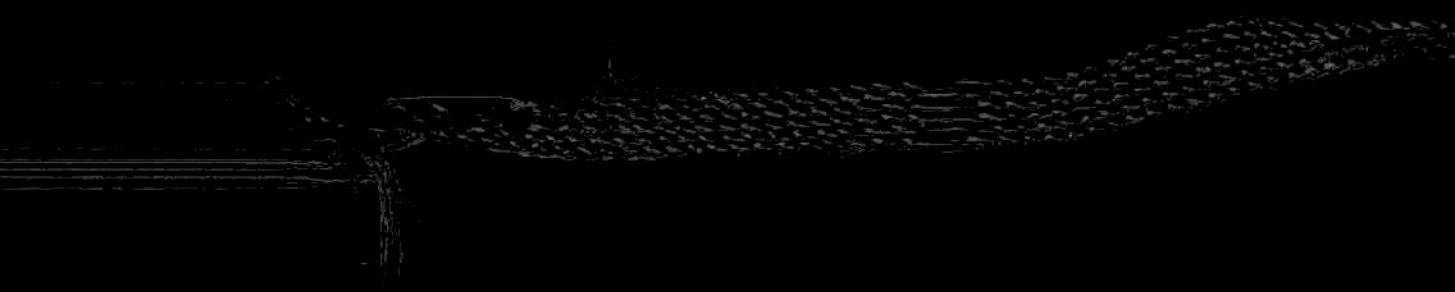

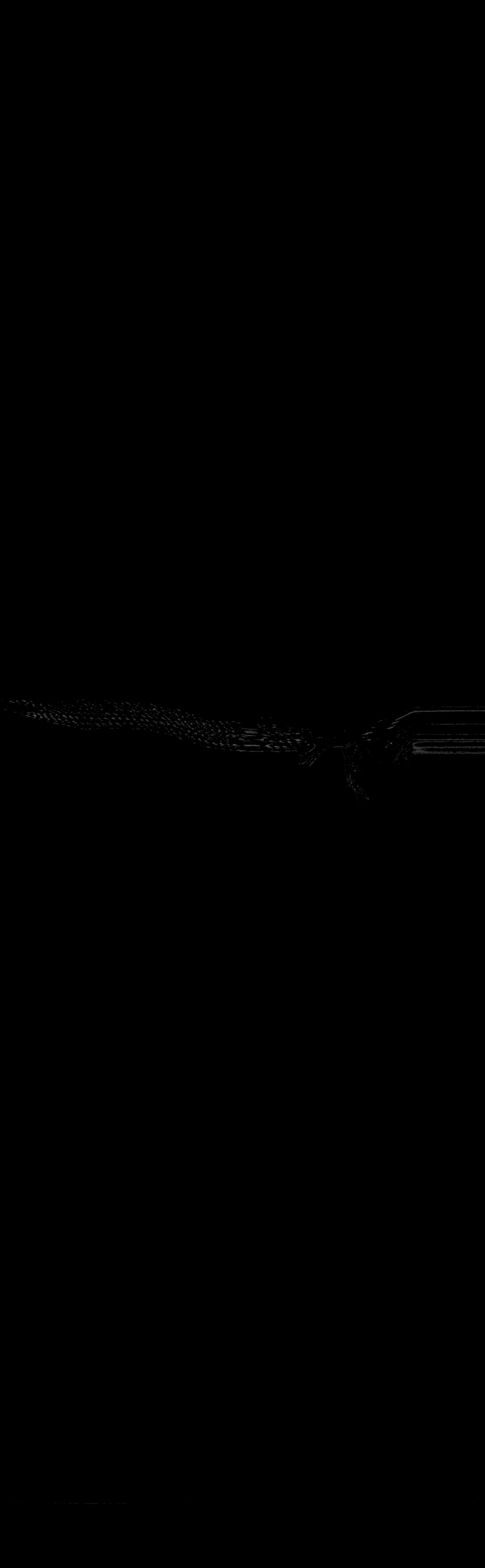

など、文書の扱いについての協定を結んで、そのうえで提供するという仕組みを作り、資料提供が可能になった。これには二カ月前後もかかった。

司法省と法務省との日米司法共助協定というものが結ばれて、いよいよ資料提供が行われることになり、東京地検特捜部から河上和雄、東條伸一郎という二人の検事が資料を引き取りに派遣されて来る取材を、私は現地で担当した。河上和雄さんという人は、いま日本テレビで事件などの際にコメントをしている人である。当時はファクスもないし、東京の社会部からはどういう人物かと写真を送ってくるわけでもなくて、人相風体の情報をテレックスで送ってくるだけ。二人が乗った飛行機がワシントン郊外のダレス空港に到着するというので、ワシントン駐在の各社が空港に詰めかけ、乗客が降りてくる中から日本人の二人を見当をつけて探し出した。滞在先のホテルや、いつから司法省と会うのかなど、いろいろ質問しても、二人とも「一切新聞記者とは会わない、一切口をきいてはいけないことになっています」の一点張りで、大使館差し回しのリムジンで消えてしまった。

私は当時、ワシントンへ赴任して、現地の運転免許を取ったばかり。ワシントン市内の地理も何もわからない状態だったが、とにかく二人の所在をつかまなければと、毎朝大使館に近いホテルを片っ端から探して回った。日本人とおぼしき人物が二人泊まっているかと、あちこち調べているうちに、ある日の朝六時ごろ、あるホテル近くの道路を、東條検事が散歩に出てきた。ここだ、ここに違いない。しばらく張り込んでいると、迎えの車が来て、河上さんと東條さんの二人がさっと乗り込み、走り去っていく。あわてて追いかける。私は東京から応援取材に来ていた谷口侑さんという外報部の先輩記者といっしょに、先を行く車に離されないよう必死でハンドルを握った。すると車は、ワシントンの市内に入っても司法省に向かわず、あるスーパーマーケットの前で突然止まり、二人がパッと降りてしまった。こちらは自分で車を運転しているので、どこか車を止めるところを探さなければならない。もたもたしているうち、二人の姿は消えてしまった。

やっとパーキングエリアを探して車を止め、スーパーマーケットの中へ飛び込んで探したが、どこを探しても二人はいない。せっかくここまで突き止めたのに見失ってしまった。すごすごと肩を落としてそのスーパーマーケットのビルのあたりをうろうろしていると、隣に狭い別のエントランスがあるのに気づいた。

覗いてみると、テナントの名前を書いたプレートが貼ってある。谷口さんが、「あれ、ここに fraud section と書いてあるよ」と声をあげた。fraud というのは、日本語でいうと詐欺、あるいは知能犯罪だ。たくさんのテナント名の中に fraud section と書いたオフィスが入っている。待てよ。二人はスーパーマーケットに入ったのではなくて、このビルの、こちらの入口に入ったのではないか。

それでエレベーターで fraud section と書いてあるフロアに思い切って上がっていったら、受付にピストルを下げた黒人がいる。「いまここに私の友人の日本人が来たか」と聞くと、「ああ来たよ」と答える。「お前はだれだ」というので、「私は日本大使館の方から来た」と言った。大使館員だと名乗ると官名詐称になってしまうので、いや、日本大使館の方から来たと言って、「彼は日本からのゲストだ。まだワシントンに来たばかりで道が不案内だから、まちがいなくここへ来たかどうか確認に来た」と説明すると、「そうか、じゃあ二人を呼んであげようか」という。あわてて、「いや、結構。来たことが確認できればそれでいい」といって、急いでそこを飛び出した。

司法省ではなくて司法省分室だったのである。そこで密かにコーチャン証言をはじめ、ロッキード関連の山のような資料を全部点検する。そういう作業を二人は毎日毎日、朝から晩までやっていたのだ。全部点検したうえで資料を引き渡すという段取りで、一週間か一〇日ぐらいかかったと思う。私たちは毎日、その司法省分室を、朝から晩まで張り番をしていた。二人がそこへ来るのが終わったら、これはきっと資料引き渡しが完了したということになる。ワシントン支局のメンバーが毎日交替でそこに張りつき、二人が朝何時にそのオフィスに入って夕方何時に出るかと目をこらしていた。ある時など、私の同僚があまりビルの近くをうろつくので警備員に挙動不審で捕まって、「お前はここに何しに来た」とピストルで脅かされたりする騒ぎもあった。そしてついに、二人の作業が終わり、日本側に資料が引き渡されたのを見届けることができた。

私はその後、三〇年以上たって、大阪本社の社長をしている時に、東條伸一郎さんが大阪高検検事長として赴任してきたので再会することができた。「あなたは覚えていないでしょうが、私はあなたが河上さんといっしょに資料の受け渡しにワシントンに来た時、あの分室のところでずっと張っていて、待っていたんですよ」と言ったところ、彼もなつかしがって、「実をいうと、私も非常にあの時は大変な思いをしたんだ」という。「大変な思いといいますと?」とたずねると、東條さんはにが笑いして当時の状況を話してくれた。

「河上さんは毎日、ロッキード関係資料を読んだあと、今日はどういう資料を読み、そこに何が書いてあったか、どんな資料だったかを、夜、ホテルに帰らないで、当時、法務省派遣の日本大使館参事官として来ていた原田明夫さん（後に検事総長）の自宅のベッドルームから、電話で特捜部に送っていたんです。その間は、河上さんが部屋を占拠しているので、原田さんは自分のベッドルームに入ることもできない。原田さんは後に東京地検に異動になりましたが、当時の身分は法務事務官で、行政職であって検事ではない。だから捜査に関わる部分にタッチしてはいけないということなのです。それで自分の寝室でも入れない。で、私（東條）は、『君は表を見張れ』と。つまり新聞記者とか外部の人間が近づいてこないか、それを警戒しろというわけです。原田さんは部屋の外に出されたけれどまだ家の中、私の方は建物の外で、毎晩見張り役と、そういう毎日だったんです」。

ポスト三木への大福密約

アメリカから引き渡された資料をもとに捜査が進展し、やがて田中逮捕。日本中が大騒ぎとなる。田中逮捕は七六年七月二十七日で、これを機にいっそう反三木の動きが高まり、党内の対立が深刻になっていく。挙党体制確立協議会（挙党協）が作られたのが七六年八月十九日である。

その前の六月末に、プエルトリコのサンファンというところで、サミット（先進国首脳会議）が開かれた。前年の秋、フランスのジスカールデスタン大統領の提唱で、パリ郊外ランブイエというところの古城で第一回のサミットが開かれている。この時アメリカのフォード大統領は出席に乗り気では

パリ郊外ランブイエ城で開かれた第1回サミット（先進国首脳会議）で発言する三木武夫首相。（左へ）シュミット西独首相、ジスカール・デスタン仏大統領、フォード米大統領。うしろにキッシンジャー国務長官の顔も見える。（1975年11月／久保田富弘氏撮影）

なかったが、日本の三木首相が熱心に働きかけて渋々出席したのだった。そこで、サミットをフランスが主催しただけで終わらせるわけにはいかないということで、二回目をフォード大統領の主催という形で開催することになったのである。日本からは前年に続いて三木首相が参加し、サンファンの町のはずれの海岸沿いの、別荘地のようなホテルで開かれた。周辺は全部遮断して、われわれ報道陣とは接触できないようにして、その中で首脳たちが合宿するというやり方である。

私もその取材のためワシントンからサンファンに行き、三木首相の側近と再会することができた。久しぶりに会ったので、東京の政局の模様やワシントンの情勢などいろいろ話し合っているうちに、三木さんの側近が、「いま、反三木勢力が臨時国会を早期に召集しろと圧力をかけてきている。それをどうやってしのぐかということで、いま、三木さんは非常に苦悩しているんだ」と打ち明けた。

通常国会は珍しく延長なしで五月二十四日に終わっていたので、三木さんを首相の座から降ろして、新しい首相を選ぶための首相指名選挙をやるには臨時国会を開かなければならない。それで臨時国会を早く開けと、こういう要求を突きつけられているという話である。私はしかし、腑に落ちないものを感じた。三木陣営は国会を開くと総辞職に追い込まれることを心配しているのだろうが、そうと決めてかかる必要もないのではないか。

それで「私が三木さんだったら、やりましょう、臨時国会を早く開きますよといいますよ。そういったらいいじゃないですか」といった。そうしたら側近はびっくりして、「どうして」というから、「国会が開かれていないと解散は事実上できない。しかし逆に、国会を開いていれば、いざとなったら解散に持ち込むことができる。ぼくが三木さんの立場だったら、反三木の人たちが早く国会を開けというなら、よろこんで開きましょう、その代わり解散だぞと、こうやりますよ」といったら、目を丸くして、「それは確かに一つの手だな」とヒザを打ち、「じゃあ、早速、三木さんにいってみるよ」と飛ぶように帰っていった。

しばらくすると彼から電話がかかってきて、三木さんがすっかりその気になってしまったという。「ちょうど、大平君（当時蔵相）がいっしょにサンファンに来ているから、あすの朝飯の時にでも大平君にいってみるよ」と、三木さんがこう言っていたというのだ。翌日はサミット最終日だった。その日の午後、サミットが終わり、各国首脳の共同記者会見があるので、私たちも各国首脳たちが泊まっているリゾートホテルのようなところの会見場に行った。するとたまたま大平さんが首相随行団の中にいたので早速つかまえて、「今朝、三木さんから国会の話があったでしょう」とさぐりを入れた。とたんに大平さんは嫌な顔をして、「君なんかが心配する話じゃないよ」といって、バーンと私の背中を叩いて行ってしまった。

大平さんは反三木の急先鋒だから、嫌な顔をするのも当然かもしれない。三木さんは大平さんに、「君たちが国会を早く開けというから開きますよ」とでもいったのだろう。あとで側近に確認したら、大平さんは三木さんの話に非常に困った顔していたということだった。この情報は、東京から三木首相の同行記者団としてきていた加藤博久記者（のち読売新聞大阪本社社長）に連絡し、加藤電として紙面に掲載された。

この記事を境に形勢が一気に逆転して、反三木勢力は今度は解散阻止・臨時国会早期召集反対に回ることになった。

こうして、三木さんが臨時国会召集で冒頭解散をめざし、国会を開かせないという反三木の挙党協側との綱引きとなり、結局、臨時国会は開くが解散はしないという妥協のすえ任期満了選挙にもつれこむことになる。その過程では、福田さんと大平さんが二人でそろって、三木さんに辞めなさいという申し入れに行き、それに対して三木さんが「辞めろといって、後はどうするの。君たち二人のうちどっちがやるんだ」と切り返し、二人とも返事ができなくてすごすご帰ってきたというような場面もあったようだ。

当時私はワシントンにいたので、一つ一つの場面は人づてに聞くだけだったが、挙党協側も福田さんと大平さんのあいだで、ポスト三木の政権は福田さんが先にやるということで一本化でき、十二月の任期満了選挙で自民党が議席を減らして三木さんが退陣したのを受けて、福田政権ができることとなった。しかし、それが後に大福戦争につながる序章になる。二年後の総裁選で福田さんが再選をめざして立候補し、大平さんの陣営は約束が違うという。三木おろしの際、福田さんが先に首相（総裁）になる代わりに、二年で大平さんに譲るという大福密約があったとかなかったとか、取り沙汰されていたからだ。

私はその当時の話というのは直接取材していないのでわからないが、ワシントン勤務を終えて東京に帰ってからそのへんを調べてみた。その頃はもう福田政権ではなくて大平政権になっていた。大福

首相官邸にサッチャー英首相を迎えて談笑する福田首相。右端は園田直官房長官。（1977年／久保田富弘氏撮影）

密約に関った人たちといえば福田陣営は園田直さん、大平陣営は鈴木善幸さん、それに田中派の二階堂進さんで、これら幹部の間で「福田さんは二年後に大平さんに政権を譲る」という約束ができ、福田、大平の二人もそれを了承したとされている。その約束を違えて福田さんが立候補する。それで園田さんは約束が違うじゃないかといって福田さんと袂を分かつ。こういう展開になっていったわけだが、「二年」という約束は具体的にどう表現したのか。当時の総裁任期は、もともと二年だったのを三年に延ばしてあった。それを再び党則を改正して、総裁任期を二年に短縮するということをもって、福田さんが二年で辞めるということの保証にすると、こういう手続きをとったという。

そこで、私は福田さんに会った時に、「先生は本当はどういうやりとりをしたんですか」ときいてみた。福田さんによると、「だれかが『総裁任期の三年を二年にするということでいいですね』といったから、私（福田）は『とにかく総理大臣という仕事は大変だから、二年でも長いぐらいだよ』と、そういったんですよ」ということだった。二年で辞めますとは明言していない。その時点では福田さんに政権がいくかどうかもわからない、そういう状況下だから二年もやらせてくれるというのはありがたいという意味合いを込めて、二年でも長いぐらいですよ、先にやらせていただければありがたいと、こういうような趣旨の表現で「二年でも長いぐらいだといった」と言った。二年で辞めます、総裁選には出ませんというような直接的なことはいっていない。二年で辞める含みを持たせながら、しかし、二年で総裁選の再選を求めないという約束をしたわけではないというのが、福田さんの言い分のようだ。「玉虫色の決着」という表現がよくあるが、この密約問題などその典型であろう。

8

「総理でなくても仕事はできる」

——福田赳夫と四十日抗争

「天の声には時には変な声もある」

大福密約問題の具体的ないきさつは福田さんが言うようなことだったのかもしれないが、ワシントンにいる当時から「大福二年の密約」という話は、東京からたまにワシントンに来る政治家などからある程度間接的には聞いていた。それで福田政権の二年の任期切れが近づいてきて、福田さんの去就に注目していると、再選をめざして立候補するという動きになってきた。七八年秋のことである。

密約の真偽はともかく、どうなることかと思って見ていた時に、福田さんに近い人が、たまたま東京からワシントンへ来て、いっしょに食事をすることになった。するとその人は、「実は今度、はじめての予備選をやる」という。総裁選で一般党員による予備選挙をやるというのも三木さんを辞めさせる時の一つの条件になっていたものだ。三木さんは党の近代化ということを強調していたので、自分が辞める代わりに、かねてから自分が主張している総裁予備選の導入をぜひ実行してほしいと言い出した。それまでのような、国会議員だけで金のやりとりで総裁を決めるのではなくて、アメリカの大統領選挙のように、広く一般世論に近い形の、党員投票による予備選挙をやらせるということを条件として提示して、それを受け入れた福田さんの手で予備選を実施するということになっていたのである。

そういういきさつから、総裁選に福田さんが出る場合、予備選をやるというのは自然なことだったが、福田さんに近い人がワシントンに来て言ったのは、「実は党員名簿を竹下氏に取られちゃったんだ」

という話である。当時、竹下さんは自民党の国民運動本部長だった。私はそれを聞いて、もしそれが本当ならば福田さんは予備選に負けると思った。というのは、竹下さんは、佐藤政権末期の際も田中角栄さんの腹心として行動した人だ。その竹下さんが国民運動本部長として総裁選の実務を取り仕切る立場にある。本当に名簿をとられたのかどうか真偽はわからないが、そういううわさがあるというだけで、これは福田陣営に緩みがある証拠である。

それで、私は福田さんに手紙を書いた。「どういう経緯があったか存じ上げませんが、総理大臣がご自分の使命感で、再選をめざして立候補されると聞き及んでいます。これについては私が口をさしはさむべくもありませんが、今度の選挙は予備選をはじめて導入するという、いままでの総裁選とはだいぶ違った選挙になるでしょう。少なくとも国会議員だけの選挙に比べれば、実態はどうあれ、一般世論にかなり近い結果が出たという印象を与えることになるでしょう。そうなると、万に一つでも予備選で大敗するようなことがあると、いくらそれを本選挙で、国会議員の頭数で予備選の結果をひっくり返して政権を維持したとしても、その後の政治の運営には非常に難儀なことになると思われます。従って、予備選の結果次第ではありますが、万に一つでも予備選で番狂わせが生じた場合には、その後の政局を混乱させるようなことは避けた方がよいと思います」という趣旨である。

当時福田さんは、勝利を確信していたのだろうが、現実は案に相違して予備選で負けてしまった。「天の声には時には変な声もある」という発言は、その時のセリフだ。福田さんは勝てると思っていたに違いない。それがひっくり返されたのは、田中派軍団の議員や秘書団を総動員したローラー作戦にしてやられたというのが実態だろう。しかし、仮にそうであっても、予備選で負けて本選挙でひっくり返しても、やはり党内対立は深まるし、しかも二年で政権を譲るという、決してほめられる話ではないにしても当事者間の暗黙の了解のもとに大半の人たちが行動していた以上は、あまり無理なことは初めからできなかったろうと思う。

実際に福田さんは、この時も素早い決断をした。予備選の敗北後ただちに国会議員による本選挙を辞退して、パーンと辞める決意を表明した。その後、福田さんから手紙が来た。「総理でなくても仕事はできる」。これが福田さんの敗北の弁だった。いかにも福田さんらしい、いさぎよさである。福田派内では、なぜもっと粘らないのかとだいぶ不満があったようだが、福田さんとしては国政の混乱を避けたいという思いだったのだろう。国の政治や国民生活の混乱にはおかまいなしに、とにかく粘れる限りは粘るという民主党・菅直人政権とは全く対照的だ。それで福田さんは、西独のシュミット前首相らといっしょに、現職当時のサミットメンバーたちによるOBサミットを創設し、「世界のフクダ」としての活動に軸足を移していくのである。

「辞めろというのは死ねということ」

総裁予備選の圧勝を踏まえ、大平政権は一九七八年十二月、自信満々のスタートを切った。翌七九年六月には、初の東京サミットを議長として主催することになる。その直前くらいに私はワシントンから東京に戻り、再び政治部記者として日本の政治、外交の取材に取り組むことになった。サミットでは各国別の石油輸入抑制目標を決めた画期的な「東京宣言」を打ち出すなど、本格的な長期政権への歩みを始めた大平さんは、一般消費税の導入という方針を掲げて解散に打って出る姿勢を示した。サミットではイギリスのサッチャー首相らから「増税を掲げて選挙に挑むとは、大変勇気ある行動だ」と称賛されるほどだった。

こうして七九年十月七日の衆院選投開票日。当日は朝から冷たい雨が降っていた。もっとも、それだけではなくて、選挙戦の過程では「消費税」をめぐって自民党内の混乱が表面化するなど、選挙の行方は必ずしも楽観できるものではなかった。結果は当初の予想を裏切って自民党の敗北である。

大平さんは解散の目的として「安定政権を作る」ことを掲げていた。七六年の三木首相による任期満了選挙で自民党が二四九議席という敗北を喫し、政局が非常に不安定な状態になり、福田政権では解散できないまま大平政権と交代するという事態になっていたため、大平さんとしては解散して自民党の勢力を回復し、二七〇議席以上を確保する安定政権のもとで一般消費税、財政再建などの課題を着実に実現しようと選挙に打って出たのだ。ところが、三木政権下の任期満了選挙の時よりさらに一議席減らして二四八議席である。それで党内は一気に、大平辞めろと、三木さんと福田さんがいっしょになって大平おろしに発展する。それが四十日抗争である。十月七日の投開票日から十一月九日に第二次大平内閣が発足するまでまるまる四〇日間、政治は空転する事態となってしまった。

三木さんは、任期満了選挙で議席を減らしたということで退陣に追い込まれたわけだから、自分の時よりもっと議席が減ったじゃないか、これは許しがたい、大平さんが辞めるのは当然だと主張する。

福田さんのほうも予備選で不本意なやめ方をし、田中派が支える大平政権への対抗意識が強いことから、三木・福田の三福連合はあっという間に成立し、三木政権末期に幹事長の座を追われた中曽根康弘さんも大平さんに「大死一番、身を捨てるべきだ」と迫って三福側に同調して、三福中三派連合で大平退陣を求める動きとなった。

「辞めろ」「辞めない」のぶつかり合いの過程で、福田・大平会談が開かれた。福田さんが大平さんのところへ乗り込んで直談判におよんだのである。十月十七日、場所は自民党総裁室だった。これは当然のことだが大事なポイントである。大平さんは内閣総理大臣だから、大平さんに辞めろということは首相を辞めろということを意味するので、大福会談を首相官邸でやってもよいように思われがちだが、そうではない。大平さんが首相でいられるのは自民党総裁だからであり、その総裁を辞めろというのが福田さんの主張である以上、これは自民党の問題だ。従って総裁職の進退をめぐる議論を内閣つまり首相官邸でやるのは筋違いなのだ。

それが、のちの民主党政権では、党も内閣も区別がついていない。二〇一一年参院選の時に菅首相が業界団体を官邸に呼んで協力要請をしたのは、とんでもない話である。選挙活動は政党の行為だから、内閣・行政府の場を使ってはいけないのである。菅さんの進退をめぐる駆け引きでも、民主党首脳たちは官邸で談判をしていた。議院内閣制の仕組みもけじめも無視しているところに、民主党政権の混乱の一つの要因があるように思える。自民党は、その点、けんかをする時でもちゃんとそこらへんのけじめはついていた。

ところで大福の直談判はどんなやりとりだったのか。会談が終わった夜、私は福田さんにその様子を聞いてみた。

自民党総裁室で大福の二人が向き合って座り、自分の発言も相手の発言も、それぞれ互いに全部メモし合っていたという。大の男二人が言い合いをしながら自分でメモを取っている光景を想像すると滑稽にも思えるが、その場は二人の真剣勝負。福田さんが「やっぱり選挙の責任を取って辞めるべきだと思う」というと、大平さんは「福田さんからそんなことをいわれるとは思ってもいなかった」と言い返す。福田さんの考えからすると、三木さんがいっているように、総裁として一番大事なのは、解散、つまり同僚、仲間の首を切って選挙をやり、それで前よりもっと負けたという以上、上に立つものとして責任を取るべきじゃないか、それが当然だということなのだ。ところが、大平さんのほうは、福田さんも大平さんも同じ大蔵省の出身で、福田さんを先輩としてずっと尊敬してきた間柄なのだから、自分の立場もよく理解してくれているはずだ、その福田さんがよりによって自分に辞めろというとは思ってもみなかったと、こういう言い分である。

福田さんの方が、責任を取るべきだとか、けじめをつけるべきだとか抽象的な言い回しで迫っているうちに、大平さんは「それは私に辞めろといっているんですか」と、ズバリと切り込んできたという。私が福田さんに「先生はそれに対してどういったんですか」と聞いたら、「恐れ多いがね、と言ったよ」と答えた。そうしたら、大平さんは「辞めろということは、私に死ねということです」と言ったという。このやりとり、「辞めろというのは死ねということ」という大平さんのセリフは、そのまま新聞の見出しにもなった。

「力と道義の戦い」

こうして大福会談は物別れに終わり、混乱は四〇日間にも及ぶことになったが、大平さんは選挙当日の夜は、本当は辞める気だったようだ。幹事長の斎藤邦吉さんは、大平さんの代貸のような立場の人で、当夜、東京・瀬田の大平邸に行ったところ、大平さんが自分の部屋で電気もつけないでうずくまっていたという。この状況は当時の私の同僚が直接斎藤さんに聞いたことである。

斎藤さんが部屋に入ると、大平さんは背中を向けたまま、腕を組んで、暗い中でしょんぼりしていて、辞めるしかないという趣旨のことをいっていたという。それで斎藤さんは大あわてで田中角栄さんに電話をかけた。大平総理が弱気になっているから何とか励ましてやってくれと。それを聞いた田中さんはすぐさま大平さんに電話をかけ、「辞めるなんてばかなことをいうな」といって、猛烈に大平さんにネジを巻く。大平さんはそこからがぜん反撃に立ち上がる。「熱いフロの中でがまん比べだ。先に飛び出した方が負けだ」と、このころ大平さんはログセのように言って、自分で自分を励ましていた。

いつまでたっても決着がつかない。これは由々しき事態である。憲法第五四条には、「衆議院が解散された時は、解散の日から四〇日以内に、衆議院議員の総選挙を行ひ、その選挙の日から三〇日以内に、国会を召集しなければならない」と書かれている。また第七〇条では、総選挙後に最初の国会が召集された時は「内閣は総辞職をしなければならない」とある。したがってこの時点で、国会で首相の指名選挙を行うことが憲法上義務づけられている。

総選挙後の国会は特別国会と呼ばれ、選挙で選ばれた衆議院議員たちによって内閣総理大臣の指名選挙を行わなければならない。首相を選出し、その首相が閣僚を決め（組閣）、新しい体制を出発させるのだ。その趣旨からいえば、「選挙日から三〇日」の十一月六日には国会で首相指名選挙をやらなければいけない。ところが十月三十日に国会は召集したものの、党内対立が長引いて、首相指名選挙もできないし、従って新内閣も組織できない。前代未聞の大混乱である。

西村英一副総裁を中心に大平さんと福田、三木、中曽根さんとの会談など調整工作が何度か開かれたが、議論は平行線のまま、ついにタイムリミットの十一月六日を迎えてしまう。大平、田中両派を中心とする主流派は大平さんを引き続き首相候補と決めたが、反主流の三福中三派は「自民党をよくする会」を結成し、福田さんを首相候補に決め、六日の衆院本会議には自民党から大平さんと福田さんの二人の首相候補が出るという、これまた前代未聞の珍事になってしまった。

自民党は文字通り真っ二つに割れてしまったのである。この時の、衆院本会議を前にして開かれた反主流派「よくする会」の総会における三木さんの演説が、今でも私の耳に残っている。

抗争が長引くにつれて、主流・反主流の中堅幹部たちの間にはえん戦気分も出始め、「なにしろオヤジ（派閥の親分たち）は頑固だからなあ」などの愚痴めいたつぶやきも洩れていた。そんな状況下で話し始めた三木さんの声は、はじめは低く、拍子抜けするほどおとなしい感じだったが、次第に熱を帯びてくると声に力がみなぎり、そしてこう鼓舞した。「これは力と道義の戦いである。力と道義の戦い。道義が数や金の力に敗れることがあってはならない」。総選挙で議席を減らしても責任をとって辞めようとしない大平さんと、彼を支える田中派を、数の力による横暴の象徴に、そして「国民の審判の重さ」を強調して敗北の責任を追及する福田さんを道義の象徴に、それぞれくっきりと位置づけてこの異常事態の意味を描き出すレトリックの巧みさに、反主流メンバーたちの会場は一気に高揚感に包まれた。

そして衆院本会議の投票は第一回が大平一三五票、福田一二五票の一〇票差（ほかに各野党党首への投票）、第二回の決選投票は大平一三八票、福田一二一票（ほかに白票一、無効一二五票）の一七票差で、結局大平さんが首相として続投することが決まった。

それでもこれで終わらない。第二次大平内閣の閣僚、党人事をめぐってなおも対立が続き、特別国会最終日の十一月十六日になってやっと、党幹事長に桜内義雄（中曽根派）、総務会長に鈴木善幸（大平派）、政調会長に安倍晋太郎（福田派）とする党三役体制が決まって事態はひとまず収拾となった。十月七日の総選挙からちょうど四〇日だった。

しかし、事態収拾といっても、あくまで「ひとまず」だ。対立の背景には、三木さんが「力と道義の戦い」と形容したように、総選挙の敗北でいったん弱気になった大平さんを盛り立てて、三木さん、福田さんといった反主流派を数の力でけちらし、そのことでロッキード事件で傷ついた政治生命を守り通そうとする田中さんの決意があり、この四十日抗争を機に田中さんはさらに勢力拡大をめざすことになるから、抗争がいずれ再燃するのは時間の問題でもあったのである。

それが再び火を噴くのは、半年後の衆院本会議における内閣不信任案可決をめぐる反主流派の造反、そして初の衆参同日選挙と大平さんの急死、という大変動だが、それだけにとどまらず、その後の鈴木善幸内閣の「和の政治」の時代や、五年におよぶ中曽根康弘内閣の時代、そして竹下登内閣の総主流体制の時代といった安定的と思われた時代を通じて、田中派の膨張戦略が、自民党政権の底流をたえず動揺させ続ける要因ともなっていく。

反大平派の造反劇

田中さんの勢力拡大衝動の心理的背景や、勢力拡大がもたらす複雑多様な結果については次章以降で検証していきたいと思うが、さしあたって四十日抗争の第二幕、一九八〇年の造反劇をたどってみよう。

七九年十二月末にはソ連がアフガニスタンに侵攻し、これを機に八〇年二月には日本もモスクワ・オリンピックのボイコットを決めるなど、国際情勢が緊張をはらんでの年明けとなったが、国内政局の方は前年の「四十日抗争」の疲れもあって、一見おだやかな雰囲気も感じられるほどだった。

しかし、えてして大変動は小さな事柄がきっかけになって起きるものだ。この年の国内政局も、野党側が提出した新年度予算案の修正要求を大平首相が突っぱねて、与野党間に対立ムードが強まり始めたところに、ロッキード事件に関連して、自民党の浜田幸一代議士がラスベガスのトバク事件で巨額の損失を出し、その穴埋めの一部にロッキード社から小佐野賢治国際興業社主に提供された資金が使われた疑いが表面化した。これを機に、浜田氏の証人喚問を要求する野党側との対立が一挙に緊張してきた。そこへ前年の「四十日抗争」で大平・田中連合軍に押し切られた三福中の反主流三派が党改革を訴え、「刷新連盟」を結成して再び戦いのノロシを上げたので、事態は思いがけない方向に転がっていく。

なんとか新年度予算は成立したものの、五月に入って社会党をはじめとする野党側が内閣不信任を出す動きになってきた。衆院本会議で万一、自民党内の反大平陣営が造反して不信任案賛成に回るようなことになれば大変なことになるが、そのリスクをちらつかせつつ、反主流派としてはこれをテコに大平攻撃の揺さぶりをかける戦法に出たのである。

いよいよ内閣不信任案が明日五月十六日に提出されるという前夜、福田さんのお宅に行って福田さんの心境を聞いてみた。福田さんは、撃ち方止め、これ以上は無理だ、という判断だった。本会議場で戦うにしても数が足りないという見通しである。「三木さんに私はこういったんだ。三木さん、時世時節という言葉がある。状況がこれ以上好転しないというのであれば、これ以上は無理じゃないか。いったんここで立ちどまろう」と、三木さんに伝えた話を福田さんは語った。それで私も、福田さんの側近にこの点を確かめ、事態は収束に向かうという判断をした。

ところが、翌日の昼近くになって、福田派のある幹部から私に電話がかかってきた。「昨夜、これでだいたい幕引きだといったけれども、ちょっと妙な展開になってきたよ」という。「妙な展開っていいますと?」、「三木さんが朝から衆議院第一議員会館の会議室に立てこもって、三木派だけでなくいろんな人を呼びこんで、ネジを巻いている。ひょっとしたらひょっとするかもしれない」。

すぐに担当記者数人を、国会議事堂と通りをはさんだ向い側にある第一議員会館の会議室に走らせると、たしかに人の出入りがせわしい。夕方の四時すぎぐらいになると、福田さんもその会議室に入る。その時はまだ福田さんも、まさか本会議のベルが予定通りに鳴るとは思っていなかったようだ。ところが国会議事堂の中の衆院本会議場では本会議開会を予告する予鈴のベルが鳴り響いた。

ふつう、本会議がセットされているときでも、与野党折衝が難航しているような時は予鈴のベルを鳴らさず、本会議も当面開かれないわけだが、今はその予鈴が鳴っている。それで、「おいおい、これは何だ」と、反主流派の人たちは騒然となる。予鈴というのは本会議開催の一〇分前に鳴らして、それで本会議がはじまる。あらかじめ皆さん議場に入ってくださいと知らせるのが予鈴だ。「おい、予鈴が鳴っているぞ」と、メンバーのだれかが議長室のほうに電話し、予鈴は鳴らしたけれど、そのまま本会議を開くかどうかはまた別問題だというような話も飛びかったが、そのうち予定の午後五時、本当に本会議が始まってしまった。

福田派の森喜朗さん(のち首相)が青い顔をして、本会議場へ駆け込んでくる。国会内の廊下でばったり出会ったので、「どうしたんですか」と聞くと、「安倍晋太郎さん(福田派幹部)はじめ派内の何人かが、本会議場へ入っている。それを呼び戻せという指令が出たから呼びに来たんだ」という。そのうち本会議場に入っていた安倍さんらが呼び戻されて、「どうなっているんだ、おいおい」といいながら、みんな三木さんら反主流派メンバーが立てこもっているところへぞろぞろ戻っていった。逆に議員会館で三木さん、福田さんらといっしょにいた中曽根さんは反主流派集会の部屋を出て、本会議場に入る。こうして本会議場のトビラが閉まり、内閣不信任案の採決である。三木さん、福田さんら造反組六九名が欠席したため、不信任案は賛成二四三票、反対一八七票で可決になってしまった。

「あの大平の顔は死に顔じゃないか」

憲法第六九条は、衆議院で内閣不信任案が可決された場合、あるいは信任案が否決された場合、内閣は一〇日以内に衆議院を解散して民意を問い直すか、そうでなければ総辞職しなければならないと定めている。前年秋に解散・総選挙をやって「四十日抗争」という大混乱を招いたばかりだから、わずか半年でもう一度解散という選択はなかろう、大平さんは総辞職するに違いないと思われていた。不信任案を提出した野党側も、まさか可決されるとは考えてもいなかったので、自民党内の造反で可決となったことですっかり泡食って、こんなはずじゃないとあわてていたが、それでもまだ解散はないだろうという見方が与野党ともに大勢を占めていた。

ところが大平さんは解散に打って出る。自民党職員で幹事長室長などを務めた奥島貞雄さんの著書『自民党幹事長室の三〇年』によると、大平さんはこの時、本会議場から幹事長室に移ると、居合わせた桜内幹事長に、即座に「解散します」と決意を伝えたという。ほぼ同じ頃、田中派サイドの取材では、田中さんが「ダブルだ、ダブルだ」とまくしたてていたというから、大平さんはあらかじめ田

衆参同日選挙の出陣式で満身の力をこめて演説する大平正芳首相。このあと夜に入って心臓発作で緊急入院、そして帰らぬ人となった。（自民党本部、1980 年 5 月／久保田富弘氏撮影）。

中さんと「不信任案可決ならただちに解散」と決めていたのかもしれない。あるいは、本会議を有無をいわせず予定時刻に開会するというやり方も、初めから反主流派を欠席・造反に追い込んで「不信任案可決―解散」というシナリオに突き進む筋書きだったとも考えられる。

この年、六月には、三年に一回の参議院選挙が予定されていた。衆院の解散・総選挙を、投票日をその参院選とぶつけ、初の衆参同日選挙に持ち込むというのが、田中・大平サイドの設定だ。造反組を公認するかどうかをめぐっても大騒動が繰り広げられたあげく、ひとまず全員公認の手打ちができて、まず参院選の公示日、五月三十日を迎える。

選挙戦のスタート、大平首相の第一声は自民党本部の庭だった。私は党本部前で大平さんの演説を聞いたが、あんなにすさまじい大平さんの声を聞いたのははじめてである。ものすごい大声で、絶叫していた。それから意気揚々と、私にはその時そう見えたのだが、大平さんは選挙カーに乗って遊説に出かけて行った。その日の夜である、大平さんが倒れたという連絡が入ってきた。虎ノ門病院に緊急入院したという。

私たち報道陣は大平さんがあまりに高ぶったようすでふだんと違うなと、少し違和感を覚えただけだったが、前述の奥島さんの本によると、実情は以下のようだったという。午前中の遊説を終えて党本部に帰ってきた大平さんは、総裁応接室で用意してあったソバを食べるようすを報道カメラマンたちに写させたが、形だけソバを食べているふりをしたものの、記者たちが部屋を出ていくとそれ以上口をつけず、桜内幹事長らに「ちょっと失礼します」といって上着もズボンも脱いで、ステテコ姿で

「ああ疲れた」と、ドサリとソファーに横たわってしまったという。やがて午後の遊説に出ていく大平さん。その顔を見た田村元さんという代議士が「おい、あの大平の顔は何だ。死に顔じゃないか」と大声で叫んだ光景を、奥島さんは目撃していた。

第一報をつかんだのは共同通信だったようだ。虎ノ門病院は東京・虎ノ門にあるが、共同通信の社屋は当時そのすぐそばにあった。なんだか車の出入りが頻繁で、だれか重要人物が入院したらしい、と異変に気がついたといわれている。それまでは発表もなく、また入院してからも表向きは「過労で倒れただけで大丈夫だ、大丈夫だ」の一点張りで、一〇日ほどたってから、大平さんが浴衣か丹前のようなものを着てベッドの上で笑っている写真が配られたりした。その直後、六月十二日の早朝。大平さんが急死された。

一〇日後に迫った投票日を前に、思ってもみなかった大きな悲劇に見舞われ、自民党内は沈痛な空気に包まれたが、六月二十二日の選挙結果は意外にも衆院選、参院選とも自民党の大勝利。衆院は二八四議席、参院は当選六九議席で非改選を合わせて一三五議席、衆参両院とも絶対的とも呼べる安定多数を確保した。

大平さんは、自らの死を以て、念願の安定多数の回復を実現したともいえるが、それにしてもここに至る権力闘争のすさまじさも尋常ではない。とくに、かねが ね野党との「部分連合」(パーシャル連合)を唱えたり、政権構想の柱に「田園都市構想」を掲げ、読書家としても知られるなど、穏健な人柄と思われていた大平さんが、まるで何かに取りつかれたかのように強気一辺倒の政局運営に走ったのはなぜなのか。

　初の総裁予備選を数の力で勝って政権を握り、衆院選の敗北が招いた「四十日抗争」をこれまた田中さんの支援で乗り切った経験から、強気で突き進めば勝てると信じるに至ったのかも知れないが、それに伴う精神的負担、ストレスに肉体の方が耐え切れなかったのだろう。「無理押しは二度まで。三度はだめでしゅよ」と、修羅場続きの政界を生き抜いた岸さんが口ぐせにしていた言葉を、その時改めて思い起こした。

9 「メジロがあんまり高いところで」

——竹下、金丸とニューリーダーの会

「ニューリーダーの会」誕生秘話

自民党の思いもよらぬ大勝利で、それまでの党内対立はいったい何だったのかと首をひねりたくなるくらいに局面は一変して、鈴木善幸さんの「和の政治」の時代を迎える。そして鈴木さんのあとの中曽根康弘さんの内閣は五年におよび、自民党政権は再び安定を取り戻したかのように思えるほどだった。

しかし、角福(田中・福田)戦争や大角(大平・田中連合)対三福(三木・福田)連合の抗争といった、佐藤以後の三角大福中の権力闘争の時代を通じて、実はもうひとつ、水面下で新しい波乱の芽も次第にふくらみつつあった。それは竹下登、金丸信、あるいは安倍晋太郎という、次世代の人たちのあいだで、怨念の政治はもうたくさんだ、ポスト佐藤の田中、三木、福田、大平といった人たちの戦いで怨念の一〇年がつづき、とうとう大平さんの死にまで至ってしまった、もう怨念の政治はやめよう、若い次の世代が政権を担うようにしようじゃないかという、世代交代への胎動が密かに進行していたことである。

この動きの舞台回しをつとめたのは玉置和郎さんという参議院議員で、宗教政治研究会という、いわゆる新宗教に関わりのある議員連盟を主宰していた人である。仏教や神道、キリスト教などの既存の宗教とは別の、さまざまな新宗教の団体との友好関係を強化するのが目的とされていたが、要するにそれらの団体の集票能力や資金を期待していたのだ。玉置さんの呼びかけで、この議員連盟には、田中派では金丸さんや竹下さん、福田派では安倍さん、三木派からは河本敏夫さんといった、各派閥の「次」を担う人たちが参加して、既成派閥の親分たちとは一線を画し、若い世代がみんなで競いあって、怨念ではなく政策中心の勉強をしていこうという動きだ。七九年末の四十日抗争の前後からこういう気運が高まり始めていた。

私は各派閥のそういう人たちとのつきあいもあったし、玉置和郎さんもよく知っていたので、そうした水面下の取材もしていたが、ある日玉置さんと雑談していると、「怨念政治から訣別して新しい世代の政治家を育てる運動をやろうと思っているんだ。派閥横断的なグループを作りたいんだが、何かいい名称はないかなあ」と相談を受けた。私が「ニューリーダーの会なんていうのはどうですか」といったら、「それはいいな、それでやろう」といって、あっさり「ニューリーダーの会」発足が決まってしまった。次の若い世代のリーダー、英語で厳密にいうなら「leaders of new generation」だろうが、これだと長すぎるので、そんな英語はないのだろうが玉置さんと「new leader」という名前をつけたわけで、これは私の造語だ。

この話をした時は大平さんがまだ存命中で、八〇年五月末、分裂選挙のさなかだった。三木派、福田派の造反組は、一応自民党公認にはなっているが、実態は党内は真っ二つに割れたまま解散・総選挙に突入しているのだから、六月二十二日の衆参同日選挙では、保守票は割れていずれ政界再編になっていく可能性がある。そういう想定のもとに、この次世代の人たちは、来るべき新たな混乱した局面の中での中核になろうというつもりで動きだしたのだ。

そして、彼らが集まってその意志を確認したのが六月十日。私がこの動きを報道したのは翌十一日である。ところがなんとその翌日、六月十二日に入院中だった大平さんが突然死去してしまった。どうなることかとかたずをのんでいたら、六月二十二日の同日ダブル選挙で自民党は圧勝である。こうなるともう、若い世代が政治の前面に出てくる余地もないまま、つまり、世代交代をはかるまでもなく、鈴木さんの「和の政治」誕生で「怨念の政治からの訣別」が実現して、自民党の中が丸く治まってしまった。ということで、この動きは一回、立ち消えになってしまった。

ただ、不発に終わったとはいえ、これを境に各派閥とも内部で世代交代への機運が高まり出し、旧世代との隠微な確執も強まっていく。とくに最大派閥の田中派で、この内部矛盾の圧力が顕著だった。当時、田中派では、次といえば竹下さんということになるが、田中さんは、竹下なんてまだ一〇年早いとか、竹下はまだ雑巾がけが足りないとかいうようなことをいい、竹下さんの方もまた、ストレートな表現で怨念政治批判もしにくいから、「歌手一年、総理二年の使い捨て」、と、冗談めかして政局不安定の実情を批判する発言をしていた。

盤石と思われた田中さんの政権も二年、三木さんも福田さんもだいたい二年、大平さんは一年半余りで非業の死といったぐあいに、みんな志なかばで短命に終わっている。総理大臣のポストも歌手並みの使い捨て時代だという冷やかしである。それから竹下さん自身は「一〇年たったら竹下さん」というズンドコ節の替え歌で、まだまだ辛抱しなければ、しかし諦めはしないぞ、という自嘲と執念を込めたざれ歌を歌って、じっとがまんの日々を送る形になっていたのである。せっかく「ニューリーダーの会」で頭を出そうかと思ったら、選挙で自民党が勝ってしまったのでいったん首を引っ込めてしまったが、田中支配にたいする内紛の芽というか、分裂の胎動は、このころの時期から始まっていたのだ。

もっともこのころは、まだ竹下さんが自民党内の一番手として名乗りをあげるというところまでは行っていなくて、むしろ一番可能性があると思われていたのが河本敏夫さんだった。三木派の代貸で、またニューリーダーたちの間では一番年を食っていたこともあり、加えて河本さんは日本大学の出身で、日大の卒業生は非常に数が多く、全国に散らばっているから、党員による総裁予備選をやれば河本さんが一番有利になるのではないかというようなことも想定されていた。そんなわけで、「ニューリーダー政権」構想はつぶれはしたものの、河本さんを台風の目に想定するような形をとりながら、とくに田中派内で陰に陽に世代間戦争が進行していくことになる。

田中派の膨張と「旗本組」の不満

それはともかく、鈴木内閣、中曽根内閣を通じて、田中派は表向きは膨張の一途をたどる。刑事被告人の立場にいる田中さんは、どうやって数を増やしていったのか。手っとり早いのは、よその派閥から引き抜いてくることだった。当時はさまざまな中間的な派閥がまだいくつか残っていた。椎名派、水田派、船田派など、二、三〇人単位のグループである。こういう中間派の人たちをどんどん田中派に吸収していって、派閥の規模を拡大するという手法だ。それにはもちろんお金も配ったろうが、内閣改造のたびに他派閥から田中派に入った、いわば外様のメンバーを優先的に大臣や党役員に据えるという、いわゆるポストの配分、これも効果的だったろう。田中派に入れば有利なポストが得られるという宣伝、それが一つの田中派のブランド力になるのだ。こうして、最初は五、六〇人だった田中派はやがて、百二、三十人にもおよぶ膨大な巨大派閥になっていく。

当時、田中派の人たちは自分たちのことを、われわれは総合病院だ、あるいは総合商社だといっていた。派閥というのは何で必要かというと、まず第一に、当時の中選挙区制のもとでは当選するために必要な、非常に強固な支援組織だからである。

中選挙区というのは、一つの選挙区から四人とか五人が当選する仕組みだ。政党が政権を取るためには一つの選挙区から、最低でも二、三人、自民党なら自民党の人が当選することが必要になる。同じ政党から複数が当選するためには、単に党の公認をもらっただけでは当選できない。同じ政党の候補者同士が競り合って互いに当選するか、あるいは相手を蹴落として当選するしかない。そこで派閥が選挙の互助組織として自分たちの系列の候補者を応援する。同士討ちで落ちる人もいるが、同士討ちをやることによって、逆に票の掘り起こしや拡大が可能になっていくのである。それぞれの候補者がみんな自分の票を拡大しようと思って、それまで手のつけられなかった分野にどんどん支持を広げていく努力をする。そういうことによって自民党全体の活力も生まれてくる。それは各派閥が競いあうからそういうことになるわけで、これが派閥対立というよくない現象を生むことになると同時に、自民党の活力のもと、エネルギー源にもなったということである。

では、中選挙区制のもとで候補者が対立しあいながら票を拡大していくためにはどうすればいいのか。地元の陳情をうまくさばくことがまず第一である。あの先生に頼めばちゃんと口をきいてくれる、利益を誘導してくれるとなると、その見返りが票につながる。一人の候補者、あるいは自民党議員が何もかも陳情処理をできるわけではないので、厚生族とか商工族とかいわれるそれぞれの専門分野にたけた派閥の仲間に相談して、手を貸してもらう必要がある。派閥の人数が多ければ多いほど、お互いの相互扶助的な力が発揮できる。ある意味ではスケールメリットというか、規模の大きさがメリットとして生きてくることになる。商社にたとえれば、総合商社で鉄の買い付けや売り込みに長けている人もいれば、逆に石油のほうが得意な人とか、いろいろあるだろう。そういう各専門の族議員たちが田中派という一つ屋根のもとにいて、そこに加われば陳情処理が容易になる。こうして仲間がどんどんふえて、自己増殖的に規模が拡大していくことになる。

こういうとよいことづくめのように思えるが、ものごとには表もあれば裏もある。たとえば閣僚や、党役員のポストを配分するといっても、ポストには限りがある。そうすると、外様の人を田中派に引き入れるためのエサとして外様を優遇していいポストにつけるということは、逆に、もともとのオリジナルメンバー、いわば旗本の連中からすると、いつまでたってもいい役につけないという不満が出てくる。経済学的にいえば限界効用逓減の法則ともいうべき逆転現象である。スケールメリットだったものが、ある臨界点まで達すると逆にスケールデメリットになってしまう。

田中さんは自分の裁判という不利な状況を克服するためにどんどん派閥を拡大し、仲間を増やして政治力を強めていく。それは田中さんにとってはいいかもしれないけれど、田中さんを最初から担いできた竹下さんや金丸さんといった旗本組は冷や飯ばっかりだと、不満がつのってくる。竹下さんたちの間で、「籠に乗る人、担ぐ人、そのまた草鞋を作る人」といったボヤキがはやりだした。田中さんは籠に乗っていいかも知れないけれども、我々はそれを担ぐだけ、それどころか担ぐ人たちの足元の草鞋作りばかりで、いつまでたってもいい目をみられない。田中派の膨張と同時に、一方でそういう不満が強まってくるのである。

それが最終的には田中派分裂に至ることになるわけだが、そこに至らない段階でも、あわやというクーデター未遂のような事態も起きてくる。中曽根内閣時代のことである。

「二階堂擁立劇」の失敗

鈴木さんの後、田中さんの後押しで中曽根政権が生まれるが、それから二年たって総裁再選の時期を迎える。田中さんは中曽根さんを再選させるつもりである。中曽根派それ自体は四〇人か五〇人ぐらいの中規模の派閥だから、それを田中派が支えて再選を果たさせれば田中さんの政治的威力をみせつけることができる。田中さんが味方についた政権が勝つという田中神話を確立させるには、ぜひとも中曽根再選が必要ということになるのだ。これに待ったをかけようという動き、二階堂擁立劇が、ここに突如浮上してくる。八四年十月のことである。

当時私は野党、つまり自民党でない非自民勢力の取材が中心で、労働界を含めた自民党以外の政治勢力の取材を担当していた。八四年十月二十四日に、京都・宝ヶ池の国際会議場を借りて自動車総連という自動車産業の労働組合の大会があって、そこに当時の野党の党首あるいは幹部が行って激励の挨拶をすることになった。

公明党からは矢野絢也書記長、民社党からは佐々木良作委員長で、私は公明党の矢野さんが京都に行くというから、新幹線の中で最近の状況についていろいろ話を聞かせてもらおうと思って、いっしょに行くことにした。当時は田中議員辞職勧告決議案をどうするかが一つの焦点になっていた。田中被告は前年十月に懲役四年の実刑判決を受けたが、同年末の衆院選で二二万票という大量得票で当選を果たし、田中派の勢力拡大につとめていた。これに対して野党側は辞職勧告決議案を出して政権を揺さぶろうとしていて、これをどうさばくかが問題になっていた頃だった。

東京駅で矢野さんが乗る予定の新幹線のホームに行くと、たまたま新自由クラブの山口敏夫さん(当時、衆院議院運営委員長)とばったり会った。「どこへ行くんだ」と聞くので、「矢野さんといっしょに京都へ行くんですよ」というと、「僕も行くところだ」という。山口さんの切符は私たちの新幹線より一本早い列車だったが、矢野さんが行くならいっしょに行こうかということで一本遅らせ、そのうち矢野さんも来たので、じゃあ行きましょうとなった。そこへ佐々木良作さん(民社党委員長)も同じ新幹線ということで合流し、はからずも民社党委員長佐々木良作、公明党書記長矢野絢也、それから新自由クラブ山口敏夫の三氏といっしょに新幹線に乗り込むことになった。

新自由クラブは、あの時は自民党と連立を組んでいて、山口さんは議院運営委員長として、辞職勧告決議案を何とか自民党に有利な形でさばいて、それを手みやげに、中曽根さんが再選された場合の内閣改造で入閣したいと狙っているところだった。それで決議案の処理の仕方について野党側と内密に相談したいと考えていたのだろう、絶好のチャンスと思ったらしく、新幹線に乗って、四人で向かい合わせに座るなり、早速、「辞職勧告決議案だけれど、僕にいい案があるので、それで何とかならないかな」と説明しかけた。そうしたらいきなり矢野さんが、「おい、珍念、お前の入閣はないよ」とニヤリと笑った。珍念というのは、山口さんが小柄なので、テレビ時代劇の小柄なおどけ役からつけたあだ名である。山口さんはびっくりして、「ええっ、そんな言い方はないでしょう、俺だって傷つくよなあ」と苦笑する。山口さんは柄は小さいが、心臓が強いことでは有名だった。その山口さんも、矢野さんからいきなり「お前の入閣はないよ」と自信たっぷりに断言されて面くらってしまい、あとの言葉が続かなくなってしまったのだ。

すると、矢野さんは話題を変えて、私に向かって、「今朝の『読売新聞』のあの記事は面白いね」と、二度も三度もいう。私は一瞬何のことかわからず「何が載っていましたかね」と戸惑っていると、矢野さんは「一面の左側に載っていた記事さ」と意味ありげに笑う。そういえば田中元首相が中曽根再選を支持する意向を示したという記事が、その朝の『読売新聞』に載っていたのを思い出した。前日に「田中元首相が金丸、小沢辰男両氏を呼んで、次の総裁選では田中派内から独自候補は出さない、中曽根氏を支持するといった」という記事である。当時、私は自民党を担当していなかったので、その記事がなんでそんなに面白いのかと、あまりぴんとこなかった。そのあとはとりとめない雑談をしているうちに、いつのまにか矢野さんが席を移って、佐々木良作さんと二人でずっとひそひそしゃべり合っていた。

やがて、京都に着き、自動車総連の大会に行って、そこで三人がそれぞれ挨拶のスピーチをするのを、私は取材していた。すると、あいさつを終えて席に戻った矢野さんが急に「東京に帰るよ」と私の肩をポンと叩く。矢野さんは事前に「今日は大会が終わったら東大阪の自分の選挙区に帰る。たまには家へ帰るんだ」といっていたので、「あれ、こっちに泊まるんじゃないんですか」と聞き返すと、「いや、ちょっと用事ができたんだ、いっしょに帰るならそうしようか」という。妙な展開になったなと首をひねりながら私も矢野さんにくっついて新幹線に飛び乗って、東京に向かった。「なんで急に帰るの」と聞いても、「竹入委員長に相談しなきゃならないことがあるんだ」というだけで、具体的な用件は何もいわない。それが何だったのか、あとでわかってびっくり仰天だった。

前総理大臣の鈴木善幸さんが中国の北京に行っていたが、その鈴木さんが出先の北京から、「計画が漏れてつぶれた」と連絡してきたのがその日だったのだ。計画とは、当時の自民党幹事長の二階堂進さんを、中曽根さんの対抗馬として総裁候補に担ぐという秘密工作だ。鈴木善幸さんもいっしょになって、公明、民社両党を巻き込んでずっと極秘に進めていた「二階堂擁立構想」が、田中さんの耳に入って、大騒動になりかかっているということで、その対応を話し合うため矢野さんは竹入さんに突然呼び戻されたというのが真相だった。矢野さんが興味をもった朝刊の記事で、田中さんが「田中派内から独自候補を出さないと述べた」というのは、田中さんは二階堂さんの擁立は認めないという意味だと、敏感に読み取ったからだったのだろう。

騒ぎが表沙汰になったのは十月二十七日である。この日、二階堂さんが「俺は総裁選に出るぞ」と、田中さんのところに直談判にいき、田中さんが、「二階堂君、それだけはちょっと待ってくれ」と必死になって押しとどめる場面があり、田中派内は大荒れになった。結局、その構想はつぶれたわけだが、二階堂さんといえば田中さんの腹心中の腹心。その人が田中さんの意向に反して総裁選出馬を決意し、野党を巻き込んで、しかも鈴木前首相も加わって立ち上がろうとしたことは、田中支配がどんどん強まってくることにたいして、これでいいのかという不満が政界の中でいかに強まっていたかを示す象徴的な出来事だったといえる。

八〇年以後、鈴木善幸さんのもとでの「和の政治」、その次の、中曽根さんを頂点にして各派みんながお互いに協力しあうという総主流体制で、表面的には自民党政治は安定しているように見えながら、一方では田中支配がどんどん強まっていき、それに対する不満が火山のマグマのようにぶすぶすとたまってついに火を噴いた、その一つが二階堂擁立劇だったといえる。

坂田衆議院議長誕生の裏で

一番最初はニューリーダーの試み、それに続く、八四年の二階堂擁立劇、さらにその延長線としてついに、八五年一月二十七日に、竹下さんの創政会旗揚げという田中派分裂騒動へと発展していくことになる。私は八四年十月の時点では野党を担当していたが、年が明けて八五年に自民党担当取材班のキャップになったばかりの時に、この分裂騒ぎにぶつかった。

当時問題になっていたのは、衆議院議長の福永健司さんの進退だった。高齢であったことと、病後で足元がおぼつかなくなったことなどから、福永さんが通常国会を議長として務められるかが懸念されていた。自民党内では福永さんに議長を辞めてもらおうという動きが出てきた一方、福永さん本人は十分やれると頑張って、辞めさせたい自民党内の大半と、辞めたくない福永さんの綱引きになったのだ。

その時、金丸信幹事長が、福永さんが議長として務まるかどうかテストしようと言い出し、通常国会がはじまる直前に予行練習をやることになった。

通常国会がはじまる時には初日に開会式がある。天皇陛下を参議院本会議場にお迎えして、国会を召集する旨の天皇陛下のお言葉がある。その天皇陛下がお読みになる国会召集の詔書を、議長は階段を登っていって天皇陛下に渡すが、その時、陛下に背中を向けてはいけない決まりになっているので、あとは前を向いたまま階段を降りてこなければならない。それがきちんとできるかどうか。恐らく無理だろうということは承知のうえで、本人にそのことを納得させるため、開会式前々日に福永さんにそれをやらせたのだ。

福永さんは案の定、後ろ向きに階段を二、三歩降りたところでちょっと足を踏みはずした。必死にこらえてころびはしなかったので、福永さん自身はこれで乗り切ったと思ったようだったが、かたずをのんで見守っていた人たちは、よろけた福永さんを見て、やっぱりだめだったと判断した。その日の晩、福永さんは埼玉県・大宮（さいたま市）の家に帰ったが、党内の総意として福永さんに辞任の引導を渡すため使者が送られ、結局、翌日、福永さんに辞表を出させ、議長辞任が決まった。

問題は、次の議長をだれにするかである。この後任人事が私たちの取材競争になった。夜に入って一斉に「後任議長に井出一太郎氏」という情報が入ってきた。井出さんは三木派の長老で、三木内閣では官房長官を務めた人だ。温厚な人柄で信頼感もある人だから議長候補になっても不思議はない。

さまざまなルートで取材しても、みな井出氏だという情報ばかりである。金丸さんも井出さんだといっている、竹下さんもそうだといっている、となればもう後任議長は井出氏で決まりと考えてもよさそうだった。

でも、なぜか私には腑に落ちない点があった。なぜ井出さんなのか。井出さんはもちろん議長として申し分のない人だとは思うけれども、三木派の幹部、それも最も三木さんの信頼の厚い人である。

三木派と犬猿の仲の田中派の幹部たちが、なぜ三木派の井出さんを支持するのだろうか。田中角栄さん本人は何と言っているのか。当時の勢力図からいえば、田中さんがうんといわなければできないはずだ。で、田中派担当記者に田中さん本人にたしかめさせたところ、田中さんは後任議長候補として中曽根派の長老の名前を挙げたという。田中さん本人は井出さんといわない。田中さん、中曽根さんは中曽根派の長老の名前を挙げているのに、田中派の金丸、竹下さんらが口をそろえて井出さんといっているのは、どういうことだろう。何か事情がありそうだ、これは迂闊に井出さんで決まりとはいかないぞ。

そうはいっても、締切時間が迫ってくる。いつまでも腕を組んで思案しているわけにはいかない。思い切って大平派に属している旧知の政治家に電話をかけて、後任議長はだれになりそうかときいたら、やはり「それは井出さんだよ」という。そこで「なんで井出さんなんですか」と聞いたら、「それは手形ですよ」という。「手形って、何のことですか」と聞き返すと、「竹下さんが遠からず謀反を起こす。いずれ総裁選に出るのだろう。その時に河本さんが連動して世代交代の流れを作る。そういう話が進んでいるのさ。その裏づけとして、三木派の重鎮である井出さんを田中派の、竹下・金丸ラインが推して議長に据えると、そういうことですよ」と。

耳を疑うような話だが、そうか、なるほどそれで彼等が井出さんの名前を口にしていたのか。井出議長説の背景事情はわかった。

だが待てよ。それで井出さんが本当に議長になるのだろうか。むしろ逆かもしれない。竹下さんの謀反の動きが本当であれば、それに連動した井出擁立を絶対に田中さんは許さないだろう。そうすると井出さんと中曽根派長老のどちらでも収拾がつかなくなって、結局、第三の別の候補に議長ポストが回ってくるに違いない。

ということでもう一度取材をし直してみると、中間派の坂田道太さんの名前が浮かんできた。坂田さんは無色透明みたいな人で、田中さんとも仲は悪くない。井出さんを推している竹下・金丸さんのラインも、坂田さんなら妥協の余地があるだろう。そういうことで、『読売新聞』は「後任議長に井出・坂田氏の名前」という見出しを立てた。翌朝、坂田さんの議員宿舎へ私の仲間の記者を取材に行かせたら、坂田さんは腕立て伏せをやっていたという。毎日の日課だったのか、議長就任に備えた体力づくりだったのか、坂田さんは何も言わなかったが、記者が取材に来たのに驚かなかったところをみると、坂田さんのほうには事前にだれかから情報が入っていたことは間違いなさそうだ。そして結果は「坂田議長」だった。『読売新聞』以外はすべて井出さんを見出しにしていた。

この話は私の自慢をするために紹介したわけではなくて、政治は作用と反作用の世界、つまり、思惑と思惑がぶつかり合って複合作用を起こし、どちらの主張とも異なる第三の結論が生まれることがある、そういう流動的な世界だということを示す一つの象徴的な出来事だと思ったからである。世の中ではしばしば、陰謀説や黒幕説があって、これこれの結果が生まれたのは裏でこれこれの悪徳政治家が筋書きを書いているからだというような解説があるが、大体は間違いと考えてよいだろう。たしかに悪徳政治家もいるし黒幕的存在もいるが、その人たちが何かをたくらんだとしても必ずしもその通りになるわけではない。それに反対する別の黒幕的存在もいるだろうし、善意であれ悪意であれ、異なる思惑で動く人たちがいる。それら双方の意志や利害がぶつかり合い、その衝突の中から、双方が納得して妥協が生まれることもあるし、双方とも予想していなかった新たな展開が発生することもある。

あるいは、もっと裏の裏を読むと、表向きぶつかり合っているようにみえても、裏では手を握り合っていることだってある。自民党一党優位体制のもとでの五五年体制と呼ばれた与野党対決型国会では、自民党の強行採決がしばしば行われ、社会党はじめ野党側が「数を頼んだ暴挙」と批判するのが常だったが、実態は、これ以上の反対は無理と判断した野党側が自民党に対して、世間から妥協したと批判されないよう「強行採決で押し切ってくれ」と頼んでいたというケースが少なからずあった。

竹下・創政会の旗揚げ

話が脇道にそれたが、福永議長が辞めるか辞めないか、年末から年明けにかけて一つの大きな取材合戦の山だったテーマが「坂田議長」の登場でようやく一段落して、私たち取材グループも久しぶりにくつろいだ気分になった。しかし、そんな時が一番危ない。何か別の、新たな動きが起きているかもしれない。それで夜、田中派担当記者に竹下さん、金丸さんのところに取材に行くよう指示して、いやな顔をされたことを思い出す。しぶしぶ夜回り取材に行かせたもののこれといった動きはつかめず、若手記者に対してすまない思いもしたが、なんと実はその日だったのである。竹下、金丸さんら数十人が築地の料亭に集まり、新しい竹下グループの結成を誓い合っていたのだった。竹下さんはその時、ズンドコ節の替え歌「一〇年たったら竹下さん」の歌を歌ったと伝えられている。

その晩は竹下グループの密会は私たちの取材の網にかからなかったが、一月二十七日のことだ。たぶん日曜日だったと思うが、竹下さんが京都に行って、帰ってから東京・目白の田中邸に行き、田中角栄さんに、自分も派内有志といっしょに勉強会をはじめたいと、グループ作りについて了解を求める、つまり仁義を切りに行ったのだ。田中さんは、「勉強会か、勉強会ならいいけれども」と、不快な表情で答えたといわれている。たまたま偶然だが、その夜、私の取材グループの田中派担当記者が、田中派のある幹部の家に遊びに行っていた。そこに竹下さんから、「いま、目白へ行ってきた。一応仁義を切ってきたよ」という電話があったのだ。

私たちは前述のような福永後継議長選びをめぐるいきさつで、竹下グループ結成の動きはうすうすわかっていたので、ついに始まったかと緊張したが、さてどれくらいの扱いの記事にすべきか。本当に田中派分裂に直結する話なら一面トップだろうが、竹下さんの性格からみて一気にそこまでいかないだろう。当面は政策勉強会とかあいまいな形をとるだろうから、いきなり竹下派結成とか、田中派分裂などと先走った書き方をすると、結果的に勇み足になるかもしれない。それで一面のフロントページではなくて、二面のトップ記事にとどめることにした。

さあ、翌日、一月二十七日から自民党内は大騒ぎである。表向きは政策勉強会だが、竹下さん側は早々と「創政会」という名称を決め、事実上の竹下グループの旗揚げとなった。はっきりと田中派に亀裂が入ったのである。

田中さんは、初めは竹下グループについてしきりに「同心円だ」といっていた。田中派というのは割れない、田中派という一つの円の中で同心円的に、つまり上下でもないし、別分かれでもなく、同じグループの中の一つの集まりにすぎない、自分としてはそんな驚いてはいないと力説していたが、二月七日に「創政会」の旗揚げが決まり、派内の対立は決定的となる。

二月七日の旗揚げ当日に四〇人集まるかどうかというのが最初の関門だ。なぜかというと、当時、総裁選に立候補するための推薦人は五〇人だった。だからできれば五〇人は確保したい。しかし、最低でも四〇人確保できれば、あと一〇人くらいはなんとか追加の可能性が出てくる。

というのは、当時、田中派は衆参両院議員を合わせて一二〇人ぐらいいたが、一月末の秘密会合で竹下グループの結成を申し合わせた時の入会届けには、八三人が署名していた。その後田中さんサイドから、そんなグループに参加したらお前は次の選挙で落っこちるぞとか、いろいろな圧力がかかり、尻ごみをする人も出ていたので、二月七日の当日に実際何人が集まるのかが焦点となったのである。

こうして前夜の二月六日は、竹下グループと田中さんの側近らとの間で、メンバーの激しい争奪戦となった。竹下創政会側は赤坂プリンスホテルの部屋に集結して、陣固めに入る。橋本龍太郎、小渕恵三、小沢一郎、羽田孜、渡部恒三、梶山静六といった田中派の中堅幹部、それも生粋の田中派育ち、いってみれば旗本組がズラリと勢ぞろいした。まだ当選二回ぐらいだった野中広務さんも加わって、二月七日、きっかり四〇人が参加して竹下創政会が正式に発足する。八〇年の不発に終わった「ニューリーダーの会」構想、福永議長辞任に伴う井出議長構想などでくすぶり続けていた田中派内の世代戦争が、ついに火を噴いたのだ。二階堂擁立劇で田中さんの心胆を寒くさせた二階堂さんは、この時は反竹下陣営の田中さん側に回ったが、この争奪戦を機に田中さんは怒りにふるえ、毎日朝からウィスキーの水割りをがぶ飲みするようになる。そして二〇日後の二月二十七日、田中さんは脳卒中で倒れてしまうのである。

田中派のスケールデメリット

「田中氏倒れる」という予想もしなかった展開に、さすがに田中派内も一時休戦ムードになり、たくさんのメンバーが入れ替り立ち替り、入院先の東京逓信病院に詰めかけた。そんな折り、田中さんの娘の田中真紀子さんが、金丸さんに、「派内に不満があるんだったら、何でももっと早くいってくれないのよ。勉強会なら勉強会で、お父さんだっていっしょに仲よくやっただろうし、もっと上手なやり方があったはずなのに、なんでこそこそ隠れてやるのよ」と食ってかかるひと幕があったという。その時、金丸さんがいったせりふが、「メジロがあんまり高いところにとまっているんで、声もかけにくいしな」である。鳥のメジロと、目白の田中邸とかけて、田中さんがあまり高いところ（メンバーたちから離れた遠いところ）にいるから意思疎通をしたくてもできないのだという言い分だ。派閥を大きくするために外様ばかり大事にして、自分たち旗本組をないがしろにするから、こういうことになるんだということだが、同時に、組織というものはあまりに大きくなると、今度は組織がゆるみ、また相互の情報交換やコミュニケーションがなくなるという理屈でもある。これは政界だけでなく、あらゆる組織に共通する要素の一つといえるだろう。

派閥を大きくし、自分の勢力を強め、強化し、政治的影響力を行使することに一見成功したように思えるが、それは逆に失敗のもとでもあった。「失敗は成功の母」というが、逆に「成功は失敗の母」という面もある。規模を増やすことによって力を強める、それが逆に、ある一定の段階まで規模が大

東京地裁で懲役４年の実刑判決（10月12日）を受けた田中角栄元首相を東京・目白の自宅に訪ねる金丸信氏。（1983年10月29日／読売新聞社提供）

きくなりすぎると、かえってコミュニケーションが悪くなって崩壊につながってしまう。規模のメリットがデメリットに転化する、限界効用が逓増から逓減に逆転する、という弁証法的な皮肉な展開は、フランツ・カフカの作品を思い出させる。

カフカの作品には長編もあるが、一ページにもならないような短編もあって、難解なことで知られているが、その中に「皇帝の使者」という作品が岩波文庫の『カフカ寓話集』にある。訳者によっては「皇帝のメッセージ」とか、あるいは「皇帝の親書」と訳しているものもあるが、文庫版でわずか二ページの小作品である。皇帝が死のまぎわに使者を呼んで、これこれを辺境にいる臣民、市民に伝えろという遺言を遺す。それで壮健な使者は出発して、ぐんぐんぐんぐん行くが、あまりに宮殿の中が広すぎて、一つの宮殿を出ればまたその次があるというぐあいに、行けども行けども目的地に辿りつけない。で、何百年も何千年も臣民のほうはただ使者を待っている、という不思議なストーリーだ。

カフカがこの話で何を意味しようとしたのかはよくわからないが、そのわずか二ページの「皇帝の使者」という作品が、同じカフカの「万里の長城」という作品の中にそっくり移し込まれている。ということは、カフカはどうやら中国という広大な国の皇帝をイメージして、帝国のありようを書いたもののようである。あまりに広すぎて、大きすぎて、皇帝のメッセージが現場に伝わらない。万里の長城は、これまた何百年かかるかわからない大事業である。土木作業にあたる人たちは、自分は一体何をやっているのかわからない。また、そもそも、長城の建造を命じた当の皇帝はとっくに死んでいるかもしれない。その皇帝の命令を、人民は一生懸命守ってやっている。つまり、人民は皇帝のメッセージだと思い込んでいることによって、皇帝が成り立っている。ひとたび皇帝はすでに存在しない、あるいは無力な存在になっているということが明らかになったら、帝国それ自体の存在さえ危うくなる、そういう大帝国の、規模というものの矛盾を描いたもののように、私には思える。

「恐くて眠れん」——田中派膨張の原動力は恐怖心！

それにしても田中さんは、なぜあれほどまでに田中派の拡大に血道をあげたのか。もとより派閥を大きくして政治的発言力を強め、政局の運営に影響力を行使することは、政治家として自然なことだろうが、それにしても異常といえるほどの拡大である。

田中さんは、一九七六年二月にロッキード事件が起きて、七月に逮捕され、裁判がそこからはじまるわけだが、求刑は八三年の一月二十六日である。その後、八三年の十月十二日に、懲役四年、追徴金五億円という実刑判決が出た。山口敏夫さんの話に触れた際、辞職勧告決議案に言及したが、田中さんに、辞めろ辞めろという圧力が国会の内外からずっと巻き起こり続け、それに対抗するために田中さんは外様をどんどん集めて勢力を拡大していく。その膨張の原動力は、じっとしていたら自分が政治的に抹殺されるという、その恐怖心の裏返しだったのではないかと、私は思う。

なぜそう思うかというと、これは恐らく存命している人の中にこの話を知っている人はこの世に一人もいないと思われるが、田中派がどんどん膨張しているさなかのことである。まだ竹下さんの反乱の前だ。田中さんは逮捕されたが、二階堂さんをはじめとして、逮捕には至らなかったものの事件と関わりがあったとされる「灰色高官」が何人かいた。そのうちの一人、Fさんが癌で入院した。Fさんが癌で遠からず死にそうだという話を聞いて、田中さんが病院に見舞いに行ったという。ベッドのFさんに、田中さんは、お前もいろいろ名前を出されたりして大変だなと語りかけ、ポツリと「俺も怖くて眠れんよ」と言ったという。

その話を福田派のある幹部が、このFさんを見舞いに行った時に、本人の口から聞いたと、私に教えてくれた。「本人（Fさん）が、『このあいだ、田中の角が見舞いに来てなあ、あいつ、俺が癌でもうじき死ぬと思って、本音を吐きやがった』と、こう苦笑していた」というのだ。田中さんもFさんも、そして私にこの話をしてくれた福田派の幹部も、みな亡くなっているので、だれにもこれを証明できないだろうが、前後の状況から考えて、本当の話だとみて間違いないだろう。

田中派が膨張路線を走り始めたのは鈴木政権のころからだ。大平さんが急逝して鈴木内閣ができ、二年後には中曽根内閣ができるが、この鈴木内閣を誕生させたのも田中さんの影響力だろうし、鈴木さんの後、中曽根さんを総裁予備選で圧勝させたのも田中さんの数の力であり、また、その後の中曽根再選の時に、鈴木善幸さんとか福田さんが二階堂擁立劇を仕掛けて中曽根再選阻止に回った時に、それをつぶしたのも田中さんだろうが、そうやって闇将軍として権力をふるう、その原動力は「怖くて眠れん」という、田中さんのものすごい孤独感あるいは恐怖心だったと、私には思える。そうやってどんどん膨張させていったあげくが肝心要の足元の竹下さんの反乱で、結局、肉体的にも田中さんはつぶれてしまうというのが田中派の盛衰だった。

10

「まだまだ……」

——暗愚でも仏でもなかった鈴木善幸

「そうか、じゃあ、除名だな」

大平正芳さん死後の話から、一足飛びに田中派の盛衰をめぐる自民党内の動揺に話を進めてしまったが、話をもう一回戻して、大平さんが死んだ後の鈴木内閣誕生の経緯や、鈴木内閣の問題点についてお話ししよう。

鈴木善幸さんは、後に日米共同声明の問題での発言をめぐって日米関係も自民党内も大混乱になって、『文藝春秋』の見出しで「暗愚の帝王」とレッテルを貼られてしまったが、鈴木さん自身は、もちろん政策的にそれほど優れた人でなかったにしても、けっして暗愚ではなかったと私には思える。

私は新聞記者生活の振り出しが岩手県の盛岡支局勤務だった。当時、鈴木さんは池田内閣の中堅幹部で、私が支局に赴任した頃は池田内閣の官房長官、佐藤内閣の厚生大臣などを務めていた。当時は中選挙区制であるから、鈴木さんは岩手県の岩手一区、その中の三陸沿岸地域からの選出だった。選挙の遊説で地元に帰って来た時などに一緒について取材したり、駅前のソバ屋でかけソバを食べたりして、気さくな人柄に接していたが、同時に、これはなかなか怖い人だなという印象を受けたこともあった。

中選挙区制時代の岩手一区は定数四で、自民党二人、社会党二人が選出されることが多かったが、ある時期に、一区から、自民党公認候補が三人出るということになった。三陸沿岸を主たる地盤とする鈴木善幸さん、それから野原正勝さんという、内陸の山林関係を地盤にする人に加えて、新しく岩動道行《いするぎみちゆき》さんという、大蔵省の官僚出身で池田首相の秘書官を務めた人が、自民党から立候補したのだ。鈴木さんと同じ池田派（宏池会）の所属だ。三陸の鈴木、山間部の野原、そして内陸の盛岡市を中心とするエリアからもう一人、自民党議員を出そうという積極攻勢の構想である。鈴木さんからすると、自分の票が多少なりとも食われる恐れがあるので本当は岩動さんに出てほしくないが、なにしろ池田さんから自分のかわいがっていた秘書官を出すからひとつ応援してやってくれといわれて、鈴木さんも支援に回り、岩動さんは当選した。

それで自民党が三人そろって当選して、それはそれでよかったものの、鈴木さんの内陸部の票はかなり減った。その一方、岩動さんという人はなかなかの自信家で、大蔵省（いまの財務省）出身の政策通ぶりを強調するので、党人派の鈴木さんとは、肌があまり合わない。ちょうど当時は中国の文化大革命があって紅衛兵の造反が話題になっていたころで、国内でも若手議員をもてはやす風潮があり、『文藝春秋』が「自民党紅衛兵」たちの座談会特集を組んだりしていた。岩動さんもその一員だったのだ。そうしているうちに岩動さんは地元の評価も下降線となり、やがて落選してしまった。

岩動さんはもちろん再起を期して頑張っていたが、たまたま岩手県に帰ってきた鈴木さんに岩動さんの処遇を聞いてみると、「参議院のほうに回ってもらうつもりだ」と言った。衆議院での復活はあきらめてもらって、岩動さんには参議院選挙の候補になってもらうというのだ。それで私は、岩動さんもそのつもりだとばかり思いこんで、岩動さんに「次は参議院から出馬ですか」とたずねてみたら、岩動さんは憤然として、「冗談いうな。参議院なんかに回っても総理大臣になれないじゃないか」と言い、参議院への転出を拒否した。

内閣総理大臣は、憲法第六七条で「国会議員の中から国会の議決で」決めるとあるので、衆議院議員だけでなく参議院議員でも資格はあるが、衆院と参院の議決が異なった場合は「衆議院の議決を国会の議決とする」とも書いてあるので、事実上、衆議院議員でないと首相になるのは困難なのだ。それでまた鈴木さんに会った時、「岩動さんは参議院に行きたくないようですね」といったら、鈴木さんは表情も変えずにひとこと、「そうか、じゃあ、除名だな」である。ふだんは温厚な風ぼうから「仏の善幸」とも呼ばれている鈴木さんだったが、すごい迫力である。やっぱり政治は勝負の世界だなと実感させられた。

結局、岩動さんはその後、参議院に回り、のちに科学技術庁長官の大臣ポストを一回務めて、亡くなった。そういうことがあって、私は鈴木善幸さんという人は、「仏の善幸」とか「暗愚の帝王」とか、さまざまな評価をされていても、けっして生易しい人物ではないという印象をもっている。

総務会長八回のキャリア

大平さんの急死という悲劇的なドラマをはさんで行われた一九八〇年六月二十二日の衆参同日選挙は、自民党が主流、反主流に真っ二つに割れた恰好での選挙戦だったから、自民党の敗北は必至だと思われていたのが、案に相違して、自民党の大圧勝という結果になったが、それ以前から、選挙後はだれを大平さんの後継にするのかで水面下の動きが始まっていた。中曽根さんが名乗りをあげるとか、福田さんが返り咲きを狙うとか、いろいろな憶測が飛びかっていたのだ。

田中角栄さんは、日頃、「総理大臣になるためには、自民党幹事長、総務会長、政調会長の三役のうち幹事長は必須だ」といって、党務のほうは幹事長を含む党三役のうちの二つ、それに「内閣においては大蔵、外務、通産、この三つの大臣のうち二つを経験した者でないと、総理大臣にはなれない」と、首相の条件を強調していた。それから「県会議員出身者は総理大臣にはなれない」とも言っていた。これは県議出身の竹下さんのことを念頭に、竹下さんをけん制したものだろう。

大平さんの急逝という事態に田中さんがどう出るのか注目されていた時である。まだ選挙戦のさなかで自民党が大勝するかもわからない時点だったが、たとえ自民党の議席が減っても自民党政権が続くことは自明の前提のような時代だったので、田中さんを囲む記者懇談の席では、田中さんがポスト大平に誰を推すつもりかの問答があった。記者の一人が「田中さんは前から、党務であればまずは幹事長、あと、内閣は外務、通産、大蔵、これが条件といってましたね」と水を向けたら、田中さんが「まあ、党務も一つのポストを長年やっているということも（評価の基準として）あるからな」と語ったという情報が、私の耳にも入ってきた。まだ選挙の結果も出てないし、なにげないやりとりだからあまり注目した人はなかったようだが、私は「ひょっとしたら」と、ある人物の顔が浮かんだ。

鈴木善幸さんである。彼は当時、総務会長である。大臣経験は池田内閣の時の官房長官、その後、佐藤内閣で厚生大臣、福田内閣で農林大臣だ。また、党務の方は、総務会長を連続六回、通算八回やっているが、幹事長をやった経験はない。彼自身はけっしてそれに満足していたわけではないようだった。

七九年の秋、四十日抗争があって、大平さんと福田さんの大げんかのあげく第二次大平内閣が発足した際、大平さんとしては鈴木さんを幹事長にしたかったのだろうが、党内融和のあかしとして中曽根派の桜内義雄さんが幹事長に就任し、鈴木さんは総務会長留任となってしまった。それでも三役の一角である総務会長であるから、私は鈴木さんに「おめでとうございます」と言ったら、鈴木さんは吐き捨てるように、「八回目だぜ、俺は」と不満を漏らしたのが印象的だった。七八年の大平内閣誕生の時も、大平さんは鈴木善幸さんを幹事長にしようとしたが、予備選で敗北した福田派などから「総理大臣も幹事長も同じ派閥というのはおかしいじゃないか」とクレームがついて、鈴木幹事長構想がつぶれた経緯があった。総理大臣と幹事長が同じ派閥であっても党規約上は構わないはずだが、福田内閣の時にライバルの大平さんを幹事長にしていたように、総理大臣をある派閥が取ったのであれば、むしろ対立する派閥に党務をあずかる幹事長をやらせるほうが公平じゃないかという「総・幹分離」の考え方が、そのころは支配的だったのだ。

だから今度こそ幹事長にしてもらえると思ったら、また総務会長かというので、鈴木さんとしてはおもしろくなかったわけなのだろうが、私がポスト大平の人選が話題になっている中で興味を持ったのは、田中さんが大平後継総裁（首相）の条件として、いつもの決まり文句である「幹事長」といわず、「一つのポストで党務を長年やってることも大事だ」と言ったことだった。この条件に合うのは、その時点では鈴木さんしかいない。もしかすると、田中さんの意中の人は、鈴木さんではないかと思ったのだ。

そんな折り、自民党本部のエレベーターの中で、ばったり鈴木善幸総務会長と出くわした。幸い他社はいない。それで私は「いよいよですね」とカマをかけてみた。すると鈴木さんは、一瞬うんとうなずきかけて「いや、まだまだ、まだまだ」と二回繰り返した。これはやっぱりまちがいない、田中さんと連絡が取れている、と感じた。そのあとは、派閥の事務所に戻ってからも一切、自分が次期総裁候補に挙がっているかのようなそぶりはみせず、素知らぬ顔である。見ていてなかなかしたたかな人だと思ったが、まだ選挙戦の真っ最中、自民党が勝つか負けるかもわからない時だから、しばらくはこの時の鈴木さんの反応はだれにも言わずに、私の胸の中にだけしまっておいた。

「和の政治」の登場

投票日が数日後に迫ったある日、福田さんが、福田派系の候補者の選挙応援で東北から北陸を回ることになった。選挙戦中だから福田さんも忙しくて、なかなか二人だけでじっくり話をする時間がなかったので、選挙遊説に同行する形で接触しようと考えたのだ。一泊二日で列車とヘリコプターを乗り継ぐ強行軍だったが、ヘリコプターの中で、福田さんに、大平さんの後の、次の政権をだれにするかという話題を持ち出してみた。

「どうも私の勘では、田中角さんは鈴木さんを考えているように思えるんですが」と、思い切ってぶつけてみたのだ。福田さんは以前は鈴木さんを幹事長にすることに反対したぐらいだから、その鈴木さんを大平後継総裁にするなどたぶん容認しないだろうと思って聞いたのだが、意外にも福田さんは、「まあ、いいんじゃないか」と、あっさりいう。これには私も「えっ」と、びっくりして、それ以上質問が続かなくなってしまった。おそらく福田さんは、角福戦争、そして大福戦争、そのあげくの果てに大平さんが死ぬ、こういう大混乱続きで、このうえ怨念の勝負を続けるのは国にとってよくないと思ったのかもしれない。

田中さんと鈴木さんが非常に親密であることは承知のうえだが、福田さんにとっても、七六年当時の三木おろしの段階では、挙党協といって、福田派からは園田直さん、大平派からは鈴木さん、田中派からは二階堂さんという幹部たちで、福田政権作りにいっしょに動いたこともある。そういうこともあって、鈴木さん個人にたいする抵抗感というのはそれほどなかったのかもしれない。総理大臣が大平さんになった時は、幹事長も大平派からというのはおかしいということで反対してつぶしたが、大平さん亡き後、事態を収拾するためには鈴木さんでもいいのじゃないかと考えたのだろう。昨日の敵は今日の友、今日の友は明日の敵、政界の変幻自在ぶりをみせつけられた感じだった。

六月二十二日の選挙は自民党の圧勝である。そして自民党内も内部抗争は一時休戦、鈴木さんが「和の政治」を標榜して、予想通り登場してきた。鈴木さんは「全員野球」という言葉も使って、各派閥の勢力を均衡させる人事をやり、行財政改革などの懸案に取り組むことになった。その直前までひそかにうごめいていた竹下さん、金丸さんらの「ニューリーダーの会」も一瞬のうちにエネルギーを失って、世代交代の流れもいったんストップとなってしまった。

こうして鈴木内閣は最初の一年ぐらいはスムーズにいった。

「日米同盟」めぐる誤解

大混乱になったのは、翌年の八一年五月の訪米である。この時、私は首相官邸の担当に配置替えとなり、鈴木内閣の取材に取り組んでいたので、鈴木首相のはじめての訪米に同行することになった。レーガン・鈴木の日米首脳会談は、八一年五月八日にホワイトハウスで行われ、日米は「同盟関係」にあるという画期的な共同声明を出した。「同盟関係」という言葉は、大平さんが訪米した時にも口頭では使っていたが、それを共同声明という文書の形で明記したのはこれが初めてだった。

共同声明は、この同盟関係の意味合いとして、日本はアメリカの中東における軍事的プレゼンスに「裨益《ひえき》」している（英文で benefit from）、つまり米軍の中東における軍事的な努力のおかげで、日本経済にとって死活的に重要な石油を安定的に確保できているのだから、日本もアメリカとの「適切な役割分担」のもとでシーレーン防衛をはじめとする努力を「なお一層」（even greater effort）やりましょうといった、これまでにない踏み込んだ内容のある共同声明を出したのである。

そのことは、今日からふり返ってみればごく当たり前のことに思えるが、岸政権の安保改定騒動以来、日米の軍事的な色彩を帯びた日米協力ということについては、それまでの歴代内閣はほとんどふれないようにしていた。そういうなかだったから、非常に画期的な共同声明という印象を与えたわけで、ワシントンでの鈴木首相の記者会見では、当然、そこに質問が集中した。ところが鈴木さんは、「日米同盟関係に軍事的な側面は含まれていない、日米安保に軍事的な意味はない」という趣旨の発言をしたので、みんなびっくりした。

それで私は手をあげて、「総理、それは違うんじゃないですか」と質問した。安保条約は、経済協力という面もあるが、基本は軍事的な協力関係をいっているのであって、軍事的な意味はないという鈴木さんの言い方は明らかに間違いだ。日本は憲法上、自衛のため以外の軍事的な行動はとれないから、有事の際には日本は防衛的な役割に徹し、相手の基地を攻撃したりする対外的行動はアメリカにやってもらうという楯と槍の関係にあるというのが、歴代内閣の見解である。福田内閣の時代に、日本とアメリカが具体的にどういう役割を分担するのかを研究をしようという「ガイドラインの研究」が始まっていた。そこで私は、共同声明が言及している日米の役割分担とはガイドラインのことではないですかと聞いたのである。

それというのも、実は、その前の晩に私は発表前の共同声明の原案を英文で入手していて、その表現の解釈について、首相に同行している外務省高官に説明を求めていたのだった。「明日発表される共同声明で役割分担という言葉が出てくるようだけれども、どういう意味ですか」ときいたのにたいして、その高官は、「それはガイドラインのことですよ」と答えてくれたので、それを念頭に鈴木さんに確認を求めたのだ。しかし会見での鈴木さんは逆にムキになって、「日米安保条約にそんな軍事的な意味はまったくないんだ」といって、血相変えて怒るのである。

それで、これはまずいな、鈴木さんは何か勘違いしているなと思いながら、本人があくまでそう強調するので、私を含めてどの新聞も鈴木さんの問題発言を報道した。

そういう顛末があって帰国の途についた。いまはアメリカと日本は直行便だが、あのころは、アラスカのアンカレッジでいったん給油のために降りることになっていた。アンカレッジ空港の中に出たら鈴木さんとばったり会ったので、「やあ、ご苦労さまでした」と声をかけたところ、鈴木さんはものすごく不愉快な顔をして怒っている。どうしたのかと思ったら、どうやら彼はアンカレッジで日本からの新聞を見たらしい。自分の訪米は成功したと思って新聞を広げてみたら、総理大臣がとんでもない失言をしたと、どの新聞も、批判的トーンで載っている。それで一気に機嫌が悪くなって、ろくに口をきかないまま帰国したわけだ。

しかも帰国後は、伊東正義外務大臣も鈴木さんと同じ趣旨のことをいって、これまた大問題になって、結局、伊東外務大臣が辞める、その責任をとって外務次官の高島益郎さんも辞任するという大騒ぎになってしまった。

それにしても、鈴木さん、伊東さんは、何でそういうまちがいをしたのだろうか。私の理解では、外務省事務当局にも責任の一端があるように思う。外務省は、鈴木さんの訪米で画期的な共同声明を作ろうということで、日米の実務者同士で綿密に打ち合わせて原案を作ったが、事前に内容が洩れるのを極度に警戒していた。政治家や首相官邸にあまり詳しく説明すると洩れると心配をしたらしくて、共同声明の内容の細かいところやその意味合いは、ほとんど説明していなかったようだ。総理大臣にもあまりブリーフィングをしっかりしていなかったのだろう。

鈴木さんという人はもともと最初の選挙は社会党から出た人で、漁業関係が専門だから、安全保障問題はほとんど知らない。しかも、吉田・池田ラインの、軽武装、経済優先路線で、軍事的なことには日本はあまり積極的に関わらない方がいいという体質の方である。そんなこともあって、共同声明の表現の裏にある軍事的な意味合いについては深い関心を持っていなかったのかもしれない。一方の外務省の方は画期的な共同声明を作るんだと意気ごんでいて、取材陣に対してもものすごい緘口令が敷かれていた。

そのへんのズレがこのトラブルとなって現れたという、非常に不幸な出来事だったといえる。

この一件で一気に鈴木さんは「暗愚の帝王」のレッテルを貼られてしまった。保守本流とは何かということについてはいろいろな角度からの説明の仕方があるが、吉田茂的な軽武装、経済重視路線が保守本流という見方に立つと、岸さんの場合は逆に国家主義的な流れとなって路線は異なることになり、他方、日米関係重視という意味では、岸さんも吉田さんも同じということになる。とくに岸さんの場合は、安保条約改定であれだけ苦労した、という思いもあり、鈴木さんの、安保体制に関する理解の浅さには怒りを感じたようである。このへんから鈴木さんの「和の政治」体制がじわじわと崩れていくことになる。それに対して田中さんは、鈴木さんをあくまで支えるという姿勢でいく。

「争ってまで出るつもりはない」

翌年になると、今度は教科書問題というのが出てくる。戦前の日本の対外行動について記述した中

中国訪問で訪問先の杭州の公園で子供たちから歓迎を受ける鈴木首相夫妻。この時すでに再選不出馬の肝を固めていたのだろうか。このあと上海での懇談で「争ってまで再選をめざすつもりはない」と語った。(1982 年 9 月／久保田富弘氏撮影)

で、日本が中国を「侵略」したという表現を、文部省の検定で「進出」に書き直させたという報道が引き金になって、中国、韓国から激しい批判を浴び、日本は侵略を否定している、日本軍国主義の復活だというような大騒ぎに発展してしまった。宮沢喜一官房長官の「教科書是正」談話でひと区切りつくが、こうして外交問題で動揺する鈴木政権を田中さんは総力で支えようとする。そのことによって田中さん自身の力を誇示することができると考えたのかもしれない。八二年の時点では、まだ田中さんは元気一杯、鈴木さんの属する大平派と、それに中間派が同調すれば秋の総裁選挙で鈴木さんの再選は間違いない情勢だった。

鈴木さんはその年、八二年九月に中国を訪問する。教科書問題がひと区切りついたのを踏まえ、鈴木首相が直接、趙紫陽首相に教科書是正の方針を説明し、帰国に先立って、上海で同行記者団と内政問題について懇談を行った。

鈴木さんは八〇年六月に大平さんの後、自民党総裁・総理大臣になった。総裁としての任期は大平さんの残任期間と、そのあとの自前の二年間を経過して、八二年の十一月に総裁選挙を迎えることになっていた。自民党内では、当然、総裁選挙に鈴木さんは出るだろうし、出れば、田中・鈴木連合が勝つということはもう百パーセントまちがいないと思われている時だった。懇談では、鈴木さんがいつごろ出馬表明するのかといった、鈴木さんの再選出馬を前提とした質問が相次いでいたが、その時、鈴木さんが「争ってまで再選に出ようとは思わない」という発言があったという。私は同行記者からの連絡を東京の本社で聞いていたが、この鈴木さんの発言にひっかかるものを感じた。「争ってまで出るつもりはない」という言葉を真に受ければ、だれか他の候補者が出るなら自分は出ないという意味に聞こえる。もし鈴木さんが出ないとなったら大ニュースである。

それで、この発言は不出馬を示唆したのではないかと考えたが、鈴木さんを支持する勢力を取材しているサイドの受けとめ方はそうではなくて、これは鈴木さんの自信の表れだという解釈だ。出馬すれば必ず勝つことは決まっている。だからよもや自分に対抗して出るような人がいるはずがないという意味だと、鈴木発言をほとんどの社が解釈していた。

同じ言葉を聞いても正反対の解釈が成り立つのが政治の世界だが、それが正しい解釈かどうかの判断は、発言だけでなく、その裏の動きをどこまで把握しているかにかかってくる。実は私は密かに取材をして、岸さんをはじめ中川一郎さんといった右派系の人たちのサイドで、日米関係を憂慮してか、鈴木さんに対抗して、総裁選に河本敏夫さんを出馬させようという動きが進んでいることを知っていた。「争ってまで」と鈴木さんが語った時、私はそのことを鈴木さんは知っていたのではないかと感じた。自分の再選を阻止しようとする動きがある。そういうものと争ってまでやる気はないという気持ちになっていたのではないかと思う。

ただ、その時点では鈴木さんはまだ圧倒的な優位に立っていて、たとえ対抗馬が出ても勝てるはずだったのになぜ出なかったのかという真相は、いまもってよくわからない。一説には、田中角栄さんから何か過大な要求をされて、田中支配のもとでの総理大臣を続けるということにたいして、かなり心理的に気持ちが萎えていたという説もある。鈴木さん自身はこの種のことを口にしたことはなかったが、前に述べた中曽根再選をめぐる二階堂擁立劇で鈴木さんが二階堂さんに肩入れしたり、自分の退陣後の後継選びの際も、これから述べるように、必ずしも田中さんの意に沿わないような工作をしたりしているところをみると、田中さんとの心理的距離は、この時点ではかなり広がっていたように思える。

もう一つの説は、行財政改革、財政再建ということを鈴木さんは公約に掲げていたが、歳入欠陥が生じて財政再建路線が行き詰まっていたという事情だ。いまはもう歳入欠陥どころか税金の倍ぐらいを国債で埋めるのが当たり前のようになっているが、あのころは、歳入欠陥なんかあってはいけない、見込んだ税収を下回るということは経済運営の大失敗で、のっぴきならないことだというのが常識だった。そういう状況の中で、当時はまだ表沙汰にはなってない段階だったが、大蔵省の試算で歳入欠陥が避けられないことが鈴木さんに内々伝えられ、総裁選を迎えるころにそれが公表されたら、政治責任の追及が免れられないだろうと、鈴木さんはかなり気に病んでいたという説もある。

このほかに、鈴木派幹部の金銭スキャンダルが明るみに出て、鈴木さんのところにも金が回っているというような問題もあった。鈴木さんはそれにたいして、金は預かっただけで、自分は善意の保管者だというような説明で追及をかわしていたが、いろいろと気が滅入るような問題が重なっていたことは事実だろう。

中曽根政権の誕生と中川一郎の死

いずれにしても鈴木さんが不可解な辞め方をして、政局の焦点は、後継者をだれにするかに絞られる。田中さんは中曽根さんを鈴木さんの後継者に推し、それにたいしてまた福田派や三木派サイドの巻き返しがあったりして、再び党内抗争の色彩が強まってくる。そんな綱引きの過程で突如、「総理大臣は中曽根、自民党総裁は福田」という、「総理・総裁分離（総総分離）論」が浮かんで、自民党総裁室の協議で福田さんはほとんどそれに乗りかかる場面が出現する。中曽根さんがあわてて別室から田中さんに電話で相談すると、田中さんは「ふざけるな。蹴っとばせ」と怒る。それで中曽根さんは拒否して、あっけなくその構想はつぶれてしまう。

私はあとで福田さんに、「何であんなバカげたアイディアに乗っかったんですか」と聞いたら、「いやあ、あの時は善幸さんがこうやってテーブルに手をついて、何とかこれで収めてくれと、頭をこすりつけんばかりに頼むんだ。辞める人であっても総裁自身からそこまでいわれたらしょうがない、みんながそれでいいというなら、そうするしかないかと思ったんだ」という説明である。たぶん事実はその通りだろうが、党内では、福田さんがまた色気を出したなどという見方をされて、結局、話し合いは不調に終わり、八二年十一月二十四日に総裁予備選を行うという「数の決着」に持ち込まれる。

その時に出馬したのは、中曽根康弘、河本敏夫、安倍晋太郎、中川一郎の四人である。当時、予備選は四人以上の候補者が出た場合に行う決まりになっていた。中曽根さんに対抗して河本さん、安倍さんの二人が立候補するという候補者三人のケースだと予備選はなく、いきなり国会議員による本選挙で決着となるが、この場合は最大派閥の田中派の数の力で勝負がついてしまう。田中、中曽根連合軍を阻止するにはもう一人候補者を立てて予備選に持ち込むしかない、ということで中川一郎さんが立候補したのだ。しかし、中川派というのは十数人しかいない小派閥だ。それで、福田陣営の安倍派のほうから推薦人を少し貸し出す恰好で、中川さんの推薦基準を満たして、それで四人の争いに持ち込んだのである。

なんでそんな無理をしてまで、予備選に持ち込んだかというと、河本敏夫さんは日大の出身で、全国にOBがたくさんいて、一般党員の数も河本系が一番多いとみられていたからである。予備選になれば、かつて福田さんが大平さんに負けたケースの裏返しで、今度は、国会議員の本選挙では勝ち目はないが予備選で一般党員に選ばせれば河本さんが絶対有利だ、中曽根政権の誕生を阻止するには予備選に持ち込むのがいい、という想定だ。それで予備選に入ったのだが、結果は中曽根さんの圧勝に終わる。予備選で、中曽根さんは四〇万票、河本さんは案に相違して二六万六千票と少なく、あと、安倍さんは八万票、中川さんが六万六千票票。こういう結果で、中曽根政権の誕生となる。

中川さんが総裁予備選に出る決意を固めて田中さんのところに挨拶に行った時に、田中さんが、「出る以上はがんばりなさいよ。その代わり、池の鯉もあんまり飛び跳ねると、水から飛び出て日干しになるぞ」といって警告したという逸話が残っている。中川さんは年が明けて、八三年一月九日に亡くなった。自殺だった。この自殺の原因もよくわからない。最初は自殺という事実は伏せて心臓麻痺と発表された。私は中川さんとかなり親しくさせていただいていたので、遺体が北海道から東京の自宅に戻った時、自宅に弔問に行った。ふつう親しい人にはお棺を開けて顔を見せてくれるケースが多いのだが、中川さんの場合は棺のフタは固く閉じられたまま。それでちょっと妙な感じがしたが、まさか自殺とは思わず、後に自殺と聞いてびっくりした。鈴木さんの後継争いは、こうして中川さんの死という悲劇的な結末を伴って中曽根政権へと至るわけだが、この過程で河本、安倍、中川という顔ぶれが田中さんの推す中曽根さんと対決する図式は、いったんは政局の表面から消えたように見えた「ニューリーダーの会」の構想、つまり世代交代への胎動が再び表舞台に現れてきたことを示してもいる。

その意味で、鈴木政権は、田中支配とそれに対抗する勢力の争いという構図の中での一時的休戦、幕間のような性格の存在だったともいえる。鈴木さん自身は決して無能な人ではないし、したたかさやすごみもある人だったが、国際関係や安全保障政策には縁遠く、総理大臣という荷を背負うには力不足だったことは否定できないだろう。

問題は、田中さんが、自分の意のままになると思えそうな人物を総理大臣に据えるという手法にある。鈴木さんを推したのもそうだし、そもそも田中さんが退陣したあといったん椎名さんに政権をあずけようとしたのも同じだ。金脈事件にひっかかって、本当は辞めたくはないけれども辞めざるをえない。それで取り合えず、嵐が過ぎるのを待とうというので、椎名暫定政権という構想を考えて、それがつぶれると、それでは三木さんと。あんな少数派閥の三木さんなら、いつでもひっくり返せると思ったら、意外にねばられて、逆にロッキード事件を機に徹底的に追いつめられる結果になってしまったのは歴史の皮肉である。

似たような手法は竹下さんについても見られる。竹下さんもせっかく、苦節何十年でようやく総理大臣になった。これからいよいよ本格的な長期政権と思ったら、リクルート事件でひっかかって辞めざるをえない。それで宇野宗佑さんという、当選回数は多いけれども、派閥の親分でもないし、竹下さんの支えがなければやっていけない、そういう立場の人を総理大臣にして復権の機会をうかがう。それが不祥事続きであっけなく失脚すると、今度は海部俊樹さんである。海部さんも当選回数は多いが、これも三木派の中堅幹部で力は弱い。この時、当時竹下派の代貸的な存在だった小沢一郎さんが「ミコシは軽くてパーがいい」と言ったという逸話が広まり、海部さんがのちに小沢さん本人に発言の真偽を問いただすという騒ぎにもなった。田中さんの、あるいは竹下さんの手法はこうして小沢さんにも引き継がれているのだろうが、これが政局不安定化の一因となっていることも否定できない。

それはともかく、中曽根政権も同じような論理で登場してきた形だったが、しかしその中曽根政権が五年もの長期政権となったのは、いくつかの偶然的な運の強さに助けられた面があったにせよ、中曽根さん自身が、政治家になった時から「将来は総理大臣」をめざしてさまざまな努力を重ねてきた自己研鑽による点が大きいのではないか。

11

「過去と未来を見すえて」

——中曽根康弘と「戦後政治の総決算」

後藤田指名の真意

中曽根内閣というのはかなり華やかなイメージがあり、彼の使うフレーズも非常に多彩である。また彼を評する言葉もたくさんあって、なかなか多面的な存在である。中曽根さん自身は「戦後政治の総決算」をスローガンに掲げて登場してくるわけだが、「風見鶏」と呼ばれたり、あるいは内閣発足当初は「田中曽根内閣」などというい方もされた。中曽根派は小派閥であるにもかかわらず、予備選をやったら、大差で圧勝となった。これは田中さんが田中派・大平派を総動員して、党の組織や派閥メンバーたちの後援組織を動員しての支援があって誕生したという、政権発足の経緯があったためだから、そういう評価になったのも自然なことだろう。

加えて、一番直接的にそういう印象を強めたのが、田中さんの腹心といわれた後藤田正晴さんを官房長官に据えたことである。ふつう、官房長官は総理大臣と一心同体で、よく女房役ということもいわれるように、官房長官は総理大臣の補佐役だから、だいたいは自分の派閥、しかももっとも安心して信頼できる人をあてるということが当然視されていたのである。それが、総理大臣に就任して真っ先にやって世間をあっと驚かせたのが、田中さんの腹心で、もっとも信頼が厚いといわれている後藤田さんを官房長官にもってきたことだった。

これは田中さんに押しつけられたに違いない。ふつうなら自分の派閥から官房長官を登用するはずなのに、田中派の後藤田さんを登用したというのは、中曽根さんの意に反して、田中さんのほうから強引に押しつけたのだろうと、一般には思われていた。

　ところが、のちに後藤田さん本人が、自民党が結党五〇周年を記念して発行した歴代の主要人物の講演集の中で、こんなことを語っている。鈴木内閣当時、中曽根さんは行政管理庁長官という役職で、行政改革の担当をしていた。その頃、後藤田さんは自民党の方の行政改革委員会の副会長をやっていて、しょっちゅう中曽根さんと行革の話をしていたという。ある日、まだ鈴木さんの再選が当然視されていたころ、中曽根さんから、「後藤田さん、近いうちに政局に大きな変動があります。その時はあなたに内閣に入って助けてもらいたい」といわれたというのだ。

　これは何かというと、前章で述べたように、鈴木さんが、突然、再選不出馬となった背景について諸説あるうちの、歳入欠陥問題に関する話だろう。予算で見込んだ税収より、景気が悪くて税収が少ない。ふつうは仮に百の税収があれば百の支出をする、こういうことでバランスを取るけれど、支出は百なのに見込んだ税収が予定より少なくて、何千億円ぐらいか税収が足りない、予算が赤字になるということである。それを鈴木さんは内心、非常に悩んでいたという説は私も聞いていたが、後藤田さんがいっているのは、まさにそのことだったのだ。

　中曽根さんは当時、行管庁長官で行財政改革を担当していたから、事前に鈴木さんから、えらいことになるという話を聞いていたのに違いない。ただ、後藤田さんによると、後藤田さんにはその時だしぬけに「内閣に入って」という言い方だったので、「何の話ですか」と聞き返したら、中曽根さんは「八卦にそう出ている」と、そういっただけで、それ以上、何の説明もしてくれなかったという。

このエピソードが物語っているのは、後藤田さんの官房長官就任は決して「田中曽根内閣」と呼ばれるような田中さんの押しつけではなく、鈴木さんから退陣を示唆された中曽根さんが、早くも自前の政権構想を描いて、後藤田さんに目をつけていたということだろう。

同じ本のリレー講演で、中曽根さん自身がそれに近いことを語っている。自分は初当選の時から総理大臣になりたいとずっと思っていた、そのためにいろいろな準備をやってきたけれども、実際に就任したら最初にやろうと思ったのは行財政改革だったと述べている。そういう観点から、内閣の布陣についても中曽根さんは、鈴木さんと違って最初から考えていた。つねに総理大臣になりたいという願望を抱き、その願望の原点として、国を背負って国家を運営していくという意識を強く持っていたということのようだ。

電撃訪韓

中曽根さんが首相に就任してすぐやったのが韓国訪問である。中曽根内閣の発足は一九八二(昭和五十七)年十一月二十七日だ。それで臨時国会をこなして、年が明けて一九八三年一月四日、まだ正月休みのさなかに中曽根訪韓の情報が入ってきて、私は自宅から外務省の幹部に電話で取材したことを覚えている。

一月十一日の電撃訪韓による全斗煥大統領との会談に続き、直後の一月十七日には今度はアメリカのワシントンに飛んでレーガン米大統領との会談といったぐあいに、満を持しての積極外交で耳目を

内閣制度100周年記念で閣議の模様を初めて記者団に公開した。閣議案件に毛筆で署名する中曽根首相。（1985年12月／久保田富弘氏撮影）

惹いた。

ただその時に『ワシントン・ポスト』紙の社主、キャサリン・グラハムさんの朝食会に招かれて、そこで気持ちよくしゃべっている中で、日本は日米同盟で「不沈空母」の役割を果たすと語ったことが大騒ぎとなった。彼によると、自分は「不沈空母」という言葉は使っていないというし、事実そうらしいのだが、同時通訳の人が中曽根さんのいわんとすることを意訳して「unsinkable aircraft carrier」と伝え、これが転電されて「不沈空母」発言として話題になったということのようである。

このことはややハプニング的な要素もあるが、中曽根さんは政策として防衛費のGNP（国民総生産）一パーセント枠の撤廃を断行し、また大韓航空機がソ連に撃墜されるという大事件にもぶつかり、靖国神社公式参拝問題も手がけるなど、日本にとって非常に大きな転換点になるような仕事をすることになる。それも、初当選のころから、自分は総理大臣になりたい、なったら戦後政治の総決算的な仕事をしたいとずっと考えていたことの延長線上のことである。中曽根さん自身、「自分が総理大臣になったら何をやろうかと、頭に浮かんだことを、その都度、大学ノートに書いていて、それが総理大臣に就任した時には大学ノート三〇冊ぐらい、たまっていた」と述べている。

ふつうは総理大臣に就任すると、真っ先に訪米する慣例になっていたが、中曽根さんは就任後初の外国訪問先に韓国を選んだ。なぜそうしたかというと、日韓関係はそのころ、鈴木内閣時代の教科書問題のシコリが残っていたし、韓国に対する経済協力の問題でも非常にギクシャクしていた。アメリカ政府も日韓関係の悪化を心配しているという状況があったものだから、中曽根さんは訪米を成功させるためにも、まず日韓関係を良好なものにしなければという考えから、瀬島龍三さんを密使にして電撃訪韓の準備を進めたのだった。瀬島さんは元陸軍参謀である。なぜその瀬島龍三さんを使ったかというと、戦前の韓国は日本の植民地だったことから日本軍と縁の深かった人もたくさんいる。全斗煥政権の軍関係に人脈があるということで、瀬島さんを通じて、韓国側の感触を探ったり瀬踏みをしている中で、韓国側もぜひ中曽根さんに来てくれということになり、それでまず韓国へ行かなくてはと考えたという。

そこで韓国に行くにあたって、韓国語で演説しようと思って韓国語の勉強をやったという。実際、韓国では、韓国語で演説し、大統領の全斗煥さんもすっかりよろこんで、たちまち和気《わき》藹々《あいあい》の空気になって会談は大成功となったという。それで、会談が終わっても、このままではもったいないという話になり、大統領官邸の青瓦台のすぐ近所にあるカラオケのできる部屋へ側近といっしょに行って、二人でカラオケで歌いまくるという前例のない展開になった。この時、中曽根さんが、「黄色いシャツ」という韓国語の歌、「ノーランシャツイブン」という歌を韓国語で歌い、全斗煥さんも日本の歌を歌ったというのは有名な話だ。

この訪韓には外務大臣の安倍さん、大蔵大臣の竹下さんも同行した。首脳会談の主要テーマが経済協力だったこともあるが、この時安倍さんが帰国したあと語った話が、私には印象的だった。

「総理大臣とふつうの大臣じゃこうも違うか。やはり総理大臣にならなきゃだめだな」と、安倍さんがしみじみ語るのだ。「どうしたんですか」と聞いたら、カラオケの話の余談である。青瓦台での公式会談が終わって車に乗り込んだら、全大統領と中曽根さんの車だけが車列を組んで、警護もがっちり態勢を組んでノンストップでバーッと走り出した。どこに行くのか、安倍さんたちには連絡はない。しかも、安倍外務大臣と竹下大蔵大臣の車には先導役も何もいなくて、大統領たちの車がどこへ行ったかわからなくなってしまった。安倍さんたちは真っ暗なソウルの町の中をうろうろ走り回ったけれども行先がわからず、すごすごホテルへ帰ってきたという。やはり総理大臣と平閣僚は、外国へ行った時にまったく接遇が違う。日本の永田町にいれば、ついこのあいだまで議員同士、いわば仲間で、派閥抗争から何から同格のつもりでいっしょにやっている間柄だけれど、いったん片方が総理大臣になられたら、全然待遇が違ってしまうと、しみじみ感じたという話である。

このことは、私も似たような情景を見た経験があるので、安倍さんには「それはそういうものなんですよ」というしかなかった。

私がワシントンに駐在していた一九七七年春のことである。福田さんが総理大臣になってアメリカへ初訪米して、カーター大統領と会談することになった。福田・カーターの首脳会談が行われる前の晩、ワシントンに着いた福田さんから私の自宅に電話がかかってきた。「明日の朝、一〇時ちょうどにブレアハウスに来てくれ。久しぶりに話をしよう」という話である。ブレアハウスというのは外国の賓客を泊める、ホワイトハウスの向かい側にある迎賓館だ。福田さんに同行していた当時官房副長官だった森喜朗さん（のち首相）のアレンジで、約束の一〇時に行くと、福田さんの部屋に通されたが、途中、ブレアハウスの玄関脇の小部屋に、園田直官房長官の姿が見えた。福田さんの初訪米ということで同行してきていたのだが、控え室のようなところに一人ぽつんといる園田さんの姿は印象的だった。総理大臣は二階の大きな部屋で、お付きの人も何人かいっしょにいる。園田さんと福田さんは、国内にいればしょっちゅう、「おいおい」などと気軽にやっているが、いったん外国へ行くと全然扱いが違うのだ。大事なのは総理大臣だけで、他の閣僚はお供のひとりという扱いである。安倍晋太郎さんが、ソウルの町の中で、夜中、竹下さんと二人で、中曽根さんを探し回ったという話を聞きながらワシントン・ブレアハウスの光景を思い出したのは、そんな経験があったからだ。

靖国公式参拝の波紋

訪韓、訪米で華々しいスタートを切った中曽根さんにとって、成功でもあり失敗でもあったのが靖国神社参拝だろう。中曽根さんは近親者が戦死していることもあり、首相として靖国神社に「公式参拝」することは悲願ともいえる課題だった。靖国神社への「参拝」だけなら、それまで歴代首相も秋季例大祭とか春季例大祭などの機会に参拝していたが、「八月十五日」の終戦記念日に「公式参拝」するというケースはなかった。

「私的参拝」という形で八月十五日に靖国神社に最初に総理大臣として行ったのは三木総理大臣だ。三木さんがなぜ行ったかというと、彼は自分から行きたかったわけではなくて、自民党の保守派による一種の嫌がらせの結果である。三木さんが前に述べたように独禁法改正などあまり左派的な政策ばかりやるのでけしからんという人たちから、保守派の象徴的存在ともなっている靖国神社へ行ってちゃんとお参りしろと圧力をかけられたのだ。

内閣法制局の解釈によると、「公式参拝」はいわゆる政教分離の原則に反するので憲法違反になるとされている。憲法第二〇条には「信教の自由は何人に対しても、これを保障する。いかなる宗教団体も、国から特権を受け、または政治上の権力を行使してはならない。」とあり、その第三項で「国およびその機関は宗教教育、その他いかなる宗教的活動もしてはならない。」と規定している。

したがって、総理大臣が総理大臣として靖国神社に公式に参拝するということは、憲法に違反する宗教活動にあたることになるので、三木さんの時は、あくまで私人としての「私的参拝」だという理屈をとったのだ。公的と私的と何が違うのか。総理大臣の公用車を使ってはいけない、それから玉串料は公費から支出してはいけない、ポケットマネーでなければいけない。それから参拝も、神社へ行って、二礼二拍一礼という拝礼を、正式に拝殿に上がってやってはいけない。こういう内閣法制局の合憲、違憲の仕分けがあって、三木さんの場合はあくまで私的参拝、それからクリスチャンの大平さんも保守派の圧力で参拝したが、これも私的参拝だった。

中曽根さんはそうしたやり方にずっと不満だったので、首相に就任した以上は、総理大臣として公式に参拝したいと言い出した。しかしそうなると、歴代内閣法制局長官の「公式参拝は違憲である」という、国会答弁とくい違ってしまう。そこで中曽根さんは、第二次中曽根内閣の八四年一月に靖国神社に年頭のお参りをして、その後、藤波孝生官房長官の私的諮問機関として「閣僚の靖国神社参拝問題に関する懇談会」という検討機関を作り、そこで外部の学識経験者にいろいろ検討してもらって、こういう形なら公式参拝してもいい、憲法違反にならないという形式を検討をしてもらうことにした。懇談会が、八五年八月九日に、憲法違反にならない形の参拝に関する答申を出したのを受けて、中曽根さんは八五年八月十五日、戦後の総理大臣としてはじめて、閣僚一八人とともに公式に靖国神社に参拝した。中曽根さんとしては、ついに念願を果たし、大成功のつもりだったのである。

ところが、これが中国からものすごい反発を受けて、韓国からも一部反発を招いた。中国は、靖国神社に東條英機らA級戦犯が合祀されたことを理由に、中曽根さんの靖国参拝を軍国主義の復活だと強く批判した。それまで中国は、三木さんが行ったり、大平さんが靖国参拝をしていた時は何もいってなかったのだが、中曽根さんが行った時点では、靖国神社に一般の戦死者だけでなくA級戦犯が合祀されているということが表面化していたため、そこに公式に参拝するということは、日本の総理大臣が戦争を美化することになるという理屈で猛反発をしたわけだ。日本側は、死んだらみんな仏になるという考え方をとるし、のちに小泉純一郎さんがその論理で参拝を断行したが、中国側は納得しない。中曽根さんのこの年の公式参拝が靖国問題に火をつけた形となったのだ。

「腹背ともに敵を作ってはいけない」

さてその翌年は、どうするんだということが大問題になった。八六年は正月も、春の例大祭も参拝を見合わせたが、八月十五日が近づくにつれ、首相が参拝するのかしないのかが、国内政局と日中関係の両面で大きな焦点となる。そこで私は後藤田官房長官にインタビューを申し入れた。後藤田さんは第一次中曽根内閣で官房長官になったが、第二次中曽根内閣では中曽根派の藤波さんが官房長官になり、そのあと一九八五年の内閣改造で再び後藤田さんが官房長官に就任していた。

私は、「いま日中関係がギスギスした状況になっていますが、中曽根首相は靖国参拝をどうするつもりなのでしょう」と率直に質問した。すると後藤田さんは「ワシが行かせません。絶対に行かせない」と、強い口調で言い切った。「いま中国は非常に微妙な局面にある。中曽根さんがここであえて靖国に行ったりすると、中国で反日運動が激化することになる」と。そうなると胡耀邦・趙紫陽体制がつぶれるかもしれないという趣旨のことをいう。「胡耀邦は中国共産党総書記ですよ、それが日本のせいで倒れるなんて、そんなことはないでしょう」と私が疑問を口にすると、「いやいや、そうじゃないんだ。中国で反日ということは、共産党内の反指導部勢力が指導部を攻撃する場合の口実に使われやすいんだ。鄧小平のバックアップで胡耀邦・趙紫陽体制ができているけれども、基盤は非常に脆弱であって、ここで日本問題で胡耀邦の立場を危うくすると、中国の指導体制が非常にあぶなくなるんだよ」と、こういう話をする。

ずいぶんおおげさなことを言うものだと私は思ったが、それからしばらくして後に、事実そのとおりに胡耀邦は失脚することになる。自由化の行きすぎを批判されて、翌一九八七年一月十六日、胡耀邦は党総書記を解任されてしまう。続いて天安門事件が起きて、趙紫陽も失脚する。それをみて、あの時、後藤田さんがいっていたのは、こういうことだったのかと思い知らされた。

その時のインタビューでは、後藤田さんはさらにこんなことも語っていた。「日本は腹背に敵を作ってはいけない。腹背という意味は、要するに正面にはアメリカ、背後には中国がいる。そのどちらとも日本は喧嘩はできない。日米間にはもちろん同盟関係があるからアメリカが大事なのは当然で、日米関係をおかしくしてはいけない。ただ、かといって、日米さえうまくやっていれば背後の中国はどうでもいいということにはならない。中国と敵対関係になると、これはこれで日本の立場は非常に緊張したものになるし、安全確保のためのコストもうんとかかる。だから同盟という、日米と同じ比重の関係ではないにしても、腹背ともに敵を作ってはいけない。だから自分は総理の靖国参拝には反対だし、行かせないよ」。

後藤田という人はもともと内務官僚出身で、戦後は警察官僚としてニラミをきかせた人で警察権力の代表的存在だったが、考え方はわりと平和主義者というか、ハト派的志向が強い面もあった。ただ、やはり国家観というか、国として、どういう行動をとるとどういう結果が生まれ、それによって国の立場がどうなるかという発想をつねにしているという点では、中曽根さんと共通している。その方向性が二人の間で違っているのだが。

だから政策の選択としては、中曽根さんは靖国に行きたい、後藤田さんは行かせないという対立があって、結局、中曽根さんも後藤田さんの進言を入れて見送った。公式参拝を断行したところまでは成功だったが、それが中国を刺激する結果を生み、二回目は断念に追い込まれるという失敗に終わってしまった。中国の対日批判も、中国の国内政治上の思惑や打算に基づく面が強く、日本側としては不本意な事態ではあるが、もともとは憲法の政教分離の原則に反するかどうかという憲法論、あるいは国内問題にとどまっていた靖国参拝問題がすっかり外交問題化してしまい、のちの内閣は小泉さんは別として、八月十五日どころか春秋の例大祭に参拝することも外交上の配慮を迫られることになったという点では、まずい前例を作ってしまったともいえる。

「国家を背負う」意識はあるか

とはいえ、この靖国問題でも示されているように、中曽根さんは自らのバックボーンを「保守主義」に置き、「政治家に大事なのは歴史観と宗教性だ」ということを行動の原点として強調していた。

政治家はつねに政治の座標軸というものを考えていなくてはいけない。自分の国や政党、あるいは政治家としてのよって立つべき立脚点を考えていなければいけない。そして「過去から未来に流れていく」時間と「社会、国家、世界」という空間、そういうものの中における自分の位置、あるいは国家の座標軸を考えて、自分はどういう行動をとるべきかということをつねに考えている、と講演などで繰り返し語っている。

菅政権の末期に、いつまでたっても辞めようとしない菅さんを評して中曽根さんが、『読売新聞』に寄稿した論稿で、「菅政権を一言でいえば、過去も未来もない政権だ」と、市民運動家出身の菅さんのもっとも本質的な問題点をズバリと突く一言を放ったのも、まさに彼は政治家になった時からそういう考えを自覚していたからだろう。

「戦後政治の総決算」というスローガン、そして首相就任直後にまず韓国に行き、それを手土産にしてアメリカへ行くという彼の行動パターンも、そこから生まれているということを感じる。中曽根内閣の五年間というのは非常に盛りだくさん、いろいろな課題を手がけたが、根っこにあるのはそういう国家観というか、国家を背負う人間としての行動、こういうところから出ている。この本の冒頭に、佐藤さん、あるいは保利さんの、国を背負っているという意識の話をしたが、佐藤さんの後、田中、三木、福田、大平、そして中曽根と、三角大福中の「怨念の一〇年」といわれた変転極まりない政局の主役を演じた人たちはいずれも、「国家を背負って」という意識の持ち主という共通点があったと思う。

そういう保守政治を最も意識的、自覚的に表現したのが中曽根さんであり、また保守政治そのもののように思う。

政党としての自民党にとっても、中曽根政権はピークだったといえるだろう。のち二〇〇五年の小泉内閣の衆院選、二〇〇九年の民主党政権誕生を生んだ衆院選も、自民、民主それぞれほぼ三百議席の大勝だったが、この両選挙は中曽根内閣当時とは選挙制度が異なり、また社会経済的な構造も大きく変化しているので、同列には論じられない。むしろ、中曽根政権最後の衆院選における三百議席をピークに、自民党は低迷への道を歩み始めたと、私は考えている。

「死んだふり解散」

「死んだふり解散」と呼ばれる一九八六年七月六日の衆参同日選挙は、そこに至るまでに複雑なプロセスをたどった。

衆議院選挙の際の一票の格差を是正する与野党間の作業がなかなか進まず、解散はしたくてもできない状態が前年からずっと続いていた。参議院選挙は三年に一回と決まっているから、八六年七月に参議院選挙があるということはあらかじめはっきりしている。中曽根さんはこの参院選に合わせて、衆議院の解散もいっしょにやろうとひそかに考えていた。八〇年五月の時は、大平さんが死んで、はからずもダブル選挙になって大勝したが、大平さんの死というドラマティックな展開のためだけでなく、同日選挙をやると自民党の票が掘り起こせて自民党に有利になるという選挙技術的な理由もあって、中曽根さんはダブルでやりたいと狙っていたのだ。野党のほうは逆に、当然のことながら、ダブル選挙をやられると野党には不利になるから、解散の前提となる定数是正をなるべくやらせない、遅らせるということで、綱引きが続いていた。

しかし、いつまでも憲法違反の疑いのある一票の格差を放っておくわけにもいかないということで、八六年五月二十一日に、ようやく八増七減、つまり、定数を八カ所で増やして、七カ所で減らすことによって不均衡を是正するという定数是正案が与野党間で合意に達した。しかし、その時に条件として「周知期間」が設定された。選挙区も変える、定数も変えるということになると、いきなり、明日からこれで選挙してくださいといわれても有権者は戸惑う。政治家や候補者も後援会組織をみな持っているから、大混乱が生じる。ということで、こういうふうに選挙区が変わったということを官報に載せて、一定期間を経たうえでなければ解散はできないことにしようということにしたわけで、与野党合意で周知期間は「三〇日」と決まった。

ややこしい話なのでくわしい説明は省くが、衆議院の選挙も参議院の選挙も、憲法や公職選挙法などで、選挙日の設定などについての手続きがそれぞれ厳格に決められている。参議院の選挙は、参議院議員の任期満了から三〇日以内に行う、もしその期間に仮に国会が開かれていたら、国会が終わった日から何日以内に行うと、きめ細かい規定がある。その規定に従うと、投票日は何月何日から何日までの間の、それも日曜日とすると、この日か、もしくはこの日かと、三つぐらいの選択肢しかなくなる。

衆議院選挙のほうは、これまた、公職選挙法で、衆議院議員の任期満了から三〇日以内、もしくは衆議院が解散された場合は、そこから数えて四〇日以内という規定がある。その両方の規定を同じ特定の日に合わせて衆参の同日選を行うためには、ものすごく技術的な日程調整が必要である。周知期間が一カ月だと、どうひねくりまわしても同じ日に合わせることはできないという計算になる。それで、定数是正案の法律ができて、その付則に周知期間は三〇日と決まって、野党はこれで同日選挙はなくなった、中曽根さんの解散は阻止できたといって大よろこびした。衆議院第一議員会館の廊下で社会党委員長の石橋政嗣さんと出会った時、石橋さんが満面に笑みを浮かべて、「われわれ野党のやるべきことは、総理大臣が解散をやりたい時にやらせない、やりたくない時にやらせる、これがわれわれのめざすところです。ついに解散を押さえこんだ」と語った場面を覚えている。

その日の夜、中曽根さんの側近を呼んでいっしょに食事をした。私の方は、「周知期間が一カ月となると解散はできない、残念でしたね、いずれまた機会があるでしょうから」と、なぐさめるように言った。すると彼は「うーん、まあしばらくは死んだふりですわ」と、ニヤリと笑った。彼はそれ以上のことは一切言わず、あとは雑談となってしまったことを、今でも悔しく思い出す。当時はだれもが三〇日は一カ月と思い込んだのだが、三〇日と三一日は一日違う。一カ月といわず「三〇日」としたのは、一日違うと参院選の期日にぎりぎり間に合うのだ。あとになってみんなそのことに気がつくが、あとのまつり。それで七月六日の同日選挙になった。「死んだふり解散」といわれるのはそのためである。

そういう手練手管と知恵を絞りに絞って同日選挙をやって、結果は見事に自民党が圧勝して三百議席を獲得した。中曽根さんは、自民党は右の勢力はもともとだが、「左にウイングを広げて、自民党の新しい基盤ができた」と勝利宣言をした。本来ならば八六年で中曽根さんの総裁任期は終わるはずだったが、これだけ自民党を大勝させたという功績を評価して、党則を改正して任期を一年延長し、結局五年間という長期政権につながったのである。

12　「ここからは一瀉千里だ」

――竹下登の気配りと執念

巧妙な気配り術

竹下登さんといえば根回し、気配りの代名詞のような人として知られている。実際そのとおりである。根回しとか気配りは政治家でなくてもだれでもある程度やることだが、彼の気配りというのは実に巧妙というか、手がこんでいる。たとえば、これは、ある経済界の人に聞いた話だが、ある日その人が竹下さんのところへ、まだ彼が首相になる前のことだが、何かの陳情に行ったという。竹下さんは話を聞いていて、「わかった、では、こうしよう」といって、あなたはいまから○○君、つまり、竹下派のある族議員のところへ行って、「こういうふうにいってごらん」という。

「竹下のところへ陳情に行ったら、あなたのことを非常に褒めていた。○○君は次の内閣改造では○○大臣かなと竹下がつぶやいていたと、こんなふうにいってごらん」と。で、その族議員の幹部のところへ行って、いわれたとおり、「さっき竹下さんのところへ行ったら、竹下さんがあなたのことをこういってましたよ」というと、その議員はたちまち「そうかね」とにこにこして、「よし、わかった、すぐにやります」といって、陳情が非常にうまくいったと、こういう話である。

竹下さんのやり方というのはそういうことだ。自分で、「よし、任せろ」とか、「じゃあこういう風にやりましょう」とか、田中角栄さん的に直接的な行動をとるのではなくて、回りくどいけれども結果的にみんながよろこぶような結論に導くというやり方だ。陳情処理を振られたほうは、最初はめんどうな話を回してきたなと思ったかもしれないが、竹下さんが褒めていたよといわれれば気持ちがよくなるし、それから陳情に行った人も、竹下さんに会えて、そして別の幹部にも会えて、そして陳情が実るということだから、みんながよろこぶわけだ。そうなると、竹下さんは竹下さんで、竹下さんに頼めば物事をうまくさばいてくれるという評価につながり、それが政治力の一つの源泉にもなる。私はその経済人の話を聞いて、竹下さんの、こういう手の込んだ、非常に上手な、それも自分の手を汚すわけでもないやり方は、これは他の人にはできない芸当だなと感心した。

政治家の政治資金集めのパーティがあると、竹下派以外の派閥の人でも、みんな竹下さんに声をかける。忙しい竹下さんだから無理かなと思っていると、行きましょうという返事がくる。それでパーティ当日、竹下さんは来るといっていたのになかなか来ない。主催者はだんだんイライラしてくる。他の人たちはみんな来て、挨拶したりして帰っていくが、竹下さんだけはいつまで経っても来ない。それで主催者は、あれほど来るといっていたのに来ないではないかと憮然たる表情で、そろそろ会もお開きにしようというころ、竹下さんがひとりでのそっと入ってくる。

「いろいろ立て込んでいて来るのが遅くなってすまん、すまん」とかいって、それで肩に手をかけたりして、「実はこんな話があってな」などと話をする。そうすると、いまのいままで竹下さんが来ないので裏切られたとふくれていた人が、そんなに忙しいにもかかわらず、しかもほとんどパーティが終わりかけているにもかかわらず、わざわざ駆けつけてくれたというので、よろこびもひとしおになる。それもおざなりに、「やあやあ、がんばってください」なんていって急いで帰ってしまうのではなくて、それから三〇分ぐらい、たいした話でもないと思うが、主催者と談笑してすごしてくれるので、すっかり、竹下さんは感謝されてしまう。

その正反対の人もいる。パーティに呼ばれて、めんどうくさいと思いながら、しょうがないからと、つきあいで行く。そして開会前に受付に案内状を示し、来たことを確認させたうえで一応会場を「ややあや」なんていいながらすーっと入って、そのまま出口に行く。一分か二分である。そうすると、招いたほうは、あんなにそそくさと行ってしまうぐらいだったら、もう来てもらわないほうがいいやとなる。行く方は、行かないと義理を欠くからと思って無理をして行くのだが、来てもらった側は、いかにも忙しいのに無理して来たんだという押しつけがましい印象を受けて、感謝の思いはほとんど残らない。そのへんの手の打ち方の違いである。

アートとしての政治

そうした竹下さんの巧妙さ、周到さは金集めでも発揮される。自民党は結党以来、政治資金をめぐるスキャンダルが続いているが、三木内閣の時に、政治資金の透明化を図るということで、政治資金規正法改正を行い、規制を強化した。これによって特定の企業や金持ちから大口の資金を集めるのが非常にむずかしくなったが、そこに突破口を開いたのが竹下さんだった。彼は全国に竹下後援会という組織をたくさん作った。それまでふつうは、後援会といえばメンバーは地元の選挙民か、あとは地元企業だ。地元以外の企業はだいたい東京中心だった。しかし、全国に後援会を作り、しかも小口の献金という、全国的に網の目のように後援会を作って、そこで少しずつカネを集めるという手法を開発したのが竹下さんである。安倍晋太郎さんと話している時、「竹下君に会ったら、いい方法があると教えてもらったよ。法律にひっかからないで、ちゃんとやれるやり方があると。安倍ちゃんもやったらどうだといわれたから、俺もやってみるか」なんていうことをいっていた。そういうふうに法に触れないやり方でお金を集める。そういう手口を開発したのも竹下さんである。非常に回りくどいやり方だが、上手にいろいろ仕上げていく、この能力は非常に長けている。

しかし、そのあげくにリクルート事件で引っかかることになる。あれは直接カネをもらうのではなくて、未公開株というまだ公開してない株を格安で買わせてもらうわけだから、あまり問題にならないと思ったのだろう。しかしそれを売れば、いざ、公開されたときには、その何倍もの金額になるわけで、単なる商行為とはいえなくなる。結局それが竹下さんの命取りになってしまった。

「人間得意技で倒れる」という典型ともいえるが、それはともかく、政策的にも、たとえば大平さんが一般消費税で失敗し、中曽根さんが売上税で失敗したものを、竹下政権で三パーセントの消費税導入をついに実現させたように、反対勢力をどうやって落としこんでいくかというテクニックの巧みさは、芸術的ともいえるほどだ。

だから竹下政治というのは、アートとしての政治と呼んでもいいかもしれない。政治には理念、つまり国家目標とか価値観といったイデア的な要素と、テクニックあるいはアート（技術）としての政治という両面がある。中曽根さんの場合は、どちらかといえば理念型である。いろいろとヘマをやったり、やりすぎて失敗したりするが、思いはあふれんばかり、国家意識の塊りみたいなところがあって、理念型の政治といえよう。その対極にいるのが竹下さんの、アートとしての政治ではないだろうか。これは、中曽根政権と竹下政権を分けるさまざまな要素、時代背景から政治体質まで、変化の軌跡をみるうえでも、非常に特徴的な対比の一つになると思う。

竹下さんがそうした手法を駆使して成功できたのも、それを可能とする時代背景があったからだといえるだろう。当時はまだバブルの最中で、経済は成長し、税収もたっぷりあった。税の自然増収が当初予算の見込みを上回って余ってしまい、歳入欠陥どころか予算をオーバーする歳入に恵まれたということで、余った金の使いみちを「ふるさと創世」と称して全国にばら撒くこともやった。そのことによって地方はよろこぶし、それは自民党の支持基盤の安定につながる。国家の方向性といったようなことは、彼はあまり考えないでもすんだのだ。

それというのも、中曽根内閣時代は、ソ連の中距離弾道弾のヨーロッパ配備をめぐって冷戦が激化した時代だったが、その後は安定期に入るなど、国際環境も比較的安定した状態にあった。そういうなかで、戦後の復興から成長という国作りの段階から、今度は分配の時代に入っていく。中曽根さんから竹下さんへの政権の移行は、時代的にも非常に対照的な場面転換だったといえる。

もともと自民党という政党は、利益の分配を通じて政権を維持するという関係のもとに成り立ってきた。中選挙区制のもとで、同じ自民党の候補者同士が競り合う形で同一選挙区から複数の当選者を確保し、国会で過半数を制して政権を握るわけだが、そのためには地元の有権者や関係する業界の陳情を受け、それを政権党の立場を使って予算編成に反映させて利益を配分する、その見返りに有権者からは票を、業界からは政治献金をもらうという形で、利益を政治家や政党のもとに還流させる、といった相互扶助的な構造である。その「分配の政治」を究極まで押し進めたのが竹下政治だったといえようが、それはまた、分配を可能にした経済の成長がとまり、利益よりも社会保障などの負担の分かち合いがむしろ政治の焦点となってくる時代を迎えて、自民党政治が崩壊過程に入っていくのとパラレルの展開をみせることにもなっていく。

竹下、手ずからの「大根おろし」

この点はあとでもう少し詳しくふれたいと思うが、その前に、竹下さんの気配り上手ということでは、私自身の経験でも、身をもって感じたことがあるので、紹介しておこう。彼の気配りは、たんに人様によろこんでもらおうと思ってやっているのではなく、裏にはちゃんとした計算がある。しかもその行動は、表にはあまり見せない彼の権力への執念というか、一貫した秘めたる目的に沿った、ある意味では極めて合理的な行動もあった。竹下さんという人は、肯定的な意味だけではなく、ネガティブな意味も含めた、合理性をもった人だなという印象を私はもっている。

たとえば、一九八七年元日のことである。いまはほとんどやっていないかもしれないが、私たちが現場取材に走り回っていたころは、元日も二日も、あるいは場合によっては三日も含めて、政治家の自宅に年始廻りをするのが慣例になっていた。八七年一月一日に、私も首相官邸からはじまって派閥の領袖とか実力者、あるいは親しくしている人、そういうところを何カ所か廻って、当時、世田谷の代沢にあった竹下邸に年始のあいさつに行った。

竹下さんは当時、自民党幹事長だった。私が竹下邸に着いたのは、もう午後四時を過ぎていた。秘書が出てきて、「あいにくたったいま出かけてしまいました。したがって今日は待ってもらっても無理ですよ」という。私もすでに何カ所も廻ってきて疲れてもいたので、不在なら仕方ないから帰ろうと思って「それでは結構です」と言ったところ、「四日なら本人がいますからどうぞ」という。私は四日だけは休もうと思っていたので、四日だったら遠慮しようかと思ったが、せっかく四日ならどうぞといわれて行かないわけにもいかなくなり、結局、その年の正月は一日も休めず、四日に再び竹下邸に行くことにした。

あとでわかったことだが、私が一月一日に行った時にひと足違いで竹下さんは出かけて、どこへ行ったのか。竹下さんは目白の田中邸に年始に行ったのだった。しかもそこで、門前払いをくったといわれている。田中さんは当時、病に倒れていた。八五年の二月に倒れたので、それから一年半ぐらい目白の自宅でリハビリしている状況だった。竹下さんはそこへ年始に行ったが、本人に会えずに帰された。それは前に述べたように、竹下派旗揚げの時の遺恨があったからだろう。田中さん本人の意志で竹下さんを追い返したのか、あるいは娘の田中真紀子さんが追い返したのか、そのへんはよくわからない。自民党内では、おそらく後者だろうという見方をする人が多いようだ。

そんなことがあったとは当時は全く知らず、私は一月四日の、昼前ころ、改めて竹下邸に行った。そうしたら竹下さんがカーディガンを着てくつろいだ姿で出てきて、「ちょっと待っててくれ」といい、座敷に通された。

たまたま一緒になったテレビ局の竹下番の記者と二人で待っていると、竹下さんが太い大根をぶら下げて、すっと台所へ入っていったのが見えた。しかもそれっきり出てこない。私たちが待っているのはわかっているはずなのに、何をしているのか、三〇分たっても四〇分たっても出てこない。そうして一時間近くたってから、千枚漬けを持って竹下さんが出てきた。

あの竹下さんが、自分で千枚漬けを作っていたのかとびっくりしながらひと口食べたら、これがなかなか上品な味でおいしい。てっきり竹下さんのお手製だと思って「これはおいしいですね」と言ったら、「ああ、それは大安《だいやす》のだ」。京都の有名な漬物店、大安の千枚漬けだという。それじゃあ、竹下さん、あなたは今まで何をしていたのと、思わず問い詰めたくなったが、そうしたら竹下さんはまた台所へ引っ込んでしまった。

この人は私たちを待たせて一体何をしているんだろうと思って、わけがわからず再び待っていると、それからまた一五分ぐらいして出てきた。今度はブリの照焼きを持って。そこに、大根おろしが載っている。そうか、竹下さんは大根をすったり、ブリを焼いたりしていたのか。竹下邸にはもちろん奥さんもお手伝いもいるし、彼がやったのは、多分大根をおろしたことだけだと思うが、それにしても、この人は年始の客に、客といっても私たちは仲間みたいなものだが、自分で大根おろしまですってもてなすとは。気配りの人とよくいわれるが、なるほど、こういう人なんだなと、改めて感じ入った次第である。

総裁選への決意

この八七年という年は、その前年、八六年七月に中曽根さんが衆参同日選挙に打って出る「死んだふり解散」で自民党が三百議席を取るという大圧勝をし、自民党に大変な恩恵をもたらした功績によって、本来ならその年の秋に終わるはずだった総裁任期をさらに一年延長する党則改正を、八六年九月に行って、八七年十月三十日までとなっていた年だった。したがって、八七年の一月四日という日は、一〇カ月後には総裁選があるという年の、幕開けの日だったのだ。

そういうこともあるので、当時幹事長をしていた竹下さんはどういう心境でいるのかが、私たちの関心事項で、いっしょにいたテレビの記者と二人で、そろそろと彼の腹の中を探ろうと雑談をしていた。で、「総裁任期が一年延長になって、秋には総裁選ですね」と水を向けると、「プラザ合意、あれも図ってやったことだわな」と言い出す。

「プラザ合意」というのは、八五年九月二十二日、竹下さんが大蔵大臣の時に、ニューヨークのプラザホテルで、当時のG5（先進五カ国）の大蔵大臣、財務相会談が行われ、アメリカがドル安政策に転じ、日本を円高に誘導するという合意を行ったことをいう。

このプラザホテルでのG5は秘密裡に行われた。竹下さんはその日、報道陣の目をごまかして、ゴルフに行くと称して、実際に成田のゴルフクラブでハーフの九ホールだけゴルフをやり、そのまま飛行機に乗ってニューヨークへ飛んで会議に参加するという離れ業をやって、みんなをあっといわせたのだった。

この時のアメリカのドル安政策、裏返せば日本の円高によって、日本は円高不況になってしまった。当時、労働界では、「働いて　円高にして　首を絞め」と、自嘲気味のざれ歌がはやった。みんなが一生懸命働いて、がんばって経済を成長させたあげくが円高になり、輸出産業は総崩れして、みんなが悲鳴をあげるという皮肉な結果になったことへの恨み節だ。しかし、それも半年ぐらいしたら逆に円高メリットという、予想外の結果が生まれる。それまでより少ない円で外国からいろいろな製品を安くたくさん買えるようになった。とくに石油などエネルギー、素材の輸入が割安になって、日本は好景気になる。それで八〇年代後半以降は、日本のバブルにつながっていく、そういう時代だった。

それにしても、正月に竹下さんに会ったのは今年の政局の話を聞こうと思っているからなのに、竹下さんは「プラザ合意、あれも図ってやったことだ」で、はぐらかされた思いだ。すると竹下さんはまた、「総裁任期の党則改正、あれもだな」と言葉をつなぎます。つまり、自分は図りに図って着々と、いろいろなことをやっているのだという趣旨のことを、少ない言葉だけれども言っているわけだ。それでこちらが、「ということは、これからは一瀉千里ですね」と言ったら、「まあ、そういうことだわな」といった。ほほうと、思わず私は声を出しそうになった。

彼はそのころ、外向けには、「汗は自分でかきましょう、手柄は人にあげましょう」、「安倍ちゃん、お先にどうぞ」と、よく言っていた。あのころ、総裁選を争うとしたら「安竹宮」、つまり安倍晋太郎、竹下登、宮沢喜一の三人だろうと目されていた。佐藤さん以後の三角大福中、全員が総理大臣を経験し、しかも中曽根さん以外はみんな生煮えのまま。田中さんはわずか二年で退陣、三木さんも粘りに粘ったけれど三木おろしで無念の退陣、その後、福田さんも天の声には変な声もあるといって大平さんに負けて、大平さんが首相になったけれども、これまた党内抗争で亡くなってしまった。で、途中、鈴木善幸さんを挟んだけれども、中曽根さんではじめて安定的に五年ぐらいやった。これで三角大福中の時代はひと通り終わり、新しい世代が政権を争う時代を迎えることになっていた。

そしてこの新しい世代の三人は、ともに怨念の政治との訣別を意識していたし、とくに安倍さん、竹下さんは、「安倍ちゃん」、「竹ちゃん」といいあう仲よし組だった。安倍さんは福田派、竹下さんは田中派と、それぞれ怨念の対決の派閥に属す幹部同士ながら、それだけにまた自分たちの時代は仲よくやろう、怨念の政治はもうこりごりだという思いが強いとされていた。そんなことから竹下さんは、外向けには、総裁選も争わないで、安倍ちゃんを先に推すというようなことをほのめかしていた。それがしかし、今、彼は「これからは一瀉千里《いっしゃせんり》」だという。中曽根さんの総裁任期は十月には切れる、そこへ向けて、一瀉千里で政権取りに走る、そこへ向かってまっしぐらに突き進むという決意である。外向けの、ふにゃふにゃしたセリフとは打ってかわって、自分は誰が何といおうと、田中邸で門前払いをくおうと、必ず総裁選に出て勝ってみせる、こういう秘めたる決意を固めていたのだ。竹下さんはやる気だなと、私ははっきりとわかった。

それからしばらくして、安倍晋太郎さんに会って総裁選の話になった時に、「安倍さん、竹下さんは本気で総裁選に出るつもりだと私は思いますよ」といったら、安倍さんは「そんなことはわかっているよ。お先にどうぞなんていうのは麻雀の話だといいたいんだろう」などと笑いながら、しかし、たとえ竹下さんにやる気があっても、まだ自分のほうが先に政権につけると思い込んでいたのか、余裕をみせていた。

それでどうなるかなと思って見ていたら、八七年五月十四日、田中派、当時は、木曜クラブと名称を変えていたが、その木曜クラブの総会で突如、会長の二階堂進さんが、総裁選挙には自分が出ると決意表明をして、みんなを驚かせた。八五年初頭の竹下さんの創政会旗揚げで田中さんが倒れ、田中派内に深刻な動揺が生じたため、竹下さんはその後、創政会をいったん解散し、田中派も木曜クラブと名称を変え、二階堂さんも竹下さんも一応、田中派のメンバーとしてそれまでやってきていた。

しかし、安倍さん、竹下さん、宮沢さんのほかにもうひとり、旧世代から二階堂さんが出るとなると、総裁候補が四人になって、予備選をもって候補を決めるということになる。そうなったら田中派は分裂選挙となる。それで田中派の中は大騒ぎになって、もめにもめるが、最終的には二階堂さんを推す人が派内に少ないうえ、福田赳夫さんも、二階堂さんにこの際は無理だと説得して、最終的に二階堂さんは出馬を断念する。

八四年十月の総裁選の際は田中さんの意に反して中曽根さんの再選阻止に回った二階堂さんが、今度は田中さんの意を体してか、竹下さんへの世代交替阻止に立ち上がるという曲折に富んだ派内抗争だったが、これによって最後の世代戦争に決着がつく形になった。そういう経緯をへて、五月二十一日に、竹下幹事長を激励するパーティ、要するに総裁選出馬へ向けた旗揚げの資金集めパーティが開かれる。

経世会の旗揚げと中曽根裁定文

この日はじめて竹下さんは、「今後、私に残された政治生命を五尺四寸の体で燃焼し尽くすことが、私に与えられた最後の使命である」と、多少持って廻ったいい方だが、事実上の総裁選出馬を宣言した。この時点で田中派は総勢一四二人、もちろん最大派閥だ。そのうちの八五パーセントぐらい、一二〇人がこの竹下さんのパーティに出席した。パーティを開くというのは、どれだけ人を集めるかという勢いを示すということと、もう一つはお金を集めること、この二つが目的である。この時のパーティ券は一人三万円といわれたから、少なく見積もっても二〇億円の金を一夜にして集めたということになる。一枚三万円を五万枚以上さばき、それ以外のいろいろな資金協力も合わせて、二〇億円は下らないという。パーティに集まったのは、議員は一二〇人だが、全部で一万三千人集まったという。

私は当時、論説委員として、この問題を社説で取りあげたことがある。党あって国なし、派閥あって党なし。このころの自民党のもっとも悪い体質を象徴するような現象ではないか。政策論はほとんどなく、金の力、数の力を見せびらかすということが競争になっている。何十億も金を集めて一体何に使うのか。竹下さんの出馬の決意はよいとしても、総裁選のあり方として異常というほかないと、言論機関にある者として批判的に書いたことを記憶している。

それはともかく、この五月の出馬声明を踏まえ、竹下さんは七月四日についに「経世会」の旗揚げに踏み切る。八五年に創政会を作り、間もなく解散して、田中派内で勢力の拡大を図り、改めて一一三人が参加する自前の竹下派が、これによって確立することになる。田中派のもとの竹下さんではなくて、竹下派という独立した新しい城を作ったということなのだ。一一三人という数字も最大派閥である。七月二十九日には東京高裁が田中さんの一審の有罪判決を支持するという出来事をへて、十月八日に自民党総裁選が告示される。

二階堂さんは降りていたから、結局、安竹宮の三人の争いということになって、十月二十日までの間に三人の会談が六回あった。誰が先にやるのかということを、いきなり総裁選でぶつかり合うのではなく、候補者同士の話し合いで円満に決めようという目的で六回も三者会談が行われたが、話がつかない。結局、一本化できないということで、現総裁である中曽根さんに調整を委ねようという運びになった。こういう展開も、あるいは竹下流で「図りに図った」のかもしれないが、三人で話し合ったものの、どうにも調整がつかない、しからばということで、中曽根さんがいろいろ考えて、一筆書いたものを、三人の前で読み上げるということになった。

「内外の時局正に重大な時に、自民党は、党総裁すなわち内閣総理大臣候補者を銓衡し、国民諸君の負託に応えることになった」という書き出しに始まり、「自由世界の一員としての立場」や、「教育、税、土地政策等」の諸課題を述べたあと、「よってこの際、全党一致結束の下に、文字通り挙党体制を組んで取り組むよう三候補に求める。

裁定文のこういう前置きをずっと読んでいると、誰にでも当てはまるような気になるし、安倍さんは自分だと思い込んでいたようだが、中曽根さんはひと呼吸おいて、こう結ぶ。

「以上の考えに立って私は熟慮の結果、総裁候補者として竹下登君をあてることに決定した。他の二者におかれては、前期の趣旨にのっとり、全面的に協力されんことを深く希望するものである」と。

安倍さんは愕然とするが、三人そろって中曽根さんに調整役を頼んだ以上、お受けしますというほかなかったのである。

中曽根さんの裁定文は、あとで読み返してみても、「以上の考えに立って……」以前の部分は三人のだれにでもあてはまるような論理で、三人のうち竹下さんでなければならないという理屈にはなりにくい。決め手は何だったのかといえば、これは中曽根さん自身、周囲に後で説明したといわれるところによると、竹下派は党内最大派閥だから、ということに尽きるようだ。裁定文であげたようなさまざまな政策を遂行していくためには、党内最大の主流派を脇にはずしてやろうと思っても、これはできない話である。となれば最大の主流派を率いる竹下さんにやらせるのが、政策の実現ということを考えると、やはり一番自然であろうということである。

そんなことはそこに書いてないが、最大派閥という数の力、それを裏で支えるのは金の力であるわけだが、それを田中さんのようにむき出しに振り回すのではなく、無言のプレッシャーで、否応なしに竹下さんに結論が落ちつかざるをえないように仕向けてゆくことを、竹下さんはずっとやってきていたのだ。それが見事にここに結実した。その年の正月に、これまでも図ってやってきた、これからは総裁ポスト、政権取りにまっしぐらに進む、しかもそれも全部図りに図ってやっていくと、こういう手法と決意、執念といってもよいだろう、それが成功した瞬間だったのである。

総裁選で血みどろの戦いをやっても、最大派閥だから勝てる可能性は強いと思えるが、もし数の勝負になって、一発で過半数を取れない場合は、二、三位連合などの裏技でひっくり返されるということもありえる。だから、なるべく総裁選にもちこまないで、党内融和、話し合いでいきましょうという前提のもとで、中曽根さんの裁定には反対できないような環境を作り、そのうえで数の力をフルに発揮するという、根回しと決断と執念の見事な合わせ技だったといえよう。

竹下政権の誕生は、自民党政治の歴史からみれば、田中さん、二階堂さんとの世代戦争をへて、これで世代交代が確定したということであると同時に、数の政治がこれによって完成したということを意味するように思える。

竹下政治の手法のもう一つの特徴である調整型の政治も、ここからはじまる。調整という限りにおいては、どんな場合でも政治は利害の調整だが、中曽根さん的な、国家はかくあるべきだという理念先行の政策運営から、すでに確立された方向の中で利害の対立をいかに上手に調整していくか、いわゆるアートとしての政治、技術としての政治への移行という意味を、竹下政権の誕生が示していると私は思う。

消費税法案の成立

竹下内閣が取り組むべき課題は、一つは日米の農産物輸入交渉だったが、もう一つは消費税だった。

かつて大平政権が一般消費税を掲げて、衆議院選挙で負けて挫折した。その後、今度は中曽根さんが、売上税という名称で、大型間接税の導入に挑戦するが、これも失敗に終わる。両政権で大蔵大臣をつとめた竹下さんは、やはり財政上、大型間接税として消費税の導入を、なんとしても実現しなければならない使命として取り組むわけだが、同時に、二回の失敗の教訓も十分に学んでいて、実現へのさまざまな工夫をこらす。

たんに消費税が必要だと訴えるだけではなくて、彼自身が「皆さん、消費税は反対ですね、皆さんが心配しているのはこういうことでしょう」といって、「六つの懸念」、つまり消費税に関して国民が心配している難点を、自分のほうから提起する行動に出た。「消費税を導入すると、逆進性、つまり、所得の低い人、弱い人により負担が重くなる、ということを皆さんはご心配ですね」。それから二つ目に、「いわゆる中間所得層がいま以上に不公平になるんじゃないか」ということ、あるいは「非課税層、これは第一と関係しているんだけれども、いま税金を払っていない課税最低限、いま四百万円ぐらいですか、それ以下の低所得層、これは税金を払ってない人たちだが、消費税を実施するとそういう人も払わなければならなくなる。そうすると、非課税層に新たな負担が生ずる、これも皆さんは反対の理由ですね」。それから四番目に、「消費税というのは痛税感が薄いから、いま三パーセントなんていっているけれども、そのうち五パーセント、一〇パーセントと、どんどん上げていくんじゃないのという心配をされるでしょう」。それから五番目が、「いわゆる事業者、とくに中小零細企業が消費税でいろいろ申告しなければならない。これは手間がかかって大変ですね」。さらに「消費税となれば物価が上がるわけだから、これまたインフレを招くんじゃないか」などと、「六つの懸念」というのを自分のほうから国会質疑の場で言いだす。

それまでは質疑に先立って大蔵省の事務当局がちゃんと想定問答を作って、野党からの追及を防ぐ用意をしているのだが、竹下さんは逆に、野党が質問しそうなことを自分の方から、こういうご心配があるでしょうと持ち出し、これを一つ一つ説明していって、こうならないようにはこうします、あならないようにはああしますといって、官僚たちが予定していた原案をどんどん骨抜きにしていくのである。いわゆるインボイス方式はやめるとか、零細企業には消費税を払わなくてもいいような抜け穴をいくつか作るとか。そうこうしているうちに話がなんだかぐちゃぐちゃになって、問題点がわからなくなるようにしていくというのが、竹下さんのやり方である。

そういう国会答弁という表舞台での説得工作をやりつつ、裏では、社会、公明、民社の野党幹部たちとは、竹下さん、金丸さんのかねてからの個人的なパイプを使って、表向きは反対してもいいから、最後は法案を通させてくれとか、いろいろな工作をする。こうして合計八六時間三〇分という異例の長い審議時間を経て、最終的に八八年十二月二十四日に、消費税三パーセントの法案がついに成立となった。図りに図り、粘りに粘って、課題を一つ一つ実行していって目的を達成し、竹下手法は見事な成功を納めた。しかし、その一方で、この法案が成立するころから、リクルート社の未公開株問題という事件が出てくるのである。

激変の幕あけ・八九年

最初は、川崎市役所の助役がリクルート社から未公開株をもらったという、『朝日新聞』の報道が発端で、当初は中央政界はそれほど深刻に受けとめていなかった。しかし、だんだん、あの人ももらっていた、この人ももらっていたというように、国会議員にも波及してきて、竹下さん、安倍さん、宮沢さんも含めて、与党も野党も主要な幹部がかなり広い範囲で関わっていたことが明るみに出てくる。

年が明けると昭和天皇が八九年一月七日に崩御し、昭和の時代が終わる。昭和から平成への変化は、あとでもふれるが、戦後史自体が大きく変わる節目でもあった。そのころから時を同じくするように、竹下さんの力も急速に衰えていく。八九年に入ってリクルート事件が次第に厄介な話になってきて、四月の時点では竹下内閣の支持率は七・一パーセントまで落ち込む。

その後の首相も、みんな辞める時は、民主党政権の菅直人さんもそうだったが、支持率が一パーセントになっても辞めないとかいうし、竹下さんもたしか一桁になっても辞める気はないというようなことをいっていたが、五月になると、支持率はなんと四・四パーセント。四月には辞意表明に追い込まれたが、当時はまだ予算審議のさなかで、かえって混乱するというので、実際に辞めるのは六月二日になったものの、結局、退陣ということになった。

田中さんとの戦い、田中派内における二階堂さんや旧世代との戦い、安倍さん、宮沢さんとの戦い、こういうものを図りに図って、戦って勝って、ようやくつかんだ政権。しかも消費税という歴代総理

沈痛な面もちで昭和天皇崩御を発表する竹下首相。昭和から平成へ、そして政治状況もこの年を境に大きく変動していく。(1989年1月／久保田富弘氏撮影)

大臣がみんな失敗した難題をついになし遂げ、おそらく得意の絶頂だった長期政権への夢。それがわずか一年七カ月で退陣に追い込まれるということだから、竹下さんにしてみれば、これまた不完全燃焼もいいところで、未練を残しながらの退陣になった。

この八九年という年は、国際政治の面でも歴史の大きな転換点でもあった。ベルリンの壁が壊れたのも八九年である。それに続いて九〇年にはイラクのクウェート侵攻から湾岸戦争、そしてソ連が崩壊したのは九一年で、冷戦構造が崩壊する。それからバブルが崩壊に向かう峠が八九年だった。それまで右肩上がりの経済成長を続け、竹下政治に象徴されるような、利益の分配を通じて数を増やしていく、こういう利益分配型の政治の基盤が崩壊してしまった。

竹下政治の数の力、金の力の自民党政治の完成というのは、そこから自民党政治が崩壊していく、この大きな峠だったといえるだろう。

13

「ミコシは軽くてパーがいい」

——政治の改革と劣化の軌跡

「本の表紙だけ替えて」――暫定政権としての宇野政権

竹下さんの置きみやげとなったのが「政治改革」である。退陣の引き金となったリクルート事件は、それまでの汚職事件と違って、関与した政治家が特定の人物に限定されるのではなく、自民党政権の中枢メンバーのほとんど、さらに野党の幹部から中央官界の幹部などにもおよぶという対象範囲の広さからも、政界全体の構造的腐敗ぶりを示す象徴的なスキャンダルという様相を帯びる結果となった。こうなってくると、それまで金権政治批判などのたびに繰り返されてきたような、政治資金の規制強化や派閥解消論などの、「党改革」といったレベルを超えて、不祥事を生む背景にまでさかのぼって、政治のあり方全体をそっくり改革しなければならないという「政治改革」の議論が前面に出てきた。

竹下さんが正式に辞任したのは六月二日だが、これに先立って自民党は党内に「政治改革委員会」を設け、後藤田正晴さんを会長にして検討を進めた結果、八九年五月二十二日に「政治改革大綱」を発表した。

同一選挙区から同一政党（自民党）の複数の候補者が立候補して票の争奪戦を行う中選挙区制度のもとでは、候補者は政策や政治理念ではなく、地元への利益誘導などのサービス合戦を繰り広げることになり、これが金のかかる選挙や派閥の対立を生むことになる。政策なき金権政治の諸悪の根源はこの中選挙区制度にある。これを改めて政策中心、政党中心の選挙と政治体制を実現するには、小選挙区制を中心とする選挙制度にすることが不可欠だ、というのが大綱の趣旨である。小選挙区制は、鳩山一郎内閣当時は憲法改正をめざすために、また田中角栄内閣当時は自民党の一党優位体制を強固にするために、導入を検討された経緯があるが、今度は政治の腐敗を防ぎ政権交代を可能にするための手段として、その実現が求められるということになったのである。

こうして、この大綱で打ち出した「政治改革」を実行するかどうかが、ここから先の政局の大きな争点、そして政局変動の要因となっていく。

竹下さんが辞任したあと登場したのは、意外や意外、当時外務大臣で滋賀県選出の宇野宗佑さんだった。そこに至るまでには曲折もあった。

リクルート事件で自民党の評判がガタ落ちしている中での政権の交代だから、なんとかクリーンイメージに変えなければということで、伊東正義さんの名前が最初に浮上する。伊東さんは大平さんの親友であり、大平さんが死んだ時の官房長官で、鈴木内閣では外務大臣だった。その伊東正義さんに白羽の矢が立ったが、当人は「本の表紙だけ替えてもしょうがない。中身まで替えなきゃ。表紙だけ替えるために、俺を総理大臣にといわれても、俺は嫌だ」といってガンとして受けない。彼は福島・会津の人間である。会津のいい伝えに「ならぬものはなりませぬ」という言葉があって、だめなものは理屈抜きにだめということである。幕末に、薩長連合に痛めつけられた経験もあって、とにかく人が何といおうとだめなものはだめ、ならぬものはなりませんという一徹ぶり。伊東正義さんはその代表的な人物で、本気で実行する気もないのに政治改革の看板をかけ、首相のカオを変えるだけでこの事態を乗り切ろうとしても、そんなこそくなやり方に協力するのはごめんだと、こういって蹴飛ばすのである。

それでおハチが宇野宗佑さんに回るのだが、それでは、何で宇野さんなのか。

一応は、政治経歴が豊富だとか、外務大臣を経験しているとかあるが、本音のところ決め手は当選回数で、竹下さんと同じ当選一〇回だった。一体それが何なのかというと、竹下さん側の説明では、本当は安倍晋太郎さんにつなぎたいのだけれども安倍さんはあいにくその当時体調が悪く、すぐに政権を担当するのはむずかしい。病状の回復を待って安倍さんにつなぐためには、安倍さんより若い、当選回数も少ない次の世代に政権を移すわけにいかないのだということである。しかし安倍さんの病気はガンで、回復が困難な状態にあったことは、多分、竹下さんは知っていたはずだ。

むしろ、竹下派の中には、この際思い切って若返りをして橋本龍太郎さんを首相にしたらどうだという声も出ていた。橋本さんは当時、五十一歳、まだ若く、新時代のホープと目されていた。しかし、その橋本さんに政権を渡したらどうなるか。竹下さんからすれば、先輩たちの世代に反旗を翻して苦労のあげくやっと世代交代を果たしたばかり。ここで自分のもう一つあとの世代に政権が移ってしまったら、この先再び自分の手に政権を取り戻すことはできなくなる。竹下さんとしては、たった一年七カ月、生煮えで首相を辞めるわけだが、いずれまた復権したいという気持ちがある。だから自分より若い世代の政権はなんとしても阻止したい。そこで自分と同じ、またはそれ以上の当選回数の人にしか政権を渡したくない。「宇野政権」は、竹下さんの復権までのつなぎ的存在として選ばれたということだろう。どこか、田中さんがかつてかつて椎名暫定政権構想を描いたのと似ているではないか。それで、宇野さんにやらせてみたら、あっという間に女性問題で失脚である。表向きは就任直後の七月に行われた参議院選挙でベタ負けした責任を取ったということだが、女性スキャンダルが致命傷になったことは否定できない。

ムラから企業へ、派閥の変貌

宇野宗佑さんがあっけなく辞めてしまって、その後は海部俊樹さんである。彼は河本派（旧三木派）で、年齢は比較的若かったが、彼も当選一〇回だ。つまり、同じ論理である。世代のページはめくらせないというのが、竹下さんの選択だったのである。自分たちが支持しないかぎりは政権は運営はできないと、竹下派の人たちは、竹下さんはじめみながそう思っていたし、また客観情勢もそういう状態だった。当時竹下派の代貸し格だった小沢一郎さんが「ミコシは軽くてパーがいい」と言ったといわれるのは、この時のことだった。

それまでの歴代政権は、鈴木善幸内閣を除けばすべて、各派閥が総裁選などで多数派の形成をめざして激しい争いを演じ、勝ち抜いた派閥の親分が総裁（総理大臣）のポストについてきた。椎名裁定や中曽根裁定のように一見話し合いで選出されたように見える場合でも、舞台裏では謀略や水面下の多数派工作が行われ、その勝者（たとえば三木さんや竹下さん）が政権を獲得してきたわけで、孫子の兵法にも出てくる「戦わずして勝つ」という戦法といえるだろう。

これに対して宇野さんや海部さんは派閥の長ではないし、また次に登場する宮沢喜一さんは一応派閥会長ではあったが旧大平派の継承者という立場であって、いわばサラリーマン社長のような立場であった。そして総理・総裁ポストへの選出も党内最大派閥の竹下派の一存で、争うことなく決まってしまったという点で、自民党の権力闘争史の中では極めて異例のケースといえよう。

しかもこれは、権力闘争のあげく大平さんが急死して党分裂の瀬戸際まで突き進み、危機回避本能から一時休戦ムードで鈴木内閣が登場したケースのような、たまたま例外的にそうなったという一過性の事態ではなく、自民党長期政権の歴史的変化がもたらした結果でもあった。

もともと自民党の派閥というのは、前にも述べたように、中選挙区制のもとで同じ自民党から複数の候補者が争いながら勝ち上がってくるという事情から生まれてきたものだが、同時に、そうした派閥は、よりどころとなる人物（親分）の指導力、この場合はその資金力や個人の力量、魅力などの総合的な力だが、そうした指導力を持った人物を慕う人たちが集まるという情緒的な側面もあった。だから自民党の派閥はしばしば「ムラ」と呼ばれ、その長たる親分はメンバーから「オヤジ」と呼ばれるのがふつうで、村落共同体や家族と同じように、人間的な関係性の濃い集団だった。従って、主要派閥の長は常に総裁選の候補者であり、またそうであるがゆえに派閥の長としての実力も強くなるが、逆にその実力者が死んだり総裁候補としての力量を失ったりすると、その派閥はよりどころを失って自然に解体したり、他の派閥に吸収されたりして消滅するのが通常のケースだった。

そうした中で旧池田派の「宏池会」だけは、池田さんが死んだあとは前尾繁三郎さん、そのあとは大平正芳さん、宮沢喜一さんというように、あたかも「株式会社」のように、トップが入れ替わっても派閥という組織は存続するという、企業社会に似た特殊な存在だった。それが可能だったのは、旧池田派が吉田茂以来の保守本流に位置し、経済界とも太いパイプを維持できたため、他の派閥のような「オヤジ」の個人技への依存度が低かったからでもあるだろう。

しかし、いわば自民党派閥政治の中で特異な存在だった宏池会のような「企業組織化」の傾向が、次第に党内各派に進んでいく。それというのも、佐藤内閣以後の政権は、いずれも不本意な短命に終わり、派閥の長は首相の座を降りてもそのまま健在で、早期復権の機会をうかがうという形になったため、派閥組織を維持する必要が生じたからでもある。それが佐藤政権以後の絶えざる党内抗争、怨念の一〇年という事態をもたらしたわけだが、その怨念の政治からの訣別をうたって世代交代の勝者となった竹下政権のもとで総主流体制が確立されると、この派閥の企業組織的体質がさらに強化される。どの派閥も、主流派の一角として閣僚や党役員のポストの配分を受けたい、それによって資金ルートも握りたいということで、最大派閥である竹下派の意向にさからえなくなる。それによって竹下派の支配力がさらに強まって、竹下派による党内派閥の寡占化、コングロマリット化が進むと、今度は派閥の役割も、かつてのような血縁共同体的な性格を失い、選挙での応援態勢など「互助会」的な機能が強まる。

しかも、これが一九九四年に選挙制度の改革によって小選挙区制に変わると、かつてのような同一選挙区内での同士討ちがなくなるため、派閥の存在意義は一気に薄れる。小選挙区制は、一つの選挙区から一人しか当選できない仕組みだから、候補者にとって一番大事なのは党の公認をもらうことになる。だれを公認候補にするかを決めるのは、派閥の長ではなく党の執行部（総裁や幹事長）だから、党執行部の力が圧倒的に強くなり、その執行部を握る総裁（首相）の権限が決定的に強化される。のちに二〇〇五年、小泉政権による郵政民営化をめぐる解散・総選挙で、民営化に反対する造反派の議員・候補者の選挙区には刺客を公認候補として立てるというやり方で圧勝し、反対勢力を震え上がらせたことは、派閥の存在にとって致命的な打撃となった。

それでもなお現在でも派閥は、形だけにしても残っている。資金の配分もほとんど期待できない、選挙の応援もたいした役には立たない、しかし自分以外の他の議員は何をしているのか、だれが時の首相に近いのか、次の選挙はいつごろになるのか、などといった「情報」は、一人で孤立しているとわからない。情報交換の場としての機能が、弱体化はしたもののなお派閥の存在を必要としているわけだが、逆にいえばその程度の役割しかなくなってしまったので、派閥の長の発言力はほとんど失われてしまった。近年の政治が、どの政党も党内がごたごたしてまとまりが悪いのも、こうした派閥的機能の弱体化に一因があるといえよう。

話がずい分先に進んでしまったが、竹下政権の後継首相選びは、いま述べたような派閥の変質化の大きな分岐点でもあったのである。ムラ共同体から株式会社化への派閥の変貌の中で、コングロマリットの頂点に立つ竹下派が、自前の総理・総裁を出せない代わりとして、他派閥の中から忠実に代役をつとめそうな非実力者を選び取るという形で生まれたのが、宇野政権であり海部政権であった。「ミコシは軽くてパーがいい」という小沢さんの言葉は、ミコシとしてかつがれる対象になった当人にはまことに不快ではあるだろうが、まさに事態の本質を見事に表現したものといってよいだろう。

宇野さんに代わって選ばれた海部さんの方は、もちろん自分が「軽くてパー」だから選ばれたなどとは思わない。「クリーン三木」のまな弟子の自分だから政治改革の使命が自分に課せられたのだという信念に燃えて、本気で政治改革の実現をめざして頑張ろうとする。自民党内の抵抗が強いのをみると、「重大な決意」で、解散に打って出ようとしたが、逆に、小沢さんらが解散はさせないということで、海部さんは結局二年で退陣に追い込まれてしまった。

総主流体制の足下から腐敗

金権腐敗の政治体質を変えるには選挙制度を中心とする抜本的な「政治改革」をやらなければならない、というのが政治改革大綱の主張で、海部さんはこれを真に受けて取り組もうと試みたが、自民党内はさっぱり動かない。竹下退陣で世間からの批判の嵐が通りすぎてしまえば、ノド元すぎれば熱さ忘れるといった空気が、このころは支配的になっていた。

そういう緩んだ気分に自民党がひたっていられたのも、中曽根政権の「死んだふり解散」で三百議席を獲得するという成功の余韻がまだ残っていて、また党内では竹下派「経世会」の圧倒的支配力によって、いつでもだれでも首相のクビを取り替えることができるという暗黙の理解が定着していたからだろう。「本の表紙だけ替えてもしょうがない」と総裁（首相）の座を蹴った伊東さんは、早くからそのことを見抜いていたのかもしれない。そしてそのことが、やがて自民党を自ら窮地に追い込んでいくことになる。

海部さんのあとは宮沢喜一さんである。この時、経世会の代貸だった小沢一郎さんによる有名な「小沢面接」のエピソードが生まれる。海部さんの後をどうするかという後継選びでは、安倍派の三塚博さんなど何人かの候補者を、一人ひとり小沢さんが呼びつけて、面接して、それで宮沢さんに決めたという出来事だ。小沢さんにいわせると、自分が呼びつけたわけじゃないという。経世会（竹下派）は竹下退陣で謹慎中だから独自候補は立てられない。しかし、誰を支持するかは竹下派として決めなければならない。誰が後継総裁（首相）にふさわしいか、各候補者にお会いしていろいろ話を聞かせてもらうということで、宮沢さんに話を聞きに行きたいといったら、宮沢さんのほうから、「いやいや、私のほうから出向きますよ」といってきたのであって、呼びつけたわけではないというのだ。多分そちらの方が真相だろうが、いずれにしても、小沢さんが宮沢さんを面接して、その結果によって後継政権が決まったことには相違ない。「竹下派支配」の実態をまたも党内外にみせつける出来事だった。

宮沢さんも、参議院議員から衆議院議員にくら替えした期間を合わせ、議員歴は似たような政治経歴の古い人なので、世代交代にはならないわけである。だから竹下さん以後というのは、結局、世代戦争の勝者である竹下さんがその次への世代交代を防ぐという役回りをやり、かつ、いわゆる政治権力の二重構造というか、自分は表舞台には立たず、数の力でキングメーカーの役割を果たすという、屈折した政治構造を作り上げた時代となった。

竹下さんまでの政権は、鈴木内閣という過渡的政権があったものの、基本的には派閥の親分自身による、正真正銘、自前の内閣だった。自前で権力闘争をへて勝ち取った内閣だった。これに対して、竹下さん以後の宇野、海部、宮沢さんの内閣は、いずれも、最大の数の力を持っている竹下派が、田中さんの時の手法と同じように、自分の派閥からはトップは出さず、他派閥の人を支えることによって政権を成り立たせ、裏から政権の死命を左右する、そういう権力の二重構造の時代に移ったのである。

結局、竹下政治というのは、自民党のいわゆる利益誘導型政治の完成であり、同時にそこから崩壊に向かって下降していく分岐点だったといえる。竹下以後の政権が、いずれも短命で次々に去っていくことになるのも、自民党政治が臨界点に達して、政権それ自体の腐敗というか、理念よりも利益の配分に重点を置いた政権運営が、バブルの崩壊とともに配分すべき利益がだんだん細くなってきて、むしろ利益ではなくて不利益の分担の時代に移っていくにつれて、制御困難になってしまったことの皮肉な展開といえるのではないだろうか。リクルート事件という、それまでにない構造腐敗にまみれ、それを正すには中選挙区制をはじめ根っこから「政治改革」をやらなければいけないと自ら課題を掲げながら、その政治改革をやる、やらないをめぐって党内で駆け引きをしている過程で海部さんが倒れ、宮沢さんが倒れ、最後に自民党政権そのものが倒れてしまったという展開になってしまった。

短命という点だけでいえば、佐藤内閣以後のケースでも、長期政権と思われている政権がいずれも短命に終わっている。ただ、佐藤さん以後の各政権の短命と、竹下以後のそれとでは大きな違いがあると、私は思う。三角大福中の怨念の一〇年と呼ばれる短命の時代は自民党の基盤がしっかりしていた、そういうなかでの実力者同士の戦いだった。これに対して竹下さん以後は、怨念の政治からの訣別をうたい、総主流体制と称して党内抗争を回避しつつ、竹下派支配のもとで利益を分かち合うという指向性が強く、それゆえに政治改革の必要性は認識しながらもだれもそのために本気で闘おうと立ち上がらない。そうしているうちにバブルが崩壊し、足元の土台が崩れていく、そういうなかでの短命である。

「竹下以後」の政治体質の変化

こうして九三年六月、宮沢内閣のもとでの政治改革の失敗をめぐる自民党の分裂、衆院解散・総選挙でついに自民党政権は崩壊し、一九五五年以来三八年間の政権政党としての歴史にいったん幕をおろす。代わってさっそうと登場した細川護熙さんの七党一会派による連立政権は、それまでの自民党政治からの訣別と新時代の幕あけを印象づけたが、これもわずか八カ月の短命に終わり、羽田孜さんに至ってはたった二カ月だった。

社会党委員長の村山富市さんを首相にかついで「自社さ（さきがけ）」連立政権が生まれ、自民党はちょうど一年後に政権に復帰する。村山さんは首相就任を機に「自衛隊合憲、日米安保堅持」という大胆な政策転換を行い、これによって日本の政治はそれまでの自衛隊と安保をめぐる不毛な自社対決から脱却する新しい時代を拓いたが、阪神大震災やオウム真理教のサリン事件など社会生活の動揺の中で政権運営に行きづまり、橋本龍太郎、小渕恵三、森喜朗といった自民党政権復活のつなぎ役に

宮沢内閣不信任案が反対少数で可決された瞬間の衆院本会議場。解散、総選挙で自民党は解散時議席を上回る善戦ぶりをみせたが過半数には達せず、38年間の単独政権の幕を閉じた。(1993年6月18日/久保田富弘氏撮影)

終わる結果となってしまった。

自民党は政権に復帰するが、実は自民党を支えている基盤はどんどん崩れ続けていく。それが、小泉純一郎さんという特異なキャラクターの政治家の登場で勢いを回復したようにみえながら、その後の混乱、そして二〇〇九年の民主党による本格的な政権交代へと展開していく背景をなしていたのである。そうした自民党政治の劣化の軌跡のスタートが、竹下退陣後だったと私は思う。

竹下政権の以前と以後で政治の体質に大きな変化が生じたとすれば、それは一体なぜなのか。この点はのちにもう少し詳しく説明したいと思うが、ここで一つの大きな要因として指摘しておきたいのは、国際情勢の変化である。

一九八九年にベルリンの壁が崩壊し、九一年にはソ連という国そのものがなくなって、東西の冷戦構造が崩壊するという歴史の大変動が起きた。

一九五五年の保守合同による自民党政権の誕生以来、日本の政治は、自由主義・資本主義陣営の西側路線を党是とする保守・親米派の自民党と、ソ連、中国など東側社会主義陣営路線の革新派の社会党との対立を基本構図とする「五五年体制」のもとで、展開されてきた。そうした国家路線の違いがあるので、外交政策も経済政策も考え方や手法の違いが明確で、政党を選ぶ有権者も、また政権を運営する自民党とそれを追及する社会党など野党のそれぞれの政治家たちも、常にこうした相違点と、自分たちの主張に対する責任感を意識して行動せざるをえなくなっていたのである。しかし、その冷戦構造が崩壊し、政党間の対立の基盤がなくなってしまうと、自民党が政権党でなければならない理

政界に新風を吹き込んだ細川首相は海外広報用の写真撮影にもラフなポロシャツ姿で現れ、関係者を驚かせた。(1993年8月／久保田富弘氏撮影)

由も希薄になってくる。

冷戦構造が崩壊してほどなく、九三年に自民党政権が崩壊して、細川さんを首相とする旧野党勢力の寄せ集め的な連立政権が生まれたり、それがまたひっくり返って、それまで対立してきたはずの自民党が敵方だった社会党の委員長を首相にかついで連立政権を作ったりすることが行われるようになったのも、こうした国際情勢の変化が背景にあってのことだった。

とくに自民党と社会党は、表舞台では激しい対立を演じていたものの、舞台裏では、国会における強行採決の場面一つとっても幹部同士が内々連絡を取り合って、シナリオを練り合うのが日常茶飯事になっていたから、「自社連立」は双方の当事者たちにとっては決して奇想天外なものではなかった。「自社連立」の登場に世間がびっくりした時に、当時竹下派(経世会)の幹部だった小渕恵三さんが、「なあに、ちっとも不思議じゃないよ。今まで裏でやってたことを表に出しただけだもの」と平然と語ったことを思い出す。

これまでしばしば、政治家の「国家意識」のありようについて述べてきたが、もちろんこれも程度の差である。政治家は、いやおよそ人間はだれであれ、私利私欲が全くなしにすぐれた志だけで生きている人はいない。まして権力闘争の世界に生きる政治家は、権力への欲望が人一倍強いのは当然だ。しかし、そうした自己利益への志向と、国家や社会という公的責任への意識の、どちらがより強いのかという程度の差こそが大事なのだ。「量は質に変化する」というヘーゲルの弁証法がいうように、程度の差によって政治のありようが全く違ってくる。そして、そうした政治家の質の違いもまた、時

社会党委員長から首相に就任し、「自衛隊合憲」に大きく政策転換を決断した村山富市氏。相模湾上で海上自衛隊の観艦式に臨んだ。（1994 年 10 月／久保田富弘氏撮影）

代背景などによって影響される。

竹下さん以前と以後の違いとして、竹下さん以前の、政権を取るための実力者同士の闘いにふれたが、それがなぜ意味があるかといえば、彼ら政治家がそのために良くも悪くも修行を積んでいろいろ努力をしたということである。政権獲得を目的にした彼らの切磋琢磨を通じて、自民党自体も政策や国家の方向性などを論じ合う経験を重ねてきた。

政権の座につくというのはあくまでも手段であって、自分の政治的な理想、中曽根さんでいえば憲法改正とか、戦後政治の総決算だとか、そういう大きな目的を達成するために自分は総理大臣になるんだと訴えて努力する。

しかし、竹下さん以後というのは、竹下さんが、あるいは竹下派が、自分の、あるいは自分たちの影響力をどうやって維持しようかという判断の下で、言い換えれば政権の維持が自己目的化してしまった中で政権が作られるようになった。このあたりが大きな違いだろう。

小渕恵三のすご味

もちろん竹下さん以後の首相も、個人として見れば魅力のある面白い人はそれぞれいる。たとえば、さきほど紹介した小渕恵三さん。彼は総理大臣になった時に、アメリカの『ニューヨークタイムズ』から「さめたピザ」というレッテルを貼られた。代わり映えしない、さめたピザみたいな人物が出てきたといって、非常に冷淡な評価をされた。小渕さんという人は、たしかに凡庸な男だというふうに

モンゴル訪問でモンゴル首相から贈られた民族衣装を着る小渕首相夫妻。
(1997 年 7 月／久保田富弘氏撮影)

世間に見られていたが、じつをいうと、そうとうしたたかというか、見かけとは違ってかなり根性のある人でもあった。

さめたピザといわれているのを知って、総理大臣になった朝、東京・王子の自宅に、報道陣が来るのを待って、わざわざ温めたピザをふるまった。自分を笑いの対象にできるというのは精神力がそうとう強い。ふつうは人から笑いものにされると、それだけで不愉快になって怒ったりする。菅さんなどはまさにその典型だが、むしろそれを逆手に取って、自分を笑いのネタにして、批判者にやんわり逆襲するというのはなかなかできるものではない。自虐ネタだと暗くなるが、小渕さんのように明るく笑いを誘う芸当はたいしたものだった。

内閣改造で、竹下さんの側近だった参議院議員を重要閣僚に起用した時のことである。参議院出身の人を重要閣僚にするというのは当時珍しいことで、あまり例がなかったが、竹下さんに信頼されていて、竹下派内の状況をしっかりわかっているということで、そういう人事をしたようだ。その閣僚が、小渕総理大臣に就任のあいさつに行くと、小渕さんがこういったという。「総理大臣になった以上、いままで受けた恩はきっちり返す。恨みもね」と。人柄の小渕といわれるほどの小渕さんから「恨み」などという言葉が出たのでびっくりしたその人が、「あなたに恨みなんてあるんですか」といったら、「それはいろいろあるさ」と笑っていったという。「恨みを返す」とは誰をさしてのことか、その人はそれ以上聞かなかったそうだが、笑ってピザを差し出す小渕さんの腹の底の屈折した思いと、すごい味を感じさせられる。

よく彼は、「ビルの谷間のラーメン屋」と自称していた。これも、もともとは、先輩格の金丸信さんが小渕さんの選挙の応援に来た時のエピソードから生まれた言葉だという。

あのころは中選挙区制で、小渕さんは群馬三区である。三区は定数四だったが、どちらかといえば高崎は中曽根さん、福田さんは前橋と、人口の多いところは両巨頭が地盤としていて、小渕さんは中之条を中心とする人口の少ないエリアが選挙基盤である。中曽根さんや福田さんは一〇万票ぐらいずつ取るのに対して、小渕さんは三番手で四万とか五万ぐらいの票しか取れない。いつもすれすれの当選で、選挙に弱い。だから金丸さんが選挙応援に来て、「小渕君は福田、中曽根という大きな存在の中でけなげに戦っている。小渕君は谷間に咲く百合の花です」という演説をおこなった。しかし小渕さんは恥ずかしがって、「谷間の百合はいかになんでも自分のイメージには合わない」といって、自分で「ビルの谷間のラーメン屋だ」といいだしたのだそうで、もとは「谷間の百合」だったのだ。そうやって自分を低く置いて笑いのネタにしながら、しかし、したたかに当選してくる。彼も竹下さんに負けず劣らず気配りの人で、執念という点でもけっこう強いものがあったのである。

「そろそろタイムメリットかな」

ついでに金丸さんという人物についても少し紹介しておきたい。彼はほとんど竹下さんと行動を共にしていたし、竹下さんの娘さんが金丸さんの子息に嫁いでいるということで、姻戚関係にもあった。竹下さんが総理大臣になったことで、竹下派の派閥会長ポストを金丸さんが代わってやることになった。「オレは雇われマダムだ」とよく言っていた。それまでの金丸さん自身はもともと、自分でたくさんの人を抱き込むような力があったわけではなかったが、竹下さんが総理大臣で首相官邸にいて、利権絡みの口利きとかそういうことはできなくなり、金丸さんが代わってやるようになって竹下派の運営や利益配分を代行するようになると、本当は裏に竹下さんという人がいるから金丸さんにもそういう力が出るのだが、だんだん金丸さん自身に実力があるかのような印象が生まれてくる。そうなると、金丸さん自身にも自分に力があるかのような自信がついてくる。

そういう共同幻想が、金丸さんという人のユニークな言語能力によってさらに増幅される。金丸語と称される独特の言葉づかいの多くは、単なるいいまちがえだ。「リビアはいいぞ、一度、俺んとこに来てリビアに乗ってみろよ」。リビアに乗るって何のことだと、みんな首をひねる。「リニア」のことなのである。地元山梨でJR東海がリニアモーターカーの実験をやっているから見学にこないかと誘っているのだ。

いいえて妙みたいな表現も有名である。竹下派（経世会）は「一致団結箱弁当」で、箱弁当みたいにきっちりとみんな団結している。これと対照的に福田派というのは多士済々だがみんなバラバラ。それを「福田派はまぐその川流れだ」と評する。馬糞は、川に入れると散らばってしまうのにたとえたのである。

国会が空転したり、なかなか調整がうまくいかずに時間ばかりがずるずるたっていくある日、「そろそろタイム、メ、リ、ッ、ト、かな」という。これも「タイムリミット」のまちがいなのだが、聞く人は「さ

自民党竹下派青年研修会であいさつする金丸信会長。（静岡県函南町・富士箱根ランド、1991 年 9 月 2 日／読売新聞社提供）

すが金丸さんだ」と感心する。時間をかけるばかりで少しも前進しないようにみえていたのが、その時間の経過のお蔭で与野党ともお互いに疲れてきて、事態収拾のほうに動きだす。これも時間をかけたメリットだ、深いことを言う、と思わせる。金丸さん本人は単にいいまちがえているだけなのだけれど、聞くほうが、この人は深遠なことをいっていると思うようになる。政治というのは、ある意味で幻想だ。そういうことで、政治家たちの間で金丸詣でが、だんだん増えていった。

それが次第に彼の実力の形成につながっていくが、それによって資金力も肥大化し、最後は金の延べ棒事件で捕まって失意のうちに他界する結果となった。しかも、この事件が竹下派の内紛を生んで小沢一郎さんのグループによる分裂騒ぎを生じ、さらにこれが引き金となって宮沢政権の崩壊、さらには自民党単独政権の崩壊へとつながっていく。

14

「改革なくして成長なし」

――小泉純一郎と無党派層の時代

「来年もまた会えますように」

竹下さん以後、宇野、海部、宮沢さんの順に短期間で政権が変転して、ついに一九九三年に自民党政権が崩壊し、細川連立政権の登場という連立の時代に入っていくが、その細川連立政権も一年弱でつぶれてしまう。八九年から二〇〇一年の小泉純一郎さんまでの約一〇年間というのは実に流動的な時代だった。

小泉政権の五年間でようやく安定を取り戻したと、自民党も多くの人たちも思った。しかし小泉政権以後は再び安倍晋三、福田康夫、麻生太郎さんが一年足らずでくるくる変わり、二〇〇九年の衆院選ではついに民主党政権が誕生し、自民党政権は決定的に崩壊する。これでやっと政治は新しい時代を迎えたと、世の中のほとんどの人が大喜びしたが、これまた鳩山由紀夫、菅直人さんが大混乱のうちに相次いで失脚し、野田佳彦さんも消費税問題で党内対立激化に苦しんでいる。政治はいまだに大変動のさなかにあり、大阪府知事から大阪市長に転戦した橋下徹さんが、地域から中央の政治体制打破を訴えて人気を博すなど、既成政党政治全体が瓦解しかねないほど危機的な様相をみせている。

こうしてみると、八九年の竹下さん以後今日までの二〇年間余は、まさに政治の液状化とも呼ぶべき流動状態にあり、今後もさらに混迷を深めていきそうにもみえる。一体これはどうしたことなのだろうか。

戦後の日本政治は政変続きと言ってもよいくらい、ひんぱんに政権交代が起きている。佐藤栄作さんの七年八カ月、中曽根康弘さんの五年、小泉純一郎さんの五年五カ月という例外もあるが、戦後六十余年の間に首相は三四人。とくに佐藤さん以後の四〇年間では二三人だから、平均二年にも満たない。それどころか、小泉さんのあとの安倍晋三さんから野田さんまでの六年間は実に六人にのぼり、一人平均一年というありさまである。サミットで集まる各国首脳は、日本の首相だけが毎年変わるので、「来年もまた会えますように」という、皮肉とも冗談ともつかないメッセージが恒例になっているほどだ。

それほど変転極まりない日本の政治だが、同じようにめまぐるしい政権交代でも、時代によってそれぞれ政治的意味合いが異なる。

擬似政権交代だった自民党全盛期

以下、これまで述べたことと多少重複するが、ひんぱんな政権交代をもたらす事情や特徴、そして各時代の背景をなす社会、経済、国際的な情勢の変化を振り返ってみよう。

一九七二年の佐藤内閣退陣以後も、田中、三木、福田、大平さんと怨念の対立が続き、そのあとの鈴木、中曽根、竹下という三代の政権も、舞台裏の「田中支配」をめぐる攻防の中での政権交代だったが、ここまでは、いってみれば擬似政権交代だったといえよう。

本来、政権交代というのは政権を担当する政党それ自体が代わることをいう。二〇〇九年には自民党から民主党に代わって、文字通りの政権交代になったが、竹下さん、あるいは宮沢さんのところまでは、自民党一党優位体制のもとでの、自民党の内部での政権交代だった。とくに竹下さんのところまでは、「振り子の論理」ということがよくいわれたように、それぞれの政権がめざす政治の姿、あるいはそれをやる政治指導者のタイプも、それぞれが特徴をもって登場し、またそれが前任者への対称的価値として求められる形で、自民党という基盤の中で実質的に政権交代を果たすということだった。

たとえば、佐藤内閣は七年八カ月の長期政権だったが、沖縄返還という大きな政策目標があった。政治体質あるいは政治手法としては「待ちの政治」というか、派手な行動はせずに安定志向で、なかなか政治の意思をはっきりさせない。沖縄返還では核抜き本土並みのスローガンを掲げたが、これも、最後の最後の決断として打ち出したもので、それまでは国会で何度追及されてもずっと黙っていて言わないという姿勢に終始した。逆に、田中さんはそうではなくて、きわめて積極的に政策目標を掲げて政権獲りに動く。外交路線でも日中正常化を掲げて総裁選を戦い、それを踏み台に政権を獲得してただちに日中正常化をやる。国内政治の面では日本列島改造論が目玉で、佐藤さんの「待ちの政治」のアンチテーゼとしての「積極路線」だ。しかし、その田中さんは、いわゆる金権政治という政治体質がもとでひっくり返ってしまうわけで、振り子は今度は三木さんに回る。

金権田中のアンチテーゼとしてのクリーン三木である。田中さんの、企業選挙とか金まみれの政治、それによって生まれたいろいろな社会的な格差、そういうものを是正することを、「社会的公正」というスローガンに掲げて、田中的な政治を大きく転換することを印象づける一種の政権交代だった。しかし、三木さんは、クリーンはいいけれども政策面では何もやらない。やらせてもらえなかったという面もあるが、政治は停滞する、経済も停滞する。ロッキード事件だけははしゃぎすぎといわれるほど張り切るが、結局、三木さんは退陣に追い込まれる。

そのアンチテーゼとして、次は福田さんだ。彼は自他ともに「経済の福田」を称し、福田内閣のスローガンは、「さあ、働こう内閣」だった。いままでは政策的には何も進展していない、これからはおおいに働いて、経済をよくしていこうという訴えである。とくに福田さんが強調したのは国際協調路線だった。三木さんの時に、ランブイエサミットが開かれ、第一次オイルショック後の世界的な通貨変動の中で先進国が政策協調を話し合う枠組ができたが、福田首相が出席したロンドン・サミットでは、日本がドイツとともに世界経済を引っぱる役を引き受けましょうという「日独機関車論」で、日本は七パーセント成長を約束したりした。

大平さんは、福田さんのアンチテーゼ的に「田園都市構想」や「地方の時代」を掲げた。しかし、政権を争う過程で怨念の対立が高じ、四十日抗争をへて、自民党が事実上二つに割れ、しかも大平さんが急死するという大変な局面にいく。その反省のもとに、今度は党内混乱のアンチテーゼとしての「和の政治」を標榜して鈴木さんが登場してくる。鈴木さんの政策的看板は行政改革と財政再建の「行財政改革」で、これを大きな使命として、中曽根さんを行管庁長官に任命して行革路線に取り組むが、このころから経済が悪化してくる。

一方、日米共同声明問題をめぐって日米関係が決定的に悪くなると、それにたいする批判が高まって鈴木さんは退陣、今度はそのアンチテーゼとして中曽根さんが登場してくる。彼は日米関係をよくする前提として、日韓関係の修復にまず着手し、それをふまえて日米関係の改善に取り組む。時代はちょうど新冷戦時代。レーガン（米）、サッチャー（英）、中曽根（日）、韓国は全斗煥という時代である。中曽根さんの国内政治の目標としては「戦後政治の総決算」ということで、憲法改正をはじめ戦後の諸政策の見直しに着手する。鈴木内閣までは現状肯定で、戦後の自民党政治路線を一応肯定したうえでの政治展開だったが、中曽根さんはむしろそれを是正していこうという方向性の転換を図る。中曽根さんのところまでが一応、旧世代というか、ポスト佐藤の主要実力者で、中曽根さん以前は、七二年、七四年、七六年、七八年、八〇年、八二年と、全部二年ごとの短命政権で、権力闘争の歴史だった。

総主流体制の時代

そういう怨念の政治からの訣別ということで、竹下さんのもとでは、主流も反主流もない、いわゆる総主流体制という自民党の体制ができた。竹下さんはそれを足場にして消費税の導入という非常に大きな課題を、彼独特の根回しなどで実現する。しかし、数とかカネを背景にした総主流体制のもとで自民党内の緊張感が薄くなり、またリクルート事件という形で、竹下さんの集金能力自体がアダとなって、竹下さんは倒れることになる。

竹下さんのところまでは、前に述べたように、政権を担う人はいずれも派閥の親分、もしくは実力者で、またそれぞれ政権を担う一つの歴史的な使命というものを自ら標榜し、あるいは、事実上、そういうものを体現している疑似政権交代的な展開だった。それにたいしてその後の宇野、海部、宮沢さんの場合は、同じ自民党一党優位体制のもとでの政権交代ではあったが、宇野さんが何かこれといった政治目標を掲げて戦って政権の座についたというわけではなく、海部さんの場合も同様だ。宮沢さんは安竹宮という、竹下さん世代を担う人物としては早くから候補になっていたが、宮沢さん自身が何かの目標を掲げて出てきたのではない。この三人の登場は、結局、竹下さんの身代わりというか、竹下派経世会の力を温存するためのミコシとして、二重権力構造的に作り出されたお神輿政権だった。

竹下さんが退陣に追い込まれた八九年はこのように、自民党政治の大きな転換点だったわけだが、この年はまた、政治的にも経済的にも、さらに国際的にも、非常に大きな歴史的な分水嶺でもあった。

八九年という分水嶺

なぜ八九年が一つの分水嶺だったのか。八九年に一体何があったのか。振り返ってみると、この年には意外にもいろいろなことが重なって生じている。

たとえば一つは、昭和から平成への時代の区切りである。昭和の天皇陛下が亡くなって、平成という新しい時代がはじまったということがある。

それから、参議院選挙で自民党がはじめて過半数割れしたのもこの年である。土井たか子社会党委員長の「山が動いた」という有名なせりふがあるが、自民党の議席率が四四パーセント。つまり、参議院で五〇パーセントに至らないというのははじめてのことだった。衆参の「ねじれ」はここからはじまったのだ。いま「ねじれ」が大問題になっているが、もう二〇年も前からねじれていたのである。

ただ、当時は野党各党がそれほど一丸となって反自民で行動していたわけでもなかったので、国会の機能が全面的にマヒするというようなことにはならなかった。

今日のようなねじれの混乱は、二〇〇七年七月の参院選の自民党惨敗を踏まえ、民主党の代表になった小沢一郎さんが、自民党政権を徹底的に攻撃して政治を混乱させ、政権交代に持ち込もうとして、理屈も何もなしに、自民党政権が出す法案や案件を全部参議院でつぶすという、むちゃくちゃなことをやったことから生じたのであって、何もいまになってねじれがはじまったわけではない。八九年の前の参院選、つまり八六年の参議院選挙の自民党議席率は五六・七パーセントだから、この時までは参議院も衆議院も自民党の一党優位体制のもとにあったが、八九年にそれが崩れたのだ。

八九年当時、参議院選挙で自民党が負けたのは、宇野さんの女性問題、それから牛肉、オレンジの輸入をめぐる日米摩擦で、輸入を認めることにした対米輸入自由化問題、それから消費税といった課題が国民の反発を招いたといわれている。それはその通りなのだが、ここでもう一歩深く底流をみると、「無党派層」がはじめて四割を超えたのが八九年だったという事実も見逃せない。政党の基盤というものが、このあたりから非常に大きく揺らぎ始めていたのだ。

なぜそうなってきたのかという要因として、奇しくも、この八九年の十二月二十九日を境にバブルが崩壊したという出来事もあった。八九年十二月二十九日の株価、つまり十二月最後の手締め当日の株価は、三万八九一五円八七銭で、これがピークだった。以後株価はずっと下がったままだ。一万円台あるいは二万円台に回復することはあっても、三万八九一五円のところには戻らないままの状態が、この二〇年間続いている。この経済情勢は他の要因にも複雑な影響を与えているが、社会的にも、リクルート事件が起きたり、人口の少子化現象がはじまるのもこのへんからだ。合計特殊出生率が「一・五七ショック」といわれたのも八九年である。

それから前にも触れたように、国際的にも、ベルリンの壁が崩壊したのが八九年だ。天安門事件からベルリンの壁崩壊、そして湾岸戦争、ソ連邦の崩壊といった歴史的大事件が次々と起きる。このように、日本の経済社会の姿も世界の国際構造も、ガラガラと大きく変わっていく端緒になったのが、この八九年だったのである。

自民党支配を支えた経済・社会構造

この八九年以後の、それぞれは偶然的な出来事の連鎖の背景にある経済的な、あるいは社会的な構造変化に注目してみたい。

一つは経済成長である。一九五五年の保守合同、一九六〇年の安保改正など、岸さんの活躍した時代はどちらかといえば政治重視あるいは国家主義的な政治路線に重点があった。その岸さんが退陣して池田政権ができて、そこからは経済成長路線である。経済優先ということで日本は高度成長の時代に入る。それを引き継いだ佐藤内閣は、そういう成長の時代にあったのである。佐藤さん自身は、どちらかといえば安定成長路線で、成長に伴ういろいろな格差など、「ひずみの是正」を標榜していたが、経済成長はその間もずっと続いていたのである。

七〇年代に入って、七三年に第四次中東戦争に伴う第一次オイルショックが発生し、七九年のイラン革命に伴う第二次オイルショックと合わせ、二つのオイルショックによって、一時的に経済は混乱するが、基本的にはなお成長が続く。しかも、この当時の成長は、東京が繁栄するだけではなくて、地方もいっしょに繁栄するという形の成長だった。

地方にいろいろな工場や工業団地ができたりして、地域の雇用も増えるという、地方経済の成長である。二〇一一年の東日本大震災で、東北地方が被災したのに伴ってサプライチェーンの寸断が大きな話題になったが、当時はまだそれほど大規模な発達ではなかったにしても、第三次、第四次全国総合開発計画などを通じて、地方経済もかなり経済的な発展の恩恵に浴した。しかし、これは地方の人件費が安い、土地が安いという事情に伴うものだった。その後、地方経済が成長した結果、皮肉にもそういう条件が失われ、今日では製造業はそういう条件をアジア諸国に求めて海外に出ていってしまった。だからいま地方は疲弊しているわけだが、七〇年代から八〇年代にかけては、首都圏経済の発展と地方の発展が比較的連動して展開されていった時代だったのだ。

一方、この経済成長と並行して、政治的には革新勢力にたいする幻滅という現象も生まれてくる。五五年体制のもとで、当初は、戦後の民主化運動とも連動して、論壇など知的世界でも、政治学者の丸山真男に象徴されるような、いわゆる革新思想、つまり日本は思想的にも精神的にも西欧に比べて遅れているという思いのもとに、西欧マルクス主義的あるいは啓蒙主義的な考え方をとる論客が多く、彼らの影響を受けた革新陣営が一つの大きな魅力をもっていた。

しかし、七〇年代、八〇年代に入ってくると、経済成長の果実で「一億総中流化」と呼ばれるような国民意識の変化が生じてきた。加えて、知識人たちに衝撃を与える国際情勢の変化が生まれてくる。一番のショックは、七一年のニクソンショックによって米中が接近したことだろう。それ以前は社会主義陣営と資本主義陣営という対立の中で、中ソは一枚岩だとばかり思い込んでいたが、中ソ対立が起き、革新陣営が理想化していた中国がなんとアメリカと手を結ぶということになってくる。

国内的には、連合赤軍事件や全共闘運動などをへて、学生運動も挫折する。それから、国民の生活に一番実感をもって受けとられたのがスト権ストだろう。総評労働運動の中核的存在だった国鉄労組がスト権奪回をスローガンにストを打ち、国民の生活に大変な迷惑をかけながら実りがなかったということで、社会党、総評、あるいは革新陣営全体にたいする幻滅感が国民の間に広がってしまった。

逆にそれは、自民党一党優位体制をさらに強固なものにした。八〇年代を通じての自民党体制は、当時、よく「鉄の三角形」と呼ばれていた。政治学者などが、なぜ自民党はそんなに強いのかという要因を分析して、政界、財界、官界、この三つのセクターの連携関係が鉄のように強い、この「鉄の三角形」を基盤にしているから自民党は一党支配を享受しているのだ、ということがしばしば語られた。

自民支持基盤の崩壊

それが八〇年代の後半から九〇年代にかけて大きく崩れていく。地方の成長はよかったが、これによってだんだん地方においても都市化が進む。それから、東京を中心とする大きな経済圏への人口移動も進む。こうして、伝統的な農村共同体が大きく変わっていく。農業人口も、専業農家がどんどん減って兼業農家に変わっていくというように、人口が従来の地域共同体から離れて、空洞化していくのである。ちょうど派閥が「ムラ」から「株式会社」に変わっていくのと、時代が重なっているのが興味深い。

八五年には、前にも述べたプラザ合意によって、それまでのドル高からドル安、裏返せば円高への転換が行われる。日米貿易摩擦を背景に、アメリカは、アメリカの貿易赤字を減らすために日本の輸出を減らせと迫り、その手段として日本には円高を強いるということで、それまでの一ドル二百数十円のレベルから一二〇円ぐらいへと、半分ぐらい円が高くなった。

これに伴って一時的に円高不況ということになるわけだが、この円高不況を克服するために、日本政府は金融緩和政策をとる。その金融緩和でだぶついたカネが不動産バブルあるいは株バブルを招く結果となり、空前のバブル経済になる。不動産や株といった資産がものすごく暴騰したため、今度はバブルつぶしで金融を引き締める。これが引き金となってバブルは崩壊するが、今度は、平成不況である。平成の時代になると同時に不況が深刻化した。そこで今度はその不況を克服するためのテコ入れとして国債を増発する。その国債発行で公共事業をどんどんやるというところから、利権あさりの話が出てきて、公共事業そのものへの疑念が強まる。金融界の方も、金融引き締めが行われると、今度は不良債権問題が出てくる。こうして、九〇年代に入ると、山一證券をはじめ証券会社がつぶれたり、金融機関が倒産したり、再編されたりという展開になる。

経済の動向をざっと概観すると、日本経済は一九五五年ごろからずっと右肩上がりで成長していくが、九〇年以降は今日に至るまで約二〇年間、ほとんど横ばいの成長率だ。二パーセント成長という時もあったが、いまはマイナス成長が珍しくなくなってしまった。という具合で、成長がほとんど止まった状態が約二〇年間、ずっと続いている。

こうした経済実態の変化は、雇用にも大きな影響を与えている。農業人口が減ったのはもちろんだが、むしろ従業員数が一番減っているのは製造業で、とくに輸出関連産業を中心として大きく減っている。人口移動、都市化、それから経済の停滞、およびそれに伴う雇用の喪失で、社会心理的に非常に不安が強まってくるが、それが政治の世界にも大きな変化をもたらすのだ。

もともと自民党の支持基盤は、一つは農村であり、一つは地場の商店街、もう一つは企業社会だったが、このいずれもが崩れてくるのである。

これは、政治とカネの関係にも微妙な影響を与える。それまでの汚職というのは、だいたい通産省とか建設省といった、利権を握っている官庁や業界に関連するケースがしばしばだった。しかし、リクルート事件は、労働規制の緩和をめぐる事件である。リクルート社というのは当時の新興企業勢力で、既存の大企業体制のすき間から成長してきた企業である。特定の政治家にワイロを渡して特定官庁の利権をあさるという旧来型汚職のパターンと違い、未公開株という一見汚職とは思えないような商行為の手続きを使って、文部省や労働省などあまり利権と関係なさそうにみえる役所や、自民党だけでなく野党の幹部も含めてたくさんの政治家に利益を流して、規制の緩和を図るという新タイプの構造汚職だった。

関与を噂されながら「未公開株を受け取ったのは秘書で、自分は知らなかった」と主張していたある野党幹部に、私は、捜査が一段落したあと「本当はどうだったんですか」と聞いたことがある。すると、「私はいただきましたよ、ご好意だと思ったから」とあっさり答えた。未公開株を引き受けてくれませんかといわれ、当人もお金を出して株を買うわけだから、ワイロをもらうという意識は薄い。株が公開されて、それを売れば差額が入るから利益の提供にはつながるが、まず株を買ってくれませんかと頼まれて買うので、あとで利益につながることはわかっていても、それも「ありがたいな、ご好意だな」とは思ったものの、さしたる罪悪感もなしにもらってしまったという。

このリクルート事件をきっかけに、それまで利権とは無関係と思われていたさまざまの官庁で不祥事が続発する。それも直接的に賄賂をもらったというのではなくて、大蔵省のノーパンしゃぶしゃぶ事件、それから予算編成などで夜遅くなってタクシーを使う場合にタクシーの中で缶ビールを飲ませてもらう居酒屋タクシー問題、厚生省や日銀も含めた接待汚職など、モラルの荒廃ぶりが一斉に表面化した。

こうした構造汚職や官庁スキャンダルは何をもたらしたか。それまで、八〇年代ぐらいまでの日本社会では、「経済は一流、政治は三流」とか、「官僚は一流、政治家は三流」というふうに、政治家はいつも評判が悪いけれども経済は立派だ、あるいは官僚はしっかりしているという評価が、定説としてあった。そうした一種の権威が、すべて壊れていくことになった。つまり、政治家はもともとだめなのだが、経済界もバブル以後、証券会社の「とばし」事件など企業不祥事が起きて経済界もだめ、頼みの綱の官庁エリートまでが泥まみれになる。それまで日本の統治構造の中で、「鉄の三角形」とか半ば権威をもって見られていた存在が、すべて不信の対象になるのである。

政治不信と無党派層の増大

こうして地域社会や企業社会の変動による共同体の崩壊と、既存の権威への不信感が絡み合って、政治全体への不信が強まり、無党派層が増えてくる。丸山真男の政治学などでは、政治に対する影響力を行使するオピニオン層として、昔は名望家支配といって農村の庄屋さんや地方ボス、あるいは中小企業の社長や親方といった人たちの発言力が従業員に影響を与え、票を動かす大きなファクターになっているという分析が強調されていた。また、そういう中間的な親方層の影響を受けて動く有権者は「浮動票」という言葉で表現され、「無党派」という言葉は当時、あまり使われることはなかった。「無党派」という言葉が出てくるのは、九〇年前後からだと思う。

一九八九年三月の『読売新聞』の世論調査で、この「支持政党なし」、つまり「無党派」が初めて四〇・二パーセントと、四割を超える高率を記録した。それまで「浮動票」は大体二〇パーセント程度とみられていたが、それが二倍にふえていたのだ。この無党派層が八九年七月の参議院選挙で、自民党にたいするアンチテーゼとして社会党に投票するということによって、「山が動いた」というくらい大きな政治変動をもたらしたのである。

だから宇野さんの女性問題とか消費税の問題とか、いろいろな要因があったが、一番大きなファクターは、この政党支持の構造変化、つまり無党派層の増大だった。この自民党支持基盤の崩壊現象こそが、竹下さん以後の宇野、海部、宮沢政権の崩壊、そしてついには自民党政権の崩壊という、大きな政治変動の根っこにある要因なのだ。それ以前は自民党の支持基盤が一応固かったために、自民党という政治の上部構造の分野で、派閥の実力者同士が政権を争って権力闘争をやる余地もあったのだが、下部構造が崩れてきて、自民党の支持基盤が大きく揺さぶられ、いままで自民党を支持していた人たちが政党支持そのものから離れて無党派化していくことによって、政党政治全体が時々の状況によって激しく動揺するようになった。

五五年体制の崩壊は、さきに見たように九三年の細川連立政権をもたらしたが、無党派層は、『読売新聞』の調査では、九四年は年平均でも四二・一に達し、さらに九五年には四八・七パーセントにのぼる。村山内閣の九五年一月には五〇・二パーセントと、初めて五割を突破、同じ村山内閣の九五年五月、五七・一パーセントと、ついに六割近くが無党派という事態になってしまった。

九三年の時点で無党派は三五・一パーセントで、まだ四割には達していなかったが、実はこの時、自民党の支持率は三二・七パーセントだった。ということはつまり、それまでは政党支持率ナンバーワンは自民党だったのが、いまや無党派が第一位と、日本の政党支持の構造が九三年にはガラッと変わってしまったということなのだ。

こうして九三年には、宮沢さんの自民党単独政権が崩壊して細川連立政権ができ、五五年体制が崩れたのだが、一方の政治家の意識の中では、あまりそうした政治の底流の構造変化は意識されず、小泉政権の登場、高い内閣支持率や衆院選での圧勝で、自民党が復調したと、当時は多くの人が思い込んだのである。

しかし、私からみると、政治家たちの意識分野の上部構造と、政党の支持基盤である下部構造のずれが続いていているうちに、その上部構造と下部構造の崩壊現象がどんどん進み、それがやがて一致して劇的な変動を起こしたのが二〇〇九年の民主党政権の登場、すなわち本格的な政権交代をもたらした選挙だったのだと思う。

小泉登場の背景

そもそも、小泉さんはなぜ自民党総裁に当選できたかに注目すべきだろう。それは、自民党の下部構造が崩れていたからだ。小泉さんが圧勝したのは、自民党総裁選の党員選挙だから、一見すると国政選挙における無党派層の動向とは無関係に思えるかもしれないが、そうではない。自民党の党員自身の意識が無党派化していたということなのだ。

それ以前の、たとえば一九七八年十一月、福田政権にたいして大平さんが予備選挙で圧勝した時の党員選挙、あるいは、八二年、鈴木内閣の後、河本、安倍、中川さんが出た予備選挙で中曽根さんが圧勝した時の総裁選挙は、田中軍団と呼ばれる田中さんの派閥が秘書団まで総出で派内の系列党員を全部動員して選挙運動をやった結果だった。それと二〇〇一年の、小泉旋風の党員選挙の時では、まるきり状況が変わっている。その変化の背景に気づかず失敗したのが旧竹下派だった。

森喜朗さんが任期途中で退陣し、小泉さんが名乗りをあげたのに対し、旧竹下派からは橋本龍太郎さんが総裁選に立候補することになった。当時、上部構造すなわち「永田町」と呼ばれる自民党国会議員たちの世界では、旧竹下派がナンバーワンの大派閥で、予備選の党員選挙に持ち込めば当然、数の力で橋本さんが必ず圧勝すると思い込んでいたのだろう。昔であれば、旧竹下派議員たちの系列後援会などを動員して、党員には橋本さんの名前に投票しろという指令が飛んで、企業にしろ、個人後援会にせよ、そうなったはずだ。ところが、党員といっても、ふつうの人である。こういう人たちの意識はもう一般の有権者と同様、無党派化しているから、小泉さん支持に雪崩を打っていったのである。

小泉さんが総裁選に出たのはそれまで過去に二回あって、いずれも惨敗している。惨敗するのは当然でもあった。なぜ派閥の親分でもない小泉さんが出たか。三塚博さんの後、派閥は森喜朗さんに継承されていて、旧福田・安倍派は森喜朗さんが派閥の正統な継承者となっていたが、旧竹下派と戦ったら数のうえで勝てそうもない。これは困るというので、負けても派閥にとって致命傷にならない存在として、アテ馬的に小泉さんを出そうということになったのだ。案の定、一回目も二回目も、小泉さんは負ける。森派のほうは初めから負けることを見込んでいて、本気になって戦っていないからだ。ところが、二回目に負けた時に、小泉さんがみんなの前で泣く場面があって、それでみんなびっくりした。「おい、小泉が泣いているぞ。あいつ本気で勝つと思って出たのか」と、なかば冷笑する人も多かったという。

その時はまだ党員選挙ではなくて、国会議員による選挙だった。ところが、小渕首相の急死で話し合いの結果生まれた森内閣が、森首相の「神の国発言」などで支持率急落となって任期途中で退陣に追い込まれ、森さんの後任として小泉さんが出た総裁選で、小泉さんは圧勝した。この時点では自民党の党員自体が無党派化していたということだ。

もちろん、テクニカルな要素もあった。総裁選のやり方が一部変更されたのである。国会議員票は一人一票で従前と同じだったが、それまで各都道府県一票だった地方票を、三票ずつの配分にしたのだ。地方重視という趣旨で、古賀誠幹事長の判断によるものだったが、そうせざるをえないほど、もう国会議員だけの談合ではできない、地方の声をもっと反映させろという声が高まっていて、無視できない状況になっていたのである。それ以前なら都道府県は各一票で計四七票ですんだものが、合計一四一票になり、しかも勝者総取り方式にしたものだから、雪崩現象が起きやすい制度になっていたのだ。

ただ、基本的には、党員自体の意識がすでに政党離れを起こし、国会レベルの派閥の意向などと無関係に、その時その時の風の動き次第で票が大きく動くという時代になっていた。その象徴が小泉ブームだったと見るべきではないかと、私は思う。

無党派層の動向については、八九年に四〇パーセントを超えたころから、政治学者のあいだでだんだん注目が集まり、さまざまな無党派層の研究がさかんになってきた。伝統的な無関心層という人たちは昔からいて、政治なんかどうでもいい、誰が首相になろうと知ったことではないという、本当に無関心な層が一五パーセントから二〇パーセント程度、常にあった。それに対して、近年ふえてきた無党派層は、政治に関心はあるが、どの政党にも幻滅しているという政党離れ的な無党派層、それから、選挙には行くが、その都度その都度投票先を変える「その都度型」と呼ばれる新しいタイプの無党派層、そして政治への参加それ自体に幻滅して、政治全体にたいする不信感、および政党支持そのものを拒否するという無党派層、そういう三つの類型が一般に指摘されている。また、消極的無党派層と積極的無党派層という分け方もある。いずれにしても、無党派層自体もいろいろ多様化しているということがいえるだろう。

これら無党派の有権者たちが、その時その時の世の中の動きや、マスメディアでの問題の伝えられ方などによって敏感に反応するという形での投票行動に、最近だんだん変わってきた。それが極限までいったのが、二〇〇九年の政権交代をもたらした選挙だったと思う。

無党派層と小選挙区の不幸な組合わせ

無党派であること自体は、必ずしもネガティブにとらえるべきではないだろう。日常的に支持したいと思う政党がなくても、その時々の状況の中でどの政党がきちんと政策を提示し実行しようとしているかを冷静に判断して、投票先を選択するという行為は、民主主義のプロセスとして本来望ましいことだろう。

問題は別のところにある。まず政党の側。どの政党も自分たちの政党や政治家たちの利害打算ばかりを優先して、国民生活などそっちのけで与野党間で不毛な対立を繰り広げたり、あるいはそれぞれの党内で内輪もめばかりして、国民の信頼を失っていることである。しかもその反省に立った自己改革をせずに、有権者に受けのよさそうなバラまき政策を掲げて歓心を買うことに血道をあげる傾向が強いことである。また有権者の側の問題としては、政党側のそうした安易な戦術に乗せられて、それらの政策やスローガンの矛盾点などを考えずに、イメージのよしあしだけで判断しがちになっている点などである。

自分の一票で政治を変えるというのは大事なことなのだが、まず支持すべき政党がなく、また有権者の一票の判断基準がそうした政党政治そのものへの不信というのでは、民主主義の、そして政党政治のありようからして、非常に由々しきことだ。しかもそれに輪をかけて、無党派層の「その都度投票行動」が大きな変動を生み出すという状況を一段と増幅しているのが、小選挙区制なのだ。

リクルート事件を機に政治全体が不信の対象になり、「政治改革」が主要なテーマになったと前に説明した。そもそも政治改革というのは、本来は選挙制度だけの話ではなかったのだが、いつのまにか、政治改革イコール選挙制度改革というふうに議論が進んで、宮沢内閣が政治改革の柱である選挙制度改革をやるかやらないかをめぐって崩壊し、細川内閣の時に細川さんと河野洋平自民党総裁の会談で最終的に小選挙区比例代表並立制の導入に合意して、いまの選挙制度ができたのだ。当時は、これによって二大政党制ができ、日本に新しい政治が生まれるという期待があったが、いまとなっては幻想だったといってもよいだろう。

小選挙区制では一票でも多ければ議席が総取りになる選挙である。一つの選挙区では一人しか当選しないわけだから、一票でも多ければそれで命運が決まる。そうなると、その一票を取るためには誰が当選の可能性が高いか。それは人気のある党首をもっているほうが有利になる。小泉さんが二〇〇五年の郵政選挙で圧勝したのもそういうことなのだ。

それまでの中選挙区制のもとでは、自民党の議員がそれぞれ個人の後援会をもって選挙区にずっと根を張っていたが、いまや個人後援会はあることはあるにしても、力は弱くなっている。小選挙区制のもとでは同じ政党の候補者同士が争うわけではないから、民主党から、自民党から、あるいは公明党からというふうに、党の公認をもらい、その政党や党首が人気があれば有利になるし、逆に不人気な方は有権者にそっぽを向かれて落選するということになる。選挙の時点における風の吹き方次第で当落が決まるという結果になるのだ。

個人のカネの力などではなく、政党本位、政策本位の選挙にすることによって二大政党化を進め、もし政権を握っている政党が政策に失敗すれば対立する政党が政権を取る、そういう政権交代可能な選挙制度にしようというのが、九四年に小選挙区比例代表並立制の制度を導入した趣旨だった。

しかし、八九年にはベルリンの壁が崩壊し、やがて冷戦構造が崩壊した時代になって、政党間のイデオロギー対立も消失したので、各政党の主張もそれほどは違わないような状況になった。そうなると、どの党も有権者が喜びそうなバラまき的な政策を掲げ、その一方では対立政党のスキャンダルや失点探しに血道をあげたり、党首の個性というようなところの違いだけが強調され、国民生活にとって本当に必要な政策が論じられなくなって、その時その時の気分だとか、この政党はもうだめだ、こちらの方が新鮮でよさそうだという宣伝のほうが成功しがちになってしまう。あるいは、どこかをスケープゴート的な攻撃目標にして得点かせぎを図ることにもなる。

たとえば公務員叩きなどもその一例だろう。公務員制度のどこに問題があり、何をどう変えるべきかなどは一切おかまいなしに、ただ役人がけしからんといって官庁を攻撃し、自分たち政治家のありようには触れようとしない。与党も野党もみんな、役人はけしからんという大合唱の中から、民主党が政権の座につくと「政治主導」をスローガンに、官僚を排除してことを進めようとして、結果的に大混乱を招くという愚をおかすことになってしまったのは記憶に新しいところだ。

実際、小泉政権当時は「構造改革」の合唱だった。小泉さんが経済構造や金融の規制緩和などを打ち出すと、当時野党だった民主党は、構造改革それ自体には反対できないと考えて、「改革のスピードが遅い」とか、「不十分だ」という批判に終始した。やるべき方向では争えないと思って、それではまだ足りない、もっと早く、もっとたくさん、といった競争になり、規制緩和なり構造改革なりが、果たしてよいことなのか悪いのか、どこに問題があるのかという議論はなくなってしまう。もし、それらの改革の是非をいいだすと、今度は「抵抗勢力」とか「守旧派」というレッテルを貼られてしまいそうで、選挙に不利になるという懸念からだろう。こうして政治の論争はレッテル貼りの争いになってしまうのだ。

「改革なくして成長なし」

さきに私は、自民党の下部構造がこわれていたから小泉政権が生まれたのだと言ったが、それでは小泉さんは何をこわしたのかといえば、上部構造を壊したということである。それまで上部構造は、つまり派閥政治は、幻影あるいは残像のようなものとしては残っていたが、小泉さんが首相になると、組閣や内閣改造などの際、どんどん慣例を破っていく。小泉さん以前は、派閥が次の入閣すべき候補を、たとえばこの人は当選五回だからそろそろ大臣にしてやってくれとかいうように、それぞれ自派の候補の名簿を総理大臣に出して、その中から総理大臣が各派閥のバランスなどを配慮して、閣僚の顔ぶれを決めるというしきたりになっていた。小泉さんはそれを一切無視して、自分の思うように、たとえば竹中平蔵さんという民間人の経済学者を入れたり、政治家についても一切派閥の推薦を受けないということでやった。

派閥の効用は何かというと、結局、金とポストである。派閥の親分がお金を集めて配分してくれる、選挙の時は応援してくれる、資金援助をしてくれる、それから内閣や政党のいいポストにつけてくれるというのが、派閥に所属していることのメリットだった。しかし、不況になると企業からの献金が減って、政党も派閥もカネがなくなってくる。既存の大企業が無理ならすきま産業から金を取ろうと思っても、これまたリクルート事件などのように不祥事ですぐ引っかかってしまうとかで、危くて手を出しにくい。それに加えて派閥にいてもポストは総理大臣が推薦を受けつけてくれないとなると、派閥はなんの役にも立たないということになり、派閥に属している意味がなくなってしまう。だから派閥自体も弱体化してしまうのである。それでもまだ、政界の中におけるさまざまな情報を交換する場、身の寄せ場という必要性もあるので、かろうじて派閥の形骸は残っているが、かつてのような派閥としての実体はほとんどなくなってしまった。そういう意味では、小泉さんが上部構造としての派閥政治体質をぶっこわしたことによって、上部構造と下部構造の崩壊状態が一致したことになり、これによってますます政治が溶解してしまい、新しい政治の基盤をどう構築すべきかという道筋が見えないまま漂流を続けているのが現状といってよいだろう。

小泉内閣は「自民党をぶっこわす」というスローガンとともに、もう一つ、政策面では構造改革といって、郵政民営化や道路公団の改革などを標榜した。郵便貯金や道路特別会計などは資金が豊富でムダ使いの温床になっているのに、国の予算本体は財政難。財務大臣に就任した塩川正十郎さんが「母屋（一般会計）で貧しくオカユをすすっているのに、離れ（特別会計）の方ではすき焼きを食っておる。こんな状態を放置していてよいのか」と怒ったのは有名な話だ。

こういう財政改革とも関連して、小泉さんは「改革なくして成長なし」というスローガンを掲げ、構造改革一本やりで走る。小泉政権が登場した時、私は大阪本社に勤務していた。それで、大阪で開催するシンポジウムで小泉さんに講演してもらいたいと依頼したところ、首相就任一年後に、関西出張の途中、大阪に来てくれた。

その時、小泉さんにあらかじめ「演題をどうしましょうか」と問い合わせると、「『改革なくして成長なし』という演題にしてくれ」という返事だ。私は「それはあなたは何度もいっていることじゃないか」と再考を促した。私たち新聞記者は、つねに新しいことを報道するのが仕事なので、昨日の新聞の見出しと同じ見出しを使うことはない。そういうくせがついているので、何度も使っている言葉で、しかも同じテーマというのもいかがなものか、違う演題のほうがいいのではないかと思ったが、小泉さんの方は、あくまで「『改革なくして成長なし』のタイトルでいってくれ」といって、どうしても譲らない。それで結局、「改革なくして成長なし」という当初案通りの演題で講演してもらったことがあった。

断言、反復、感染

これは非常に象徴的なことだった。ギュスターヴ・ル・ボンというフランス革命の時の状況をテーマにした『群集心理』(講談社学術文庫)という本がある。フランス革命における群集の動向、とくにその盲目的な動向を描いた、群集分析のはじめての本ではないかと思う。その有名な本の中で彼がいっていることは、アジテーターや独裁者が群集を動員する手法は「断言」、「反復」、「感染」という、三つの要素だということである。小泉さんの手法もこれに似ている。改革すれば成長するというのが彼の主張だが、そこに論理的な脈絡はほとんどない。何を改革するのか、どう改革するのかはない。ただ「改革」すれば成長すると「断言」し、それをくり返しくり返し同じ言葉で、「反復」する。そうしているうちに、改革すれば成長するという思いがみんなの心にじわっと「感染」していく。小泉さんはそういう効果をあらかじめ計算をしたわけでなく、彼の信念を強く主張しただけだろうが、改革、改革と連呼しているうちに、改革ということにたいしては誰も反対できなくなって、逆にもっとやれとか、まだ足りない、スピードが遅いといった形でしか批判的スタンスをとれなくなってしまう。こうして彼はそれで大成功するのである。

二〇〇九年の衆院選もまさにそのパターンだった。ただし主役は民主党。「政権交代、政権交代」の連呼である。民主党の鳩山由紀夫さんの顔をアップにしたパンフレットの表題は「政権交代」の四文字だった。マニフェストも、スローガンを並べただけで、政権交代したらなぜいいのか、マニフェストに掲げた目標をどういうふうに実現するのかは、ほとんど示されない。ただ「政権交代」の一点張りである。そうすると有権者、しかも無党派化した有権者は、政権交代さえすれば何か先が見えるのではないか、世の中は明るくなるのではないかとか、政権交代さえすれば状況は変わると、それぞれ自分の期待を「政権交代」の四文字に託す気分になる。その結果は、見ての通りの大混乱だった。「断言、反復、感染」というル・ボンの定義はきわめて今日といえるだろう。これが、竹下さん以後の政治混乱の二〇年の末に行き着いた、今日的政治状況の象徴だろう。

最近の公務員叩きにも似たような傾向が見える。公務員の何がいけないのか。まるで公務員がいること自体がいけないかのような思い込みのもとで官僚を排除して「政治主導」を試みて、東日本大震災の被害状況をさらに増幅させてしまったのは民主党政権だったが、野党の中にも公務員叩きを得点かせぎにしている人たちがいる。もちろん、高額の退職金をそのつどもらって天下り先を渡り歩く高級官僚や、既得権益を握って離さない一部の公務員労働組合のように、改革しなければならない点はたくさんあるが、ここをこう直すべきだという具体的な話をしないで、ひたすら役所自体が悪いといい募るのは非常に問題だろう。

こうした傾向は、なにも日本の政治だけに起きているわけではない。オバマ大統領が登場した二〇〇八年のアメリカ大統領選挙でオバマさんは「チェンジ、チェンジ」と訴えて人気を博した。何をどうチェンジするのか。実際には変えるべきものと、変えてはいけないもの、あるいは変えるにしてもどう変えるのか。ここが本当は問われなければならないのだが、そうした具体的な議論はなしに「チェンジ」の大合唱だった。それで実際に政権に就くと、当然、物事はそんなに簡単に変えられるものではないし、変えるべきでないものもあるので、期待が幻滅に変わってしまう。スローガンや短いキャッチフレーズで人心をあおる手法は、かなり危険な要素があるのだが、これが選挙などの際に大きな効果をあげがちなのは、これまで述べてきたように、その時々の雰囲気などで投票先を決める無党派層がふえてきたこと、それが日本の場合、小選挙区制という選挙制度のもとではそうした現象を増幅しやすくなっているという事情があると思う。

だから、本来であれば政治の側は、選挙制度の問題、またこうした状況を生んでいる雇用不安などの経済情勢、あるいは教育のありようにまでさかのぼって改革の努力をしなければならないのだが、かんじんの政党や政治家は、与党も野党も、選挙での自分たちの当落が最優先の関心事項になってしまって、世論の風向きに一喜一憂するだけの対応になっている。

たとえば二〇〇八年に福田康夫さんが首相を辞めて、麻生太郎さんに政権を渡したのは、あの時点で麻生さんの手で解散してもらおうという思惑からだったといわれている。福田さんの支持率が非常に下がってきているので、当時、国民的な人気が比較的高いと目されていた麻生さんの手で、すぐに解散してもらえば自民党政権は敗北を免れるだろうと考えたのだろう。麻生さんも最初はそのつもりだったようだが、側近の人たちが反対して、結局、解散をやらなかったといわれている。なぜやらなかったのか。実は、側近たちが自民党独自の世論調査をやったら、選挙では負けるという結果が出たからというのだ。新聞社が行う本格的な世論調査ではなく、自動応答式の手軽な電話調査で、果たしてどこまで正確なデータなのかははっきりしないが、これしか判断の頼りになるものがない。これをやったらネガティブな予測データが出たというので、いま解散したら四十日内閣で終わってしまう恐れが強い、解散しないで任期いっぱいギリギリまでやったほうが政権はつながると判断してやらなかった、というのだ。そうして解散を先送りしたあげくに、翌年の、政権交代をもたらす自民党大敗の選挙となってしまった。

私から見ると、これは幕末の「鳥羽・伏見の戦い」と同じようなものである。あの時は薩長連合軍に対し、数のうえでは幕府軍のほうが圧倒的に優位だったが、各藩の寄せ集めなのであまり集中力がなく、緒戦で負けて気落ちしていたところに、薩長軍側が「錦の御旗」を持ち出してきた。「錦の御旗」は、実はこの時、倒幕の気勢をあげるためにあわてて作ったものだったが、この錦の御旗を出したとたんに薩長側は官軍、幕府側は賊軍という位置づけになってしまい、このシンボルを前にしたらあらがうすべもないという気分になってしまった。現代の世論調査は、当時の錦の御旗のようなシンボル作用を持ってしまっているようである。

こうした状況は一挙に変えることはできないから、一つ一つ政治課題を実行する過程で、対立し、その中から妥協点を見出し、成果を出し、少しずつでも物事を動かすことによって、政治にたいする手応えの実績を作り、政治に対する無力感を改善していかなければなるまい。

同時に、その一方で、政界再編が不可欠になってくるだろう。いまの自民党も民主党も、どちらもみんな内部はバラバラだ。両党内に同じような考えをもっている人たちがいるのに、与党と野党という立場にしばられて、無理に対立を演出することで混乱を広げている面が強い。政界再編をすることによって、有権者に対し、どちらの党が頼りになるかという選択肢をきちんと提示していかないと、政治不信がますます広がり、極端で過激な主張を掲げる人物が魅力的に見えるような、英雄待望論的な雰囲気に流されてしまう危険が出てきかねない。小泉旋風の時代を振り返ると、「改革」という潮流を押し進めた積極的、肯定的な側面と、その改革の内容が十分に吟味されないままムード先行で進められたために日本の経済社会に混乱を残したという負の側面の、両面があったと思う。

グローバル化した国際経済社会の中では、日本のそれまでの経済慣行や企業社会の仕組みを改革しなければならないことがたくさんあるのは事実だが、アメリカの金融原理主義的なやり方を理想的モデルとしてファンドマネーの横行をあおった竹中平蔵さんの金融改革路線は、日本経済にかなり深いダメージを与えた。当時もこうした点について問題点を指摘する意見はあったが、「改革、改革」の声にかき消されてしまった。一二八四年、中世ヨーロッパ・ドイツのハーメルンで、ある日どこからともなく笛吹き男がやってきて、街じゅうの子供たちがぞろぞろと、行く先も知らずにそのあとをついていってどこかに連れ去られてしまったという不思議な伝説を思い出させられる。

度胸、計算、情報——平壌訪問の秘話にみる政治の実際

ただ、右に左に揺れ動く民意を頼みとする不安定な政治状況の中で、竹下政権以後、小泉政権だけが五年半もの長期政権を維持できたのはなぜなのかもみておかなければならない。菅直人さんは小泉さん流の独断専行的な手法を真似しようとして大混乱を招くだけに終わってしまったが、小泉さんと菅さんではまるで違うところがたくさんあった。

ここで、小泉さんとは一体どういう人だったのかということにちょっとふれておこう。小泉さんは、度胸のよさに加えて、勝負勘の鋭い、いわば勝負師的な人である。既成の派閥政治の中で、既存の秩序に従って行動しているのとはまるきり違って、型破りな人物だが、それでいて実は、一度たりとも旧福田派を飛び出したこともないし、自民党を離党したこともない。自民党議員の半分以上の人たちが、一九九三年の宮沢政権崩壊と細川連立政権の前後に出たり入ったり、新しい政党に移ったり、また戻ったりして、七回も八回も政党の所属を変えた人たちがいたが、小泉さんは一度も、自民党はおろか派閥を出たことすらない、徹底的な派閥人間である。

彼の行動の原点は、田中派あるいは田中的なるものとの戦いにあったと、私はみている。田中派、

竹下派の勢力が圧倒的な強さを誇っていたころ、山崎拓、加藤紘一、それから小泉純一郎の三人はかしら文字をとってＹＫＫと称される存在だった。田中・竹下支配を打ち破り、いずれの時にか三人の世代で政治の中枢を握ろうという志をもって連携したわけで、当初は加藤紘一さんが本命と思われていた。少なくとも山崎さん、加藤さん側は、小泉さんは刺身のツマみたいな存在だけれども福田派の人間も巻き込んでおいた方が得策と考えて、仲間に加えていたようだ。しかし、小泉さん自身は、「あれは打算と友情の絆だ」といって、小泉さんなりの打算があって参加したことを、当時から冗談めかして公言していた。

そういう勝負師ぶりが発揮されたのが、森首相退陣後の総裁選への出馬である。すでに二回も総裁選で惨敗していたが、旧田中・竹下派の経世会の橋本龍太郎さんとの戦いを挑み、ついに大勝する。そして首相に就任して、すぐ着手したのが特別会計の一般会計化だった。さきに述べたように、郵貯や道路特別会計はムダ使いが多いから廃止して、一般財源として一般会計予算の中に繰り入れようという、財政改革の一環なのだが、道路財源も郵便貯金の財政投融資資金も、実はすべて、かねがね田中派の資金源となっていたのだ。郵政族にしても道路族にしても、みんなそういうところから国の予算や財政投融資の使い道に介入して、田中派の勢力拡大の一つの要因になっていた。そこに真っ先に切り込んでいこうという、田中派との対立という要素が、小泉さんの行動の、いくつかの動機のうちの一つの側面としてあったのだ。

小泉さんの試みがすべて成功したわけではないが、旧竹下派の幹部だった参議院側の青木幹雄さんと手を組んで、衆院側の旧竹下派を追いつめ、弱体化させてしまったことに、小泉さんの勝負師らしい一面をみることができるだろう。

勝負勘という点で私の印象に残っていることがある。小泉さんが辞めた後、安倍晋三さんが政権を引き継いだが、二〇〇八年七月の参議院選挙で惨敗した。それで衆参のねじれが深刻化することになった。そういう局面の中で、二〇〇八年の秋、文化庁長官だった河合隼雄さんが亡くなり、お別れ会が京都の国際会議場で行われたので、私は日帰りでその弔問に行った。そうしたらたまたま小泉前総理も来ていたのである。帰りの新幹線の中でばったり顔合わせとなり、じゃあ、いっしょに帰ろうかと、新幹線の中で二人で二時間半、ずっとおしゃべりをしながら帰ってくることになった。

話題は、参議院選挙での自民党惨敗による、ねじれへの対応である。私は、ここから先の政局運営は大変むずかしいことになる、衆院を通った法案も参院では野党の反対で恐らくすべてつぶされるだろう、そうなれば政権はもたないだろうから、参院選敗北の責任を取る形で安倍さんは退陣せざるをえないのではないか、というような意見を言った。

すると小泉さんは、「辞める必要はないよ」と、あっさりいう。「参議院選挙は衆議院選挙と違って政権の選択という選挙ではないから、辞める必要はないんだ」と。これはたしかに一つの論理ではある。理屈はそのとおりだが、しかし、現実問題として、参議院で野党があれだけ多数を占めると、衆議院で法案を通しても参議院で否決されるということになる。これは政治の機能麻痺につながっていくだろうから、「いや、そうはいっても乗り切れないのではないだろうか」と、私は疑問を口にした。

すると、「いや、そんなことはないよ。いまや、野党、民主党は、自民党にとって最大の協力勢力だよ」と小泉さん。「協力勢力ということはないでしょう」と反論すると、「いや、いいんだ。民主党が提案するものを全部丸呑みすりゃあいいんだ」という。そんなことをしたら、今度は、参議院の自民党が、議席は減ったにしてもなお自民党はいるのだから、「民主党案を丸呑みなどしたら、参議院側の自民党が怒って協力しなくなるでしょう」というと、「いや、参院自民党はもういい。ここから先は、相手にするのは民主党なんだよ」と、こういうせりふを即座に言い切る。

これはふつうの常識からは出てこない考え方である。彼は、瞬時に、相手とどう戦うか、あるいは敵であってもそれを味方にするにはどうすればいいのかをかぎ分ける。彼の頭にあるのはつねに勝負なのである。なるほどそういう考え方もあるのかと私は感心して、「安倍さんに全部丸呑みするだけの度胸があるかどうか、私にはわかりませんが、安倍さんにそれを話してやったらいいんじゃないですか」といったら、「ああ、そうするよ」といって小泉さんは新幹線を降りていった。

その時はまだ、安倍さんは外遊中だった。しかし、その外遊での疲労が重なって、帰国したら、突然、政権を放り出してしまったので、小泉構想は実らず幻に終わってしまった。策はありえても、かんじんの肉体的能力が伴わなければ政治にならない。政治家の健康の大切さを改めて考えさせられるが、重要なのは、到底これは勝負にならないと思うような状況を逆手にとって、敵であれ何であれ呑み込んでしまうという小泉さんの発想である。そして、政権を維持しなければならないという場合の、困難に立ち向かっていく決意の固さ。郵政解散などでもそうだったが、誰がなんといおうとやるという意志の強さである。小泉さんのお祖父さんは小泉又次郎さんといって、もともと三浦半島の出身で、「入れ墨大臣」の異名をとるほど気の荒い人で、小泉さんもその血筋を引いているからかもしれない。ただ、策もなくむやみに粘るのではなく、時には相手の要求を丸呑みしてでも血路を拓くという勝負強さが、人を惹きつけるのだろう。

そういう力と度胸があるなと思ったのは、二度にわたる平壌訪問だった。二〇〇二年九月十七日、日本の首相として初めて平壌に行って金正日総書記と会談した際には、五人の拉致被害者を連れて帰ってきた。しかし、家族を残してきたのはおかしいじゃないかという被害者家族の不満も強く、二〇〇四年五月にもう一回、二度目の訪朝を行う。それで曽我ひとみさんの夫のジェンキンスさんとか、蓮池透さんの息子さんたちを連れて帰ってきたが、横田めぐみさんや有本恵子さんら、残りの拉致被害者の家族たちが求めている人たちは連れて帰れなかったのだ。

それで帰国報告会の席では、拉致被害家族からどんな苦情が出るかわからないので、外務省事務当局は報告会を非公開にしようとした。ところが、小泉さんは全部公開して、テレビでもすべて映させた。予想通り、報告会では拉致被害家族のほうから、「子供の使いでもあるまいし、これだけの人しか連れてこられずによく帰ってこられたものだ」といった激しい不満がぶつけられたが、小泉さんは、神妙な顔をしながらも、一切表情を変えないで反論もせず、ずっとそのまま最後までそこに座りつづけた。

その結果、どうなったかというと、その日の夜からインターネットその他で、拉致被害家族に対する非難の大合唱となった。「不満は理解できるが、一国の総理大臣が行って、曲がりなりにも、たとえ一部なりといえども、子供たちを連れて帰ったではないか。それにたいしてなじるのは失礼ではないか」といって、今度は逆に拉致被害家族のほうが批判される立場になってしまい、結局それでなんとなく収まってしまった。ふつうの総理大臣なり政治家であれば非公開にして、なるべくあまり恰好よくないところは見せたくないと思うのを、逆に彼はそれを全部見せる。ああいう結果になることをちゃんと計算してやったのかどうかわからないが、非難される場面をわざわざ公開するというのはなかなか勇気のいることだ。

実はこの訪朝に関しては興味深い秘話がある。二〇〇二年九月十七日に、小泉さんが日本の首相として初めて北朝鮮を訪れ、金正日総書記と会談した第一回訪朝の時のことである。

この時、小泉さん一行は食料、水など口に入れるものはすべて日本から持参して行ったが、同行筋によると、これは某国の情報機関からのアドバイスがあったからだという。

北朝鮮では、宴会にせよ内輪の食事にせよ、もし先方から提供されたものをうかつに食べたり飲んだりすると大変なことになる。まさか外国の首脳に毒薬を盛るなどということはないにしても、睡眠薬などが入っていて、眠っているうちに何か不都合な事態に追い込まれないとも限らないからだ、というのだ。「中国の首脳でさえ、北朝鮮に行く時は、先方の出すお茶一杯すら口にしない」と、その情報当局者は警告したそうで、小泉さんは忠実にそれを守ったという。

このエピソードが示しているのは、小泉さんの行動が、一見すると八方破れのように見えても、実際には相当、周到な準備をへて行われていたということ、もう一つは、情報というものがいかに大切かということだ。そしてまた、その種の極秘情報を外国の当局者が提供してくれるのは、その国との間に信頼感があればこそのことなのだ。準備も先の見通しもなく、起きるであろう結果に対して責任を引き受ける覚悟もなしに、ただ「オレの言うことを聞け」と役人を怒鳴りつけるのが「政治主導」だと思い込むことが、いかにばかげた勘違いであるかは明らかだろう。

政治の信頼をどう回復するか

二〇〇九年の政権交代後の、政治の混乱は目を覆いたくなるほどである。その背景として、これまで述べてきたように、さまざまな要因が複雑にからみ合って相互作用を起こし、政党政治システム全体の劣化状況を招いているのだが、ここで何よりもまず大事なことは、政治にたいする信頼を回復するということである。

どうやったら信頼を回復することができるのだろうか。一つは、選挙制度である。小選挙区制の弊害が明らかになっているのだから、この制度的な面を考えなおすことが必要であろう。と同時に、基本的につきつめていくと、政治というのは人間の営みである。どんなにいい制度でも、それだけでは十分ではない。そもそも中選挙区制があまりに金がかかりすぎて腐敗が起きるということで、いまの小選挙区制に改めたのだが、これもやってみたら人材の劣化を招くというように、完璧な制度というのはないのだ。あるいは完璧だと思って作った制度でも、時間が経つにつれて、必ずそれと逆の結果の副作用を生むことがあるのだ。だから制度というものはつねに見直すことが大事であり、同時に制度を運用する人間、とくに政治の場合は政治家の力量を高めていくことが大事である。

そういうと、個々の政治家の自覚を待つということになって、それだけでは解決にはならないように思いがちだが、政治家である以上、政治の使命というものをしっかり持つように訓練することが必要である。政治の使命とは何かといえば、国家を運営するということである。国家を運営する、つまり、国民のためにどうすることが一番正しいかを考えて行動することだ。そんなことは当たり前といえば当たり前だが、その最も初歩的なことがいまや失われているのではないだろうか。

ゲーテがエッカーマンとの対話の中で、さまざまな職業の人々について必要と思われることを指摘しながら、こういうことを言っている。「政治というものもまた、学ばなければならない職業の一つであり、それを理解しないような者が、さし出がましいことをしてはいけないのだ」。政治家も、いや政治家は、政治家であるためには、政治とは何であるのかを自ら学ばなければならないのだ。

大平さんと福田さんが「辞めろ、辞めない」の押し問答を自民党総裁室でやった話のところでも言ったが、政党政治のもとでの内閣と政党との役割や権限の違いについて、きちんとけじめをつけることも、学ぶべき点の一つだろう。

たとえばこんなこともあった。佐藤内閣時代、自民党の田中幹事長が秋の臨時国会の召集時期について見通しを述べたのを聞いて、私が保利官房長官に確認しようと質問した時のことである。突然、「何をいうか」と、保利さんが怒り出した。「いや、田中幹事長がそういっているんですよ」と、面食らっていうと、「臨時国会の召集は内閣の権限だ。党が何をいおうとワシは知らん」。

たしかに憲法第五三条には「内閣は、国会の臨時会の召集を決定することができる」とあり、また憲法第七条で、「内閣の助言と承認により」行う天皇の国事行為の一つとして「国会を召集すること」とある。政権党であっても政党には国会の召集権限はなく、政党の方は、内閣が召集した臨時国会の、会期や議事の進め方などについて、野党側との交渉を通じて決めていくのが役割なのだ。

また、こんなエピソードもあったという。これは私が政治部記者になる前の、先輩記者から聞いた話で、佐藤さんが池田さんのあとを継いで自民党総裁になった日のことである。

佐藤さんは翌日の国会の本会議で総理大臣に指名されることになっていたので、その前に首相官邸に行って執務室の模様を下見しようと、車を乗り付けたという。そこへ内閣官房の首席参事官・総務課長だった小池欣一さんが出てきて、押しとどめた。

「せっかくですが、佐藤先生は国会の指名を受けるまでは自民党総裁であって総理大臣ではありません。総理はまだ池田さんです。まことに恐れ多いことですが、官邸には国会の指名を受けられたあとでお越しください」。

佐藤さんですら総裁選の勝利に高揚して思わず守るべき手順を間違えるくらいだから、内閣と政党の間の敷居といったけじめも、簡単なようにみえて、よほど気をつけなければならない。大事なことは、この場合、事務官僚の小池さんが、明日から自分が総理大臣として仕える佐藤さんに向かって、ルール違反の恐れを指摘して、執務室の下見を断ったことである。

佐藤さんもたぶん、官僚の杓子定規な対応に内心むっとしたに違いないが、黙って引き返したという。そしてのちに小池さんは、保利官房長官の推薦もあって、局長ポストを飛び越していきなり官房副長官、つまり各省庁事務次官の最上位の次官である事務の官房副長官に抜擢された。

「政治主導」を掲げる民主党政権では、官僚の助言や進言に耳を貸さず、それでいてなにかトラブルが生じると「事務方から報告がなかった」と官僚に責任をなすりつけたり、気に入らない役人の首を切って得意になっている姿が目立ったが、これがどれほど異常なことか、明らかだろう。

政治は政策が大事であることはもちろんだが、それ以前に、内閣と政党、政治家と官僚の役割や責任のあり方といった基礎的な仕組みを学んでもらわなければ困るし、なによりも「学ぶ」という謙虚な姿勢が最も必要ではないだろうか。

そして政治家や政党を選ぶ側の私たち有権者もまた、だれがやっても同じだからと諦めるのではなく、また、ただイメージが新鮮だからとか、過激な発言で行動力がありそうに見えるから、あるいはこの人なら何かやってくれそうだ、といった印象やムードで軽々しく一票を投じることがあってはならない。現代の「ハーメルンの笛吹き男」を生まないようにするには、よい面も悪い面も含めて、政治家の先人たちの言動をもう一度思い起こす、そうすることによって政治家たちの力量や、現実の政治が抱える問題点を識別する目を、私たち自身が養う必要があるだろう。本書がその一助になれば幸いである。

あとがき

政治がまともに動いている時代であれば、本書で述べてきたようなさまざまなエピソードは、私の単なる思い出話でしかないかもしれません。しかし、自民党政権末期から今日に至る政治状況、とくに政権交代をへて民主党政権になってからの数年の、なお一層の混乱ぶりを見るにつけ、政治はこんなものではない、かつての政治はこうではなかった、たとえば、と私が身近に見聞してきた歴代の主要政治家たちの言動を書き記してみることに意味があるように思えてきました。

政治なんていつも権力争いばかり、政治の混乱はなにも今に始まった話ではないと、さめた言い方をする人もいるかもしれませんが、近年の政治の劣化は、やはり尋常ではありません。

たとえば二〇一二年四月の、読売新聞の世論調査による政党支持率は、民主党一七パーセント、自民党一六パーセントで、「支持政党なし」がなんと五六パーセントに達しました。二大政党と呼ばれ国政の中心を担っている両党が、合計しても三三パーセントしかなく、反対に無党派がそれを優に上回って全体の半分以上にものぼるという事態は、政党政治のありようからして明らかに危機的というほかありません。そして、橋下徹さんという大阪市長が代表を務める大阪維新の会が国政に進出することを「期待する」が六〇パーセントです。既成政党への不信や不満がこんなに高いのは、戦後政治の歴史の中で初めてといってよいでしょう。

グローバリゼーションの時代にあっては、経済や金融の政策から環境、福祉の問題まで、どれも一国だけで解決することは困難な状況にありますので、どの国も政治のリーダーは指導力不足を批判されがちです。快刀乱麻を断つようなめざましい解決は、そもそも望む方が無理ともいえます。

しかしいまの日本の場合、そうした客観情勢の難しさに加えて、政治家の訓練不足が事態をより悪化させているようにみえます。沖縄の米軍基地移転問題を混乱させた鳩山由紀夫さんも、東日本大震災と福島原発事故への対応をめぐって混乱に輪をかけた菅直人さんも、そして「政治主導」を叫んで回った政治家たちも、きっとよかれと思って行動したのでしょうが、これまで繰り返し述べてきたように、大事なのは結果です。

マックス・ウェーバーがいうように、「善からは善のみが生まれると考える」のは、「政治のイロハもわきまえない未熟児」でしかありません。

もちろん、政治家といえども初めから熟達した人物であるはずがありませんから、未熟さ自体は非難されるべきではないでしょう。問題は、自分の未熟さを自覚して、自らを鍛え、学ぼうとするかどうかにあります。未熟さを棚にあげて、意のままにならない理由を野党や官僚のせいにしたり、あるいは既存の政治体制を攻撃対象にして大衆ウケを狙ったりするのでは、危機は深まるばかりです。

まず鍛錬、そして進むべき方向をしっかりと見据えたうえで、しかも地道に、そして具体的に、必要な政策を粘り強く一歩ずつ、利害関係者を説得しながら実現していく根気と勇気が、現代の指導者に求められているのです。また、その観点に照らしてこそ、指導者の行動を吟味しなければなりません。

本書はそういう政治状況のもとで、戦後政治史のうちの四〇年余の、政治指導者たちの言動を伝えるために書かれました。過去を振り返ることで現在の政治の問題点を確かめ、未来のありようを考える機会にしたいと考えたからです。私の見聞した事実が多少なりとも参考になれば、政治の取材に長く携わることができた記者として、これにまさる喜びはありません。

私がここで紹介したようなさまざまな政治の場面で取材活動ができたのは、もちろん、渡辺恒雄読売新聞グループ本社会長・主筆をはじめとする多くの先輩、そして同僚たちの協力のおかげです。政治の取材は一人だけでできるものではありません。たくさんの仲間が情報を持ち寄り、総合的に判断した結果を新聞紙面で報道するわけで、本書で述べた事実関係の取材も、そうした協力体制に支えられて初めて可能になったものです。

本書を執筆しながら、さまざまな政治の局面で苦労をともにした取材仲間の顔が浮かびます。本来であればその人たちの名前を残らず書き記したいところですが、紙数に限りもありますので、本文の記述に直接関係のある数人についてだけ、名前を明記させていただきました。

ここに紹介した政治家たちとの会話などの事実関係は、ほとんどが私の体験にもとづくものですが、私がカバーしきれなかった分野の動きや証言は、先輩、同僚の情報のほか、関連文献によって補足、確認をしました。文献のうち本書に引用したものは本文中にその出所を明記してありますが、直接の資料としてではなく、さまざまな政治の動きについて理解を深めるうえで参考になると思われるものも含め、合わせて巻末に参考文献として掲出してありますので、参照されることを希望します。

同じ政治記者仲間の橋本五郎・読売新聞特別編集委員とともに、藤原書店の藤原良雄社長、編集者の刈屋琢さんと懇談している中から、本書出版の構想が生まれました。一年近くにわたる長い時間を根気よく一緒に作業してくれた藤原、刈屋の両氏と橋本氏に対し、心から感謝申しあげます。

そしてまた、歴代首相らの貴重な写真を提供してくれた前内閣総理大臣官邸写真室長・久保田富弘さんの協力に、深い感謝を捧げます。久保田さんとは、私が佐藤首相番として首相官邸の取材を始めた頃からの長い付き合いです。本書の執筆を進めている途中で、たまたま久保田さんから歴代首相の写真展を開くという案内がきてのぞいたところ、私の取材テーマと重なる部分が多いのに驚きました。そこで事情を話して協力を仰いだところ、快く承諾してくれたうえ、アルバムにあった歴代首相のたくさんの写真の中から、本文の記述に関係の深そうな場面を選んで使用することを認めてくれました。もし読者から本書が、臨場感に富んだ記録として評価していただけるとしたら、ひとえに久保田さんの写真のおかげです。

ほかに読売新聞の報道写真の提供も受けました。読売新聞の記者として政治のさまざまなエポックメーキングな場面に立ち会うことができ、また取材を通じて多くの人々と交わり、たくさんのことを学ぶことができたことを幸せに思うとともに、人の縁の大切さを改めてしみじみと感じています。

二〇一二年八月

著　者

戦後日本政治略史

年	月日	日本政治史関連事項
一九五五（昭和30）	10・13	左右社会党統一大会、委員長鈴木茂三郎、書記長浅沼稲次郎
	11・15	自由・日本民主両党合同、自由民主党結成大会、総裁決定まで代行委員制（鳩山一郎・緒方竹虎・三木武吉・大野伴睦）
	11・22	第三次鳩山一郎内閣成立
一九五六（昭和31）	4・5	第2回臨時党大会、鳩山一郎が初代総裁に
	10・19	日ソ国交回復に関する共同宣言調印
	12・23	石橋湛山内閣成立
一九五七（昭和32）	2・23	石橋首相病気のため、内閣総辞職
	2・25	第一次岸信介内閣成立、石橋内閣の全閣僚留任
一九六〇（昭和35）	1・24	民主社会党結成大会、委員長西尾末広、衆院40人、参院17人
	6・19	日米新安保条約自然承認
	6・23	岸首相、新安保条約批准書交換ののち辞意表明
	7・19	第一次池田勇人内閣成立
	12・27	国民所得倍増計画を閣議決定
一九六四（昭和39）	10・10	東京オリンピック開催
	10・25	池田首相が病気のため辞意を表明

一九六四（昭和39）	11・9	自民党両院議員総会、無投票で佐藤栄作を首相候補に決定。第一次佐藤栄作内閣成立
	11・17	公明党結成大会、委員長原島宏治
一九六五（昭和40）	6・22	日韓基本条約に調印
一九七〇（昭和45）	6・23	日米安保条約自動延長
一九七一（昭和46）	6・17	沖縄返還協定調印
一九七二（昭和47）	7・7	第一次田中角栄内閣成立
	9・29	日中国交正常化成る
一九七三（昭和48）	10・23	第一次石油危機始まる
一九七四（昭和49）	10・10	立花隆「田中角栄研究――その金脈と人脈」掲載の『文藝春秋』十一月号発売
	11・26	田中首相、閣議で辞意表明
	12・9	三木武夫内閣成立
一九七六（昭和51）	2・4	ロッキード事件が米上院外交委員会多国籍企業小委員会の公聴会で表面化
	7・27	田中前首相、ロッキード汚職事件で逮捕
	12・17	三木首相、総選挙敗北の責任をとって退陣すると党三役に表明
	12・24	福田赳夫内閣成立
一九七八（昭和53）	11・26	総裁候補決定選挙（予備選挙）開票の結果、大平正芳が大差で福田を破り、27日福田は候補を辞退
	12・7	第一次大平正芳内閣成立
一九七九（昭和54）	6・28	東京で第5回先進国首脳会議（サミット）開催
	10・9	総選挙の敗北で、福田・三木・中曽根派が大平首相の退陣を要求。「40日抗争」始まる

一九七九（昭和54）	11・16	党新三役の決定で「40日抗争」終わる
一九八〇（昭和55）	5・16	大平内閣不信任案、自民党反主流派69人の欠席で可決される
	5・19	内閣不信任案を受け衆院解散、初の衆参同日選が確定
	6・12	大平首相急死。伊東正義内閣官房長官が首相臨時代理、大平内閣総辞職
	6・22	第36回総選挙・第12回参院選。両院で自民党が安定多数を確保（衆：自民284、社会107、公明33、民社32、共産29、新自ク12、参：自民69、社会22、公明12、共産7、民社5）
	7・17	鈴木善幸内閣成立
一九八二（昭和57）	10・12	鈴木首相、総裁選への不出馬（退陣）を表明
	11・24	総裁予備選挙開票、中曽根康弘圧勝
	11・27	第一次中曽根康弘内閣成立
一九八三（昭和58）	10・12	東京地検が田中角栄元首相に懲役四年の判決
一九八四（昭和59）	10・27	二階堂進副総裁の自民党総裁選への擁立工作が表面化
一九八五（昭和60）	2・7	竹下登蔵相主催の「創政会」が40名（衆29、参11）で発足、田中派の流動化始まる
	2・27	田中元首相、脳梗塞で入院
	8・15	中曽根首相が初の靖国神社公式参拝
一九八六（昭和61）	5・4	第12回サミット東京で開催（〜5・6）
一九八七（昭和62）	4・23	売上税導入法案、原健三郎衆議院議長の調停で事実上廃案へ
	10・20	中曽根総裁、自民党新総裁に竹下幹事長を指名
一九八七（昭和62）	11・6	竹下登内閣成立
一九八八（昭和63）	6・18	川崎市助役へのリクルートコスモス未公開株譲渡事件が発覚、以後政界に拡大

年	月日	出来事
一九八八（昭和63）	12・24	消費税導入を含む税制改革関連六法成立、30日公布
一九八九（平成1）	1・7	天皇崩御（87歳）、皇太子明仁親王即位。8日平成と改元
	4・25	竹下首相、リクルート事件の責任をとり辞意を表明
	6・2	両院議員総会、新総裁に宇野宗佑外相を選出
	6・3	宇野宗佑内閣成立。中国で天安門事件
	7・23	第15回参院選、自民党が惨敗（社会46、自民36、連合の会11、公明10、共産5、民社3）
	7・24	宇野首相、参院選惨敗の責任をとり辞意を表明
	8・8	両院議員総会、海部俊樹を新総裁に選出
	8・10	第一次海部俊樹内閣成立
一九九〇（平成2）	8・2	イラクがクウェートに侵攻
	10・3	東西ドイツが統一
一九九一（平成3）	1・17	多国籍軍がイラクを空爆、湾岸戦争始まる
	10・4	海部首相、総裁選不出馬・退陣を表明
	11・5	宮沢喜一内閣成立
	12・26	ソビエト連邦建国七四年目で解体
一九九二（平成4）	8・27	東京佐川急便から金丸信自民党副総裁への五億円献金問題が表面化
一九九三（平成5）	3・6	金丸信前副総裁が脱税容疑で逮捕される
	6・18	政治改革法案不成立の責任を問う宮澤内閣不信任案が自民党議員39人の賛成と欠席者により可決される。同日、衆院解散
	7・7	東京で第19回サミット開催（～7・9）

一九九三（平成5）	7・18	第40回総選挙、自民党過半数割れ、自社両党主導の五五年体制崩壊（自民223、社会70、新生55、日本新党35、新党さきがけ13）
	8・9	非自民の細川護熙内閣成立
一九九四（平成6）	1・28	土井たか子衆院議長の提案をうけ、細川首相と河野自民党総裁が政治改革関連法案の修正問題で合意。①衆院定数を小選挙区三百、比例代表二百に②比例代表を一一ブロックに分割
	4・25	細川内閣総辞職、本会議の首相指名投票で羽田孜新生党党首が河野洋平自民党総裁を破る
	4・28	羽田孜内閣成立
	5・16	山崎拓・加藤紘一・小泉純一郎の「YKK」三議員を中心とする派閥横断グループが発足
	6・25	羽田内閣総辞職
	6・29	衆院本会議の首相指名投票で自民・社会・さきがけ三党が推す村山富市社会党委員長が海部俊樹元首相を破る
	6・30	村山富市内閣成立
	12・10	新進党結成大会。野党九党派の衆参国会議員214人が参加、党首海部俊樹
一九九五（平成7）	1・17	阪神・淡路大震災発生
	3・20	地下鉄サリン事件発生
一九九六（平成8）	1・5	村山首相が辞意を表明
	1・11	第一次橋本龍太郎内閣成立
	1・19	社会党が党名を「社会民主党（社民党）」に変更
	9・28	民主党結成大会。代表に鳩山由紀夫と菅直人を選出
一九九七（平成9）	12・27	新進党が両院議員総会で解党をを決定（党首小沢一郎）

一九九八（平成10）	4・27	民主党に他の三党が合流する形で新「民主党」が旗揚げ、代表菅直人
	7・12	第18回参院選、自民惨敗（自民44、民主27、共産15、公明9、自由6、社民5）。13日橋本首相は退陣表明
	7・30	小渕恵三内閣成立
一九九九（平成11）	10・4	自民・自由・公明の三党党首会談で連立政権発足の合意書に署名
二〇〇〇（平成12）	4・1	自民・自由・公明与党三党の政権運営をめぐる協議が決裂。小渕首相は自由党との連立解消を表明
	4・2	小渕首相が脳梗塞で緊急入院（5・14死去）
	4・5	両院議員総会で森喜朗幹事長を総裁に選出
	7・21	九州・沖縄サミット（～7・23）
二〇〇一（平成13）	4・23	総裁選の予備選が開票され、小泉純一郎元厚相が圧勝
	4・26	第一次小泉純一郎内閣成立
	7・29	第19回参院選、自民党が大勝（自民63、民主26、公明12、自由5、共産4、社民3）
	9・11	米で同時多発テロ
	10・7	米・英軍がアフガニスタンで軍事作戦を開始
二〇〇二（平成14）	9・17	小泉首相が訪朝、金正日総書記と初の日朝首脳会談、平壌宣言を発表。拉致事件で確認された情報は生存者5人、死亡者8人
二〇〇三（平成15）	3・19	ブッシュ米大統領、イラク攻撃開始を宣言
	9・24	旧民主・自由両党が合併協議書に調印
二〇〇四（平成16）	5・22	小泉首相が再訪朝、拉致被害者家族のうち5人が帰国、曽我ひとみさんの家族3人は第三国での再会となる

二〇〇五（平成17）	8・8	郵政民営化関連法案が自民議員多数の反対で否決。小泉首相は衆院を解散
	9・11	第44回総選挙で自民党が圧勝（自民296、民主113、公明31、共産9、社民7。郵政反対の元自民議員は15人が当選）
二〇〇六（平成18）	7・5	北朝鮮がテポドン二号を含むミサイル七発を発射
	4・7	民主党は新代表に小沢一郎・前副代表を選出
	9・26	自民党の安倍晋三総裁を首相に指名。安倍内閣が発足
	10・9	北朝鮮は「地下核実験」を実施したと発表
二〇〇七（平成19）	1・9	防衛庁が防衛省に昇格
	5・14	憲法改正の手続きを定める国民投票法が成立
	9・12	安倍首相が退陣表明
	9・25	福田康夫自民党総裁を首相に指名。福田内閣が発足（26日）
	11・1	テロ対策特別措置法の期限切れに伴い、インド洋の海上自衛隊に撤収命令
	11・2	福田首相と小沢民主党代表が自民、民主両党の連立政権構想を協議。民主党役員会は連立参加拒否を決定。小沢氏は辞任表明（4日）したが、後に辞意を撤回（7日）
二〇〇八（平成20）	3・19	日本銀行総裁の人事案が参院で否決され、戦後初の空席に
	7・7	北海道洞爺湖サミット開幕
	9・1	福田首相が退陣表明
	9・15	米証券大手のリーマン・ブラザーズが経営破綻
	9・24	麻生太郎自民党総裁を首相に指名。麻生内閣が発足
	10・6	ニューヨーク株式市場で約四年ぶりに一万ドル割れ。世界同時株安に発展

二〇〇九（平成21）	3・3	西松建設からの違法献金事件で小沢民主党代表の公設秘書を逮捕
	4・5	北朝鮮が弾道ミサイルを発射
	5・11	民主党の小沢代表が辞任を表明
	5・16	民主党代表選で鳩山由紀夫幹事長が岡田克也副代表を破り、新代表に選出
	5・25	北朝鮮が二度目の地下核実験
	7・12	東京都議選で民主党が54議席で初めて第一党に。自民、公明の与党は過半数割れ
	7・21	衆院解散
	8・30	第45回衆院選が投開票。民主党は308議席を獲得して政権交代を実現。自民党は119議席と惨敗（衆院選で民主党が308議席を獲得し、圧勝。政権交代へ）
	9・9	民主党の鳩山由紀夫代表、社民党の福島瑞穂代表、国民新党の亀井静香代表が党首会談を開き、「三党連立政権合意書」に署名
	9・16	民主党の鳩山由紀夫代表は国会で首相指名を受け、第九三代首相に就任。鳩山内閣が発足し、官房長官には平野博文氏が就任
	9・17（未明）	前原国交相が就任直後、八ッ場ダム（群馬県長野原町）建設中止を明言
	9・18	読売新聞社の緊急全国世論調査（16日夕～17日）で、鳩山新内閣の支持率は七五％、発足直後の調査としては、小泉内閣の八七％に次ぐ高さ
	9・21	鳩山首相が、米・ニューヨーク市内で中国の胡錦涛国家主席と会談。「東アジア共同体」創設に向けた協力を提案
	9・22	鳩山首相が、ニューヨークの国連本部で開かれた国連気候変動首脳級会合の開会式で演説。二〇二〇年までに温室効果ガスを二五％（一九九〇年比）削減する目標を表明

年	月・日	事項
二〇〇九（平成21）	10・26	臨時国会開会。鳩山首相が衆参両院本会議で就任後初の所信表明演説。「変革」と九回繰り返し、衆院での演説は五二分間で、首相の国会演説としては記録の残る一九七〇年以降最長に
	11・11	政府の行政刷新会議が税金の無駄を洗い出す「事業仕分け」をスタート。27日までの計9日間で四四九事業が対象
	11・13	政府の事業仕分けで、仕分け人の蓮舫参院議員が次世代スーパーコンピューター開発について「二位ではダメなのか」と発言。判定結果は「限りなく予算計上見送りに近い削減」
二〇一〇（平成22）	1・15、16	民主党の小沢一郎幹事長の資金管理団体「陸山会」の土地購入を巡り、東京地検特捜部が小沢氏の元秘書の石川知祐・民主党衆院議員ら三人を政治資金規正法違反の疑いで逮捕
	2・4	陸山会事件で、東京地検特捜部が石川知祐衆院議員ら三人を政治資金規正法違反（虚偽記入）で東京地検に起訴。小沢一郎・民主党幹事長は嫌疑不十分で不起訴
	4・22	鳩山首相の資金管理団体「友愛政経懇話会」の偽装献金事件で、東京地裁が首相の元公設秘書に禁固二年、執行猶予三年の判決を言い渡す
	4・27	小沢一郎・民主党幹事長の資金管理団体「陸山会」を巡る政治資金規正法違反事件で、東京第五検察審査会が「起訴相当」と議決
	5・28	鳩山首相が、普天間移設で政府方針の閣議決定に反対した社民党党首の福島瑞穂・消費者・少子化相を罷免
	6・2	鳩山首相が、民主党の緊急両院議員総会で辞任の意向を表明
	6・8	民主、国民新党連立の菅内閣が発足。蓮舫参院議員が行政刷新相で初入閣
	6・17	菅首相が民主党の参院選公約の発表で、消費税率を一〇％に引き上げる案に言及。自民党も、公約案に一〇％引き上げを明記
	7・11	第22回参院選が投開票され、民主は改選54議席から44議席に激減。自民が13議席増やして51議席に、みんなの党は10議席を獲得する躍進

二〇一〇（平成22）	9・7	沖縄・尖閣諸島沖で海上保安庁の巡視船と中国漁船が衝突。第一一管区海上保安本部は漁船の中国人船長を公務執行妨害容疑で逮捕
	10・4	陸山会事件で、東京第五検察審査会が、小沢氏を起訴すべきだとする「起訴議決」を行い、小沢氏が強制起訴されることになった
二〇一一（平成23）	1・31	陸山会事件で、小沢一郎・民主党元代表が政治資金規正法違反（虚偽記入）で東京地裁に強制起訴される
	3・11	三陸沖を震源とする巨大地震が発生。東日本の太平洋沿岸を大津波が襲い、四五万人を超える住民が被災。福島第一原発事故発生。政府、東京電力の対応が大混乱
	5・2	菅首相が退陣の意向を示唆、内閣不信任案は否決されたものの、その後も居坐りを続けて民主党内の混乱が深まる。
	8・26	菅首相が正式に退陣を表明
	8・29	民主党両院議員総会で野田佳彦財務相を新代表に選出
	9・2	民主、国民新両党による新連立政権として野田内閣が発足
二〇一二（平成24）	2・17	消費税引き上げの社会保障・税一体改革大綱の閣議決定
	3・30	消費税引き上げ関連法案の閣議決定で民主党内の内紛が激化

＊自由民主党編『決断！　あの時私はこうした——自民党総理・総裁・官房長官が語る』（中央公論事業出版、二〇〇六年）、田中愛治・河野勝・日野愛郎・飯田健・読売新聞世論調査部『二〇〇九年、なぜ政権交代だったのか——読売・早稲田の共同調査で読みとく日本政治の転換』（勁草書房、二〇〇九年）、読売新聞「民主イズム」取材班『背信政権』（中央公論新社、二〇一一年）を参照し、著者作成。

戦後の首相一覧

	就任年月日	継続日数
東久邇稔彦	45. 8.17	53
幣原喜重郎	45.10. 9	225
吉田　茂	46. 5.22	375
片山　哲	47. 6. 1	283
芦田　均	48. 3.10	223
吉田　茂	48.10.19	2,243
鳩山一郎	54.12.10	744
石橋湛山	56.12.23	64
岸　信介	57. 2.25	1,240
池田勇人	60. 7.19	1,574
佐藤栄作	64.11. 9	2,797
田中角栄	72. 7. 7	885
三木武夫	74.12. 9	746
福田赳夫	76.12.24	713
大平正芳	78.12. 7	588
鈴木善幸	80. 7.17	865
中曽根康弘	82.11.27	1,803
竹下　登	87.11. 6	574
宇野宗佑	89. 6. 2	68
海部俊樹	89. 8. 9	818
宮沢喜一	91.11. 5	640
細川護熙	93. 8. 6	262
羽田　孜	94. 4.25	65
村山富市	94. 6.29	561
橋本龍太郎	96. 1.11	931
小渕恵三	98. 7.30	615
森　喜朗	00. 4. 5	387
小泉純一郎	01. 4.26	1,981
安倍晋三	06. 9.26	366
福田康夫	07. 9.26	365
麻生太郎	08. 9.24	358
鳩山由紀夫	09. 9.16	266
菅　直人	10. 6. 8	452
野田佳彦	11. 9. 2	

参考文献

浅羽通明『新書で大学の教養科目をモノにする　政治学』光文社新書、二〇一一年
東照二『歴代首相の言語力を診断する』研究社、二〇〇六年
阿部謹也『ハーメルンの笛吹き男——伝説とその世界』ちくま文庫、一九八八年
石川真澄・山口二郎『戦後政治史』岩波新書、二〇〇四年
エッカーマン、ヨハン・ペーター『ゲーテとの対話（上・中・下）』山下肇訳、岩波文庫、一九六八—六九年
NHK取材班『NHKスペシャル　証言ドキュメント——永田町 権力の興亡 1993-2009』日本放送出版協会、二〇一〇年
奥島貞雄『自民党幹事長室の30年』中央公論新社、二〇〇二年
カフカ、フランツ『カフカ寓話集』池内紀編訳、岩波文庫、一九九八年
カフカ、フランツ『カフカ短編集』池内紀編訳、岩波文庫、一九八七年
苅部直・宇野重規・中本義彦編『政治学をつかむ』有斐閣、二〇一一年
楠田實『楠田實日記——佐藤栄作総理首席秘書官の二〇〇〇日』和田純・五百旗頭真編、中央公論新社、二〇〇一年
佐藤栄作『佐藤栄作日記（全六巻）』伊藤隆監修、朝日新聞社、一九九七—九九年
塩田潮『まるわかり政治語事典——目からうろこの精選600語』平凡社新書、二〇一一年
塩田潮監修『日本の内閣総理大臣事典——リーダーシップをつかさどる人たち!!』辰巳出版、二〇一一年
自由民主党編『決断！　あの時私はこうした——自民党総理・総裁・官房長官が語る』中央公論事業出版、二〇〇六年

菅原琢『世論の曲解——なぜ自民党は大敗したのか』光文社新書、二〇〇九年
盛山和夫『経済成長は不可能なのか——少子化と財政難を克服する条件』中公新書、二〇一一年
竹内洋『革新幻想の戦後史』中央公論新社、二〇一一年
冨森叡児『戦後保守党史』岩波現代文庫、二〇〇六年
中村慶一郎『三木政権・747日——戦後保守政治の曲がり角』行政問題研究所出版局、一九八一年
野口雅弘『官僚制批判の論理と心理——デモクラシーの友と敵』中公新書、二〇一一年
橋本晃和『無党派層の研究——民意の主役』中央公論新社、二〇〇四年
原孝文『激動　記者の政治・報道秘話』文芸社、二〇一二年
藤田義郎『椎名裁定——現場にみた椎名・三木の「信頼」から「破局」まで』サンケイ出版、一九七九年
ヘーゲル、ゲオルク・ヴィルヘルム・フリードリヒ『法の哲学（Ⅰ・Ⅱ）』中公クラシックス、二〇〇一年
水野和夫『終わりなき危機——君はグローバリゼーションの真実を見たか』日本経済新聞出版社、二〇一一年
読売新聞東京本社世論調査部編著『二大政党時代のあけぼの——平成の政治と選挙』木鐸社、二〇〇四年
ル・ボン、ギュスターヴ『群衆心理』桜井成夫訳、講談社学術文庫、一九九三年
渡邉昭夫編『戦後日本の宰相たち』中公文庫、二〇〇一年

（著者名五〇音順）

マ 行

ヤ・ラ・ワ 行

タ 行

ナ 行

ハ 行

サ　行

人名索引

本文中の人名を拾い姓名の 50 音順で配列した。

ア　行

カ　行

著者紹介

老川祥一（おいかわ・しょういち）

読売新聞グループ本社取締役最高顧問。

1941年東京都出身。早稲田大学政治経済学部政治学科卒業。64年読売新聞社（東京本社）に入社し、盛岡支局に配属。70年政治部、76年ワシントン支局。論説委員、政治部長などを経て、取締役編集局長、大阪本社専務取締役編集担当、大阪本社代表取締役社長、東京本社代表取締役社長・編集主幹を歴任。2011年より現職。

著書に『自衛隊の秘密』（潮文社）、『自民党の30年』（読売新聞社、共著）、『やさしい国会の話』ほか政党、地方自治等『やさしい』シリーズ（法学書院、編著）など。

政治家《せいじか》の胸中《きょうちゅう》——肉声《にくせい》でたどる政治史《せいじし》の現場《げんば》

2012年9月30日　初版第1刷発行©
2012年11月10日　初版第2刷発行

著　者　老　川　祥　一

発行者　藤　原　良　雄

発行所　株式会社　藤　原　書　店

〒162-0041　東京都新宿区早稲田鶴巻町523
電　話　03（5272）0301
FAX　03（5272）0450
振　替　00160 - 4 - 17013
info@fujiwara-shoten.co.jp

印刷・製本　中央精版印刷

落丁本・乱丁本はお取替えいたします
定価はカバーに表示してあります

Printed in Japan
ISBN978-4-89434-874-5

近代日本「政治」における「天皇」の意味

天皇と政治
〈近代日本のダイナミズム〉

御厨 貴

天皇と皇室・皇族の存在を抜きにして、近代日本の政治を語ることはできない。明治国家成立、日露戦争、二・二六事件。占領と戦後政治の完成。今日噴出する歴史問題。天皇の存在を真正面から論じ、近代日本のダイナミズムを描き出す。今日に至る日本近現代史一五〇年を一望し得る、唯一の視角。

四六上製　三一二頁　**二八〇〇円**
（二〇〇六年九月刊）
◇978-4-89434-536-2

今蘇る、国家の形成を論じた金字塔

明治国家をつくる
〈地方経営と首都計画〉

御厨 貴
解説＝牧原出
解説対談＝藤森照信・御厨貴

「地方経営」と「首都計画」とを焦点とした諸主体の競合のなかで、近代国家の必須要素が生みだされる過程をダイナミックに描いた金字塔。「国家とは何か」が問われる今、改めて世に問う。

Ａ５上製　六九六頁　**九五〇〇円**
（二〇〇七年一〇月刊）
◇978-4-89434-597-3

グッバイ、「自由民主党」！

政治の終わり、政治の始まり
〈ポスト小泉から政権交代まで〉

御厨 貴

「小泉以後」の3内閣3年間における、「政治の文法」の徹底的な喪失と、そこから帰結した自民党政権の壊滅の過程をたどり、いま政治的荒野に芽生えつつある、新しい政治のかたちを見つめる。政治の歴史、制度、力学に最も通じた著者ならではの、戦後日本の屈曲点における渾身の政治批評。

四六上製　二八八頁　**二二〇〇円**
（二〇〇九年一一月刊）
◇978-4-89434-716-8

戦後政治史に新しい光を投げかける

鈴木茂三郎 1893-1970
〈統一日本社会党初代委員長の生涯〉

佐藤 信

左右入り乱れる戦後混乱期に、左派を糾合して日本社会党結成を主導、統一社会党の初代委員長を務めた鈴木茂三郎とは何者だったのか。左派の「二大政党制」論に初めて焦点を当て、戦後政治史を問い直す。　**口絵四頁**

第５回「河上肇賞」奨励賞受賞

四六上製　二四八頁　**三二〇〇円**
（二〇一一年二月刊）
◇978-4-89434-775-5

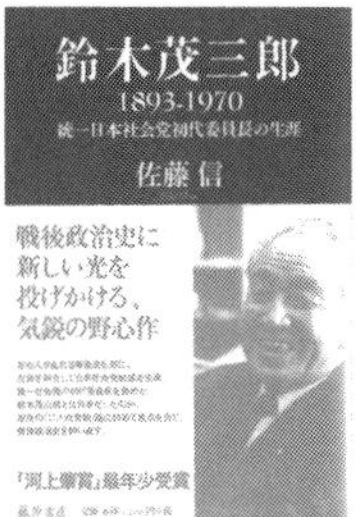

「国民＝国家」を超える言語戦略

多言語主義とは何か

三浦信孝編

最先端の論者が「多言語・多文化」接触というテーマに挑む問題作。

川田順造／林正寛／本名信行／三浦信孝／原聖／B・カッセン／M・ブレーヌ／R・コンフィアン／西谷修／姜尚中／港千尋／西永良成／澤田直／今福龍太／酒井直樹／西川長夫／子安宣邦／西垣通／加藤周一

A5変並製　三四四頁　三六〇〇円
（一九九七年五月刊）◇978-4-89434-068-8

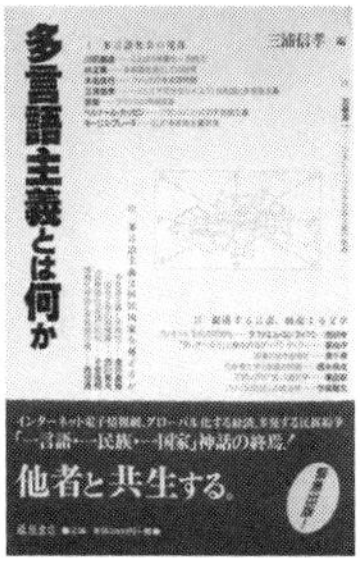

グローバル化の中の言語を問う

言語帝国主義とは何か

三浦信孝・糟谷啓介編

急激な「グローバリゼーション」とその反動の閉ざされた「ナショナリズム」が、ともに大きな問題とされている現在、その二項対立的な問いの設定自体を根底から掘り崩し、「ことば」と「権力」と「人間」の本質的な関係に迫る「言語帝国主義」の視点を鮮烈に呈示。

A5並製　四〇〇頁　三三〇〇円
（二〇〇〇年九月刊）◇978-4-89434-191-3

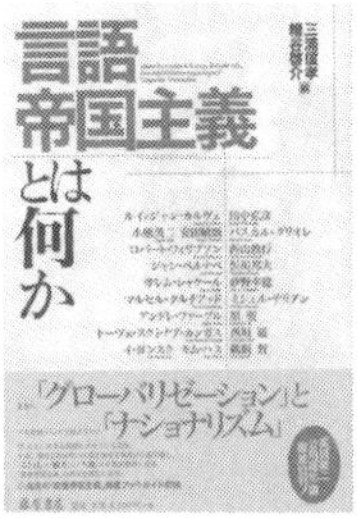

共和主義か、多文化主義か

普遍性か差異か

〈共和主義の臨界、フランス〉

三浦信孝編

一九九〇年代以降のグローバル化・欧州統合・移民問題の渦中で、「国民国家」の典型フランスを揺さぶる「共和主義vs多文化主義」論争の核心に、移民、家族、宗教、歴史観、地方自治など多様な切り口から肉薄する問題作！

A5並製　三二八頁　三三〇〇円
（二〇〇一年一二月刊）◇978-4-89434-264-4

自由・平等・友愛を根底から問う

来るべき〈民主主義〉

〈反グローバリズムの政治哲学〉

三浦信孝編

グローバル化と新たな「戦争」状態を前に、来るべき〈民主主義〉とは？

西谷修／ベンサイド／バリバール／増田一夫／西永良成／北川忠明／小野潮／松葉祥一／糠塚康江／井上たか子／荻野文隆／桑田禮彰／長谷川秀樹／櫻本陽一／中野裕二／澤田直／久米博／ヌーデルマン

A5並製　三八四頁　三八〇〇円
（二〇〇三年一二月刊）◇978-4-89434-367-2

「戦後の世界史を修正」する名著

ルーズベルトの責任㊤㊦

（日米戦争はなぜ始まったか）

Ch・A・ビーアド

開米潤監訳　阿部直哉・丸茂恭子＝訳

ルーズベルトが、非戦を唱えながらも日本を対米開戦に追い込む過程を暴く。

㊤序＝D・F・ヴァクツ　㊦跋＝粕谷一希

A5上製

㊤四三二頁　四二〇〇円　（二〇一一年一二月刊）㊤◇978-4-89434-835-6

㊦四四八頁　四二〇〇円　（二〇一二年一月刊）㊦◇978-4-89434-837-0

PRESIDENT ROOSEVELT AND THE COMING OF THE WAR, 1941: APPEARANCES AND REALITIES

Charles A. Beard

絶対平和を貫いた女の一生

絶対平和の生涯

（アメリカ最初の女性国会議員ジャネット・ランキン）

H・ジョセフソン著　小林勇訳

櫛田ふき監修

二度の世界大戦にわたり議会の参戦決議に唯一人反対票を投じ、ベトナム戦争では八十八歳にして大デモ行進の先頭に。激動の二十世紀アメリカで平和の理想を貫いた「米史上最も恐れを知らぬ女性」（ケネディ）の九十三年。

四六上製　三五二頁　三二〇〇円　（一九九七年二月刊）◇978-4-89434-062-6

JEANNETTE RANKIN

Hannah JOSEPHSON

歴史的転換期を世界史の中で捉える

1968年の世界史

A・バディウ、O・パス、I・ウォーラーステイン、西川長夫、針生一郎、板垣雄三ほか

フランス、アメリカ、メキシコ、ソ連、そしてアジア……世界規模での転換期とされる「1968年」とは如何なるものであったのか？　第一級の識者による論考を揃え、世界の「現在」の原点となった、その「転換」の核心を探る。

四六上製　三三六頁　三二〇〇円　（二〇〇九年一〇月刊）◇978-4-89434-706-9

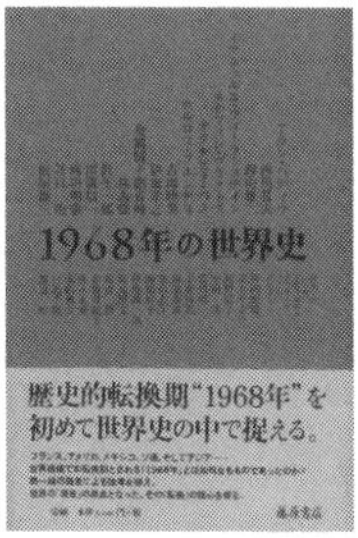

回帰する〝三島の問い〟

三島由紀夫vs東大全共闘 1969-2000

三島由紀夫

芥正彦・木村修・小阪修平・橋爪大三郎・浅利誠・小松美彦

伝説の激論会〝三島vs東大全共闘〟(1969)、三島の自決(1970)から三十年を経て、当時三島と激論を戦わせたメンバーが再会し、三島が突きつけてきた問いを徹底討論。「左右対立」の図式を超えて共有された問いとは？

菊変並製　二八〇頁　二八〇〇円　（二〇〇〇年九月刊）◇978-4-89434-195-1

2　1947年　　解説・富岡幸一郎

「占領下の日本文学のアンソロジーは、狭義の『戦後派』の文学をこえて、文学のエネルギイの再発見をもたらすだろう。」（富岡幸一郎氏）

中野重治「五勺の酒」／**丹羽文雄**「厭がらせの年齢」／**壺井榮**「浜辺の四季」／**野間宏**「第三十六号」／**島尾敏雄**「石像歩き出す」／**浅見淵**「夏日抄」／**梅崎春生**「日の果て」／**田中英光**「少女」

296頁　**2500円**　◇978-4-89434-573-7（2007年6月刊）

3　1948年　　解説・川崎賢子

「本書にとりあげた1948年の作品群は、戦争とＧＨＱ占領の意味を問いつつも、いずれもどこかに時代に押し流されずに自立したところがある。」（川崎賢子氏）

尾崎一雄「美しい墓地からの眺め」／**網野菊**「ひとり」／**武田泰淳**「非革命者」／**佐多稲子**「虚 偽」／**太宰治**「家庭の幸福」／**中山義秀**「テニヤンの末日」／**内田百閒**「サラサーテの盤」／**林芙美子**「晩菊」／**石坂洋次郎**「石中先生行状記——人民裁判の巻」

312頁　**2500円**　◇978-4-89434-587-4（2007年8月刊）

4　1949年　　解説・黒井千次

「1949年とは、人々の意識のうちに『戦争』と『平和』の共存した年であった。」（黒井千次氏）

原民喜「壊滅の序曲」／**藤枝静男**「イペリット眼」／**太田良博**「黒ダイヤ」／**中村真一郎**「雪」／**上林暁**「禁酒宣言」／**中里恒子**「蝶蝶」／**竹之内静雄**「ロッダム号の船長」／**三島由紀夫**「親切な機械」

296頁　**2500円**　◇978-4-89434-574-4（2007年6月刊）

5　1950年　　解説・辻井喬

「わが国の文学状況はすぐには活力を示せないほど長い間抑圧されていた。この集の短篇は復活の最初の徴候を揃えたという点で貴重な作品集になっている。」（辻井喬氏）

吉行淳之介「薔薇販売人」／**大岡昇平**「八月十日」／**金達寿**「矢の津峠」／**今日出海**「天皇の帽子」／**埴谷雄高**「虚空」／**椎名麟三**「小市民」／**庄野潤三**「メリイ・ゴオ・ラウンド」／**久坂葉子**「落ちてゆく世界」

296頁　**2500円**　◇978-4-89434-579-9（2007年7月刊）

6　1951年　　解説・井口時男

「1951年は、重く苦しい戦後、そして、重さ苦しさと取り組んできた戦後文学の歩みにおいて、軽さというものがにわかにきらめきはじめた最初の年ではなかったか。」（井口時男氏）

吉屋信子「鬼火」／**由起しげ子**「告別」／**長谷川四郎**「馬の微笑」／**高見順**「インテリゲンチア」／**安岡章太郎**「ガラスの靴」／**円地文子**「光明皇后の絵」／**安部公房**「闖入者」／**柴田錬三郎**「イエスの裔」

320頁　**2500円**　◇978-4-89434-596-6（2007年10月刊）

7　1952年　　解説・髙村薫

「戦争や飢餓や国家の崩壊といった劇的な経験に満ちた時代は、それだけで強力な磁場をもつ。そうした磁場は作家を駆り立て、意思を越えた力が作家に何事かを書かせるということが起こる。そのとき、奇跡のように表現や行間から滲みだして登場人物や物語の空間を浸すものがあり、それをわたくしたちは小説の空間と呼び、力と呼ぶ。」（髙村薫氏）

富士正晴「童貞」／**田宮虎彦**「銀心中」／**堀田善衞**「断層」／**井上光晴**「一九四五年三月」／**西野辰吉**「米系日人」／**小島信夫**「燕京大学部隊」

304頁　**2500円**　◇978-4-89434-602-4（2007年11月刊）

当代随一のジャーナリスト

範は歴史にあり

橋本五郎

親しみやすい語り口と明快な解説で、テレビ・新聞等で人気の〝ゴローさん〟が、約十年にわたって書き綴ってきた名コラムを初集成。短期的な政治解説に流されず、つねに幅広く歴史と書物に叡智を求めながら、「政治の役割とは何か」を深く、やわらかく問いかける。

四六上製　三四四頁　二五〇〇円
（二〇一〇年一月刊）
◇978-4-89434-725-0

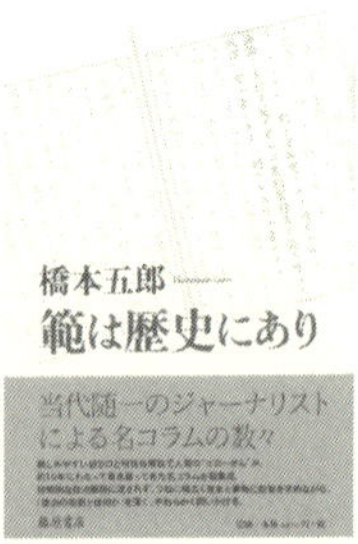

書物と歴史に学ぶ「政治」と「人間」

「二回半」読む

〈書評の仕事　1995-2011〉

橋本五郎

約十五年にわたり『読売新聞』を中心に書き継いできた書評全一七〇余本。第一線の政治記者として、激動する政治の現場に生身をさらしてきた著者が、書物をひもとき歴史に沈潜しながら、「政治とは何か」「生きるとは何か」という根源的な問いに向き合う、清新な書評集。

四六上製　三二八頁　二八〇〇円
（二〇一一年六月刊）
◇978-4-89434-808-0

「国民作家」の生涯を貫いた精神とは

鞍馬天狗とは何者か

〈大佛次郎の戦中と戦後〉

小川和也

〝国民作家〟大佛次郎には、戦後封印されてきた戦中の「戦争協力」の随筆が多数存在した！これまで空白とされてきた大佛の戦中の思索を綿密に辿りながら、ヒーロー「鞍馬天狗」に託された、大佛自身の時代との格闘の軌跡を読み解く野心作。

第1回「河上肇賞」奨励賞受賞
平成18年度芸術選奨文部科学大臣新人賞

四六上製　二五六頁　二八〇〇円
（二〇〇六年七月刊）
◇978-4-89434-526-3

知られざる逸枝の精髄

わが道はつねに吹雪けり

〈十五年戦争前夜〉

高群逸枝著　永畑道子編著

満州事変勃発前夜、日本の女たちは自らの自由と権利のために、文字通り命懸けで論争を交わした。山川菊栄・生田長江・神近市子らを相手に論陣を張った若き逸枝の、粗削りながらその思想が生々しく凝縮したこの時期の、『全集』未収録作品を中心に編集。

A5上製　五六八頁　六六〇二円
（一九九五年一〇月刊）
◇978-4-89434-025-1

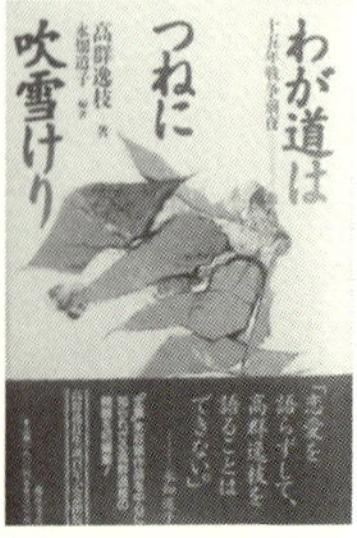